现代酒店管理
（第三版）

都大明　主编

复旦大学出版社

都大明

教授、研究员级高级经济师，东南大学客座教授，非物质文化遗产评审专家，都大明餐旅文化大师工作室创始人，江南食文化学院名誉院长，曾任无锡城市职业技术学院旅游系主任、餐旅研究所所长。

都大明教授是当代中国餐旅教育开拓者之一，20世纪70年代末参与开创了餐旅和烹饪系列技术培训和考核标准制订，20世纪80年代中期和90年代分别创建了江苏无锡商业职业技术学院餐旅专业与江南大学旅游经贸分院酒店管理类专业。主讲酒店管理、中国旅游文化、中华饮食文化、餐旅美学等多门精品课程。主持创设会展专业、休闲管理专业、餐旅人才养成模式等多项省、国家课题。校企合作养成教育模式成果卓著，曾获江苏省高等教育成果二等奖、一等奖和全国高等教育学会一等奖以及社会科学成果奖。2010年，获国际金钥匙联盟教育贡献奖。总纂《中国名菜谱（江苏分册）》，著有《中华饮食文化》《中国台坛》，主编《中国旅游文化》《大学语文》《餐饮管理》和《无锡味道》等多部高校教材。

总序

酒店管理业是全球十大热门行业之一，高级酒店管理人才在全球一直都是很紧缺的，近年来，在国际人才市场上，酒店管理人才出现了供不应求的局面。随着2008年北京奥运会、2010年上海世博会和越来越多的国际大型活动在中国举行，中国对旅游、酒店管理专业人才的需求也日益增大。预计未来几十年，高级酒店管理人才都将成为职场上炙手可热的高薪阶层。

同时，随着中国职业教育（应用型本科、高职高专）的蓬勃发展，职业院校毕业生的就业率逐年提高，毕业生越来越受到各行各业的欢迎。酒店管理专业是与实践紧密结合的专业，为此，在编写本套丛书的时候，我们主要考虑了以下几点。

一、强化实践性

目前，市场上出版的一些应用型本科、高职高专教材主要是供教师授课使用的。但是现实情况是，实践性教学一般占到高职高专教学总学时数的三分之一到二分之一，是普通高等教育和高等职业教育中的重要环节，因此，在本套丛书的编写中，我们增加了很多与实践相结合的栏目与内容。

二、教材内容与职业资格证书紧密衔接

"双证制"是高等职业教育的特色所在，因此，在本套教材的编写中，我们力图使本套教材的问世切实符合教学以及教育发展的特点，以职业目标和劳动过程为教材编写导向，通过岗位调研，在进行职业分析、确定职业能力的基础上改造传统的学科化教材，突出了职业教材的能力特色。

三、编写体例创新

高等教育（包括职业教育）的教材改革要彻底革命，还需脱胎换骨。脱胎就是走出普教教材的学科模式；换骨就是建立具有职教特色、能力特色的职教教材的编写体例。在本套教材的编写中，我们力求做到与传统的应用型本科、高职高专教材有所不同。例如，每章前面都配有学习目标、关键概念，章内配有要点提示、资料补充、课件使用、活动背景等小单元，每章后按教学需要配有不同程度的习题和案例。

四、出版形式创新

以电子化教学资源丰富纸质教材,增加教材的直观性和仿真性。纸质的教材、教参和试题版本单一,由于教材出版周期的问题,教材内容往往与技术发展实际有一定的距离,因而学校对教材内容滞后、需要增加新技术、新工艺的呼声甚高。在本套教材的编写中,我们着重开发电子仿真教具,通过电脑演示、模拟原理等手段,学生能对工作原理一目了然,不仅丰富了教材、节省了学校人财物的投入,而且使学生在静态中的接受知识变为在动态中的理解知识。

复旦卓越·21世纪酒店管理系列教材编写委员会

三版前言

《现代酒店管理》再版不觉已七年了。这七年里，中国的社会经济生活发生了巨大的变化，旅游休假度假已经成为人们生活中不可或缺的重要组成部分。"人们对美好生活的向往，就是我们努力的方向"，中国酒店业伴随旅游休闲的持续增长快速发展，主题酒店、民宿、特色餐饮等各种新业态层出不穷。中国酒店产业的规模迅速壮大，锦江国际集团已经稳居全球第二，锦江国际、华住、首旅三大酒店集团进入全球十强。面对突如其来的新冠肺炎疫情，中国酒店业承受着空前的压力，在国家的大力扶持下，迎难而上，齐心抗疫复业，以内循环消费为主，积极走出困境，化危为机。

笔者作为一名即将进入酒店行业第 50 个年头的老酒店人，有幸参与了酒店业复兴历程，从 2014 年领队都大明餐旅文化大师工作室，到 2017 年参与建立江南饮食文化研究基地培育点（2022 年 3 月 20 日江苏省教育厅公布考核验收结果为优秀）以及各项推进文化遗产的申报和评审工作，无不深切地感受到中国酒店业振兴的前进步伐。值此《现代酒店管理》第三版修订，酒店业的一系列巨变，包括餐饮住宿业的转型提质一定要有所反映。特别是以城乡民宿为标志，住宿业的内涵有了明显深化，已经成为旅游的目的地，成为人民追求理想生活——诗与远方的现实空间和生活态度，为此本书专门增添了民宿部分。以物联网为代表的现代科技为酒店业转型和服务提质赋能，把酒店推进到数字化时代，老字号的传统饮食、非遗美食借助网络成为年轻人的打卡热点。教育部 2021 年新公布的高职专业名称也调整为"酒店管理与数字化运营"。因此，在此次修订中增设了"酒店数字化转型"章节。全书主要的数据及案例也进行了更新，结合酒店行业近年来不少成功的经营服务和创新的经验，如无锡君来湖滨饭店创建绿色饭店的成功经验。

酒店业飞速的发展、巨大的变化、深刻的转型无疑加大了修改任务。《现代酒店管理》经过近一年修订，终于脱稿付梓印刷。十分感谢戚雅斯编辑，为确保三版修订质量，不辞辛劳，认真校正疏漏，提出好建议，力求卓越完美付出了很多心血，精神可嘉。在此，也向业界同人好友为本书提供的宝贵材料以及各种意见深表感谢。理论总是落后于实践，书中难免挂一漏万，谬误之处，诚请各位同人斧正。

都大明

2022年秋于古运河畔

再版前言

《现代酒店管理》出版四年，重印四次，出版社告知此教材很受欢迎，还得到国家旅游局的关注。笔者在网上随意搜了家书店，这本教材的书评竟然有 200 余条，且几乎都是"很实用""蛮得益"之类，真有点儿出乎意料。得到读者的认可，作者心里就踏实了。记得我在前言中曾提及，本书融入了作者四十余年专业经历与教学实践的不少心得，更是用心之作，在体例和理念上颇有新意，这些对准备步入酒店业的新人乃至行业同人或有所启发，也可能这就是拙著能得到认同的原委。

编辑提议，对《现代酒店管理》稍作修订后再版，这也是作者的心意。这几年，中国酒店业继续超常规发展，大小网点已达 400 万家，从业人员达到 2 000 万之多；星级酒店有 14 000 家，今后两年仅五星级酒店还要增添 500 多家，酒店业态也发生了很大变化。这些都迫切需要在教材中有所反映，通过案例的增补、数据的更新以及相关内容的调整，实现本教材的修订。这次再版，全书的整体框架和基本构思没变，主要章节的结构也大致未动，因为诸如住宿业以三种主要业态着手、由案例阐述来表达酒店经营管理的状况等，在专业教学中已得到广大师生的认可。至于中国酒店走出国门、国际上市和经济型酒店为代表的集团化、品牌化进程的最新动态，则在修订中尽可能作了补充。

中国酒店正全面进入国际化、品牌化的崭新阶段，中国酒店正在当今世界现代服务业中率先创立起中华服务的国际品牌，为中华民族的伟大复兴作出应有的贡献。2013 年冬至前夕，国际金钥匙联盟孙东主席由加拿大回国，刚下飞机，与作者彻夜长谈，创建祖国酒店服务国际品牌的激动热情溢于言表，作者感同身受。虽已不处行业和教育一线，仍不敢懈怠，我们能为自己热爱的餐旅事业做点事，真是荣幸。借此机会，也向诸多同行知己、业界朋友为本书修订提出的意见以及为餐旅业与餐旅教育提出的建议一并致以深深谢意。

都大明
2014 年立春于五里湖畔

前言

酒店是人类文明的象征，酒店业在全球服务业中是引人注目的行业，其发展速度和行业规模，以及与人类现代生活密切相关的联系都促使其地位日趋重要。当今世界数以亿计的人源源不断地进入这一充满活力、蓬勃发展的朝阳行业。

当今酒店业是全球国际化、现代化程度很高的行业。酒店的内涵和外延包罗万象，现代酒店更是日新月异，中国酒店业又是三十年改革开放来变化最大的行业之一。要认识酒店这一行业，就需要以世界现代酒店的行业视野，站在历史的时空高度，对酒店进行系统的梳理，从中获取比较清晰的认识，进而构建起合理科学的学科框架。

笔者从事酒店业工作进入了第三十五个年头，可以说伴随了中国酒店业改革开放的整个历程；接触酒店教育培训工作也进入了第三十个年头，经历了中国酒店教学发展的全过程，可谓与酒店业结下了不解之缘，与中国餐旅教育相伴而行，深感中国酒店业的发展离不开酒店教育和人才培养。中国酒店业的不断前进，必须更好更快地发展餐旅教育事业。

2007年11月，复旦大学出版社成立复旦卓越·21世纪酒店管理教材编写委员会，这对于中国酒店高等职业教育无疑有着重大的时代意义。它规定了酒店这一专业的社会应用的本质意义，致力于由行业实践着手构建酒店高等职业教学的教材体系。于是笔者欣然允诺，承担起编著《现代酒店管理》的任务。

《现代酒店管理》作为一门酒店管理的专业基础课，是所有专业课的肇始；作为专业课，则又是所有专业基础课的总括。在专业教学中所处的承前启后的位置，决定了酒店管理这门课程的中心地位，规定了它所要担当的提纲挈领的特殊作用。本书在编著中为此作了努力。

本书在一定程度上反映了作者长期教学实践与专业经历的心得体会，编著过程中广泛参阅了一些相关文著，并得到了业内多位朋友的关心，也有赖于我院教学改革的进展和各位同事以及家人多方面的帮助与支持，终于在中秋之际脱稿付梓出版，在此一并深表谢意。限于学识和能力，书中错讹之处实不能免，诚望各位同人斧正。

都大明

2008年中秋于梁溪河畔

目录

引　论　各领风骚数百年 ·· / 001
　　第一节　古代酒店的起源和沿革 ································ / 002
　　第二节　现代酒店的兴起与发展 ································ / 009
　　第三节　中国酒店业的曲折发展 ································ / 012

第一篇　现代酒店概述

第一章　现代酒店概览 ·· / 027
　　第一节　酒店的概念与含义 ·· / 027
　　第二节　酒店业概览 ·· / 029
　　第三节　酒店的特点 ·· / 036
　　第四节　酒店经营模式 ·· / 042

第二篇　餐饮业概述

第二章　当代餐饮业 ·· / 051
　　第一节　红红火火的餐饮业 ·· / 051
　　第二节　五彩纷呈的外食服务 ···································· / 055
　　第三节　餐饮产业的新特征 ·· / 062

第三章　餐饮企业的经营 ·· / 071
　　第一节　餐饮企业的经营要素 ···································· / 071
　　第二节　餐饮业的机遇与挑战 ···································· / 078

第三篇　住宿业概述

第四章　住宿业概览 / 085
- 第一节　住宿业的差异 / 085
- 第二节　住宿业的分类 / 091
- 第三节　迅速崛起的民宿 / 098

第五章　住宿企业的经营服务 / 119
- 第一节　住宿企业的经营理念与服务产品 / 119
- 第二节　住宿企业的经营服务 / 121
- 第三节　住宿业的无界趋向和文化现象 / 130

第四篇　现代酒店经营管理

第六章　现代酒店的经营管理 / 143
- 第一节　管理理论 / 143
- 第二节　酒店的组织与制度 / 148
- 第三节　酒店管理的基本职能 / 151
- 第四节　酒店服务管理模式 / 154
- 第五节　酒店的领导方式 / 156

第七章　酒店营销管理 / 162
- 第一节　酒店市场与酒店营销 / 162
- 第二节　酒店营销的四个要素 / 166

第八章　酒店人力资源管理 / 174
- 第一节　酒店人力资源管理 / 174
- 第二节　人力资源规划与实施 / 176
- 第三节　酒店的职业机会 / 181

第九章　酒店信息管理与数字化 / 190
第一节　酒店信息管理 / 190
第二节　酒店的数字化转型 / 199

第十章　酒店财务与资产管理 / 212
第一节　酒店财务与预算 / 212
第二节　酒店投资与资产管理 / 217

第十一章　酒店物资设备与安全环保管理 / 227
第一节　酒店物资管理 / 227
第二节　酒店设备管理 / 230
第三节　酒店安全管理 / 235
第四节　推广绿色酒店 / 241

第十二章　酒店危机管理 / 247
第一节　现代酒店与危机 / 247
第二节　酒店危机的特点与类型 / 248
第三节　酒店危机预防管理 / 250
第四节　酒店危机应急管理 / 254

第五篇　中国酒店业的前景

第十三章　中国酒店业的发展前景 / 263
第一节　中国酒店发展状况与问题 / 263
第二节　中国酒店业发展趋势与机遇 / 273

主要参考文献 / 281

引论
各领风骚数百年

学习目标

学完本章，你应该能够：
(1) 了解古代文明中的酒店；
(2) 熟悉帝国时代的驿馆；
(3) 认识中国封建文明中的酒店；
(4) 了解欧洲酒店的转折；
(5) 理解中国酒店业成长的曲折路程；
(6) 了解新时期中国酒店业的新发展。

关键概念

人类酒店起点　帝国时代驿馆　封建文明客舍　豪华酒店　商业酒店
中国现代酒店

史以明鉴，现代酒店业的从业人员和每个准备从事酒店业的人应该对酒店业的发展史感兴趣。酒店的产生和发展过程源远流长，关于酒店业的历史渊源，可以追溯到好几千年以前。

酒店业随着社会生产、贸易商旅、交通运输、乡镇城市的逐步发展而日渐兴盛，不管在世界的东方还是西方，在人类早期的文明中都可以找到最早酒店的踪影。在世界酒店业的发展历史中，还可隐约感受到伴随世界诸文明的兴衰，酒店业在全球几大洲此起彼长、交替领先、相互超越的发展轨迹。有些教科书中把酒店的发展划分为古代客栈、豪华酒店、商务酒店和现代新型酒店四个时期，这似乎还难以反映出整个酒店业发展的概貌及其历史的客观进程。

　　酒店先在中亚略显端倪，而后在亚欧大陆的东西和北非都相继出现。帝国时代，秦汉王朝和古罗马帝国在亚欧各领风骚。在黑暗的中世纪，欧洲的酒店几乎停滞不前；而中国发达的封建文明培育了独具亚细亚农耕文明特点的酒店业，创造了千余年东方酒店的辉煌。以文艺复兴为转折点，欧洲工业革命浪潮直接催生了近代酒店业。由一批新酒店的建立开始，美国又后来居上推进了现代酒店的形成与发展。世界酒店业正是这样展开了其发展壮大的历史画卷。

　　值得注意的是，临近新世纪，以中国为代表的亚洲太平洋地区经济迅猛发展，世界著名酒店品牌纷纷进驻，亚洲本土也逐步崛起了一批世界著名酒店和品牌。在中国这个巨大的酒店市场上，中外酒店集团正共同演绎，揭开酒店业新一轮发展的历史序幕。

第一节　古代酒店的起源和沿革

一、古代文明中的酒店

（一）古代酒店的起点

　　关于古代酒店的起源，最早与西亚的两河文明相关，这是当今中西方最为普遍认同的一种说法。据历史记载，大约在公元前 4000 年的美索不达米亚地区，生活在底格里斯河和幼发拉底河两河流域的苏美尔人很多是农民，他们出色的农耕技术在当地肥沃的土地上种植和收获了足够的粮食，除了食用外，剩余的可用作交易。苏美尔人还有酿酒技术和烘焙面包技术，酿啤酒成为苏美尔人社会各阶层最普遍的消费品。当地的苏美尔小酒馆就是提供周围居民喝酒并聚会谈论时事的场所，这可能是人类最早的酒店了。记载有苏美尔人涉及酒店税收的巴比伦第一部法典——《汉谟拉比法典》距今约 3 700 多年（图 0-1）。

图 0-1　《汉谟拉比法典》

（二）古埃及的酒店

　　古埃及在公元前 2700 年建造了著名的金字塔，这些金字塔成为旅游胜地，吸引人们前去观赏。古埃及旅行很普遍，人们除了参加观看金字塔等观光活动外，还从事贸易和参加宗教活动。这些旅行活动的兴起促发了旅行者食宿的需求，于是提供旅行者吃、住的旅店在埃及出现了（见图 0-2）。

图 0-2　当今埃及的仿古酒店

（三）古代酒店传说

由于上古时无文字记载，如要依据直接史料对人类早期的旅行活动（包括旅行主要设施的酒店）全貌作出概述是根本不可能的。中西方的神话传说中为我们寻觅人类早期旅行、旅游的踪迹提供了很好的平台。在中国古代神话中，中华民族的始祖黄帝经常外出旅行，他"作舟车以济不通，旁行天下"。为了方便旅行，他还在昆仑山修建了一座皇家旅馆——庄严华美的行宫。尧舜禹三代圣王禅让的传说中有尧舜欲禅让于许由之说，许由弗允，"辞尧舜之命，而逆旅舍于鲁（《庄子》）"（推算在约公元前2080年）。这里提到的旅舍恐怕是中华远古关于客舍的最早传闻了。这个旅舍或许是农家私人的居室。据考古发掘，公元前2000年前后，随着克里特文明开始，古希腊出现了许多小国，每个小国都有王宫建筑（见图 0-3）。到《荷马史诗》中记述的克里特"百城"时代，以克诺索斯为代表的王宫已达到相当复杂和繁华的程度。它们经常用来接待来自远方的游客，实际上已具有酒店的某些功能，在相当长时间内成了游客的驻足之地。如伊阿宋率领的"阿耳戈英雄"在远途旅行中，经常应当地国王之邀而住在王宫中，并受到主人的热情款待。

《易经》中，"旅"专指商贾客旅。确实，商旅对中国古代旅行旅游乃至酒店旅舍的萌芽有着特殊的作用。在中国，商旅的兴起主要开始于商代，其源头可查证至商部

图 0-3　希腊克里特岛王宫遗址

落兴起，农牧结合经济发展，剩余产品增加并逐步积累，引发其频繁的商品交换，商部落开始对外部落进行物物交换的贸易活动。商汤七世祖王亥被商代群臣和后人敬为商旅的祖师爷。公元前 1760 年之前，王亥兄弟服牛负重至远开拓商旅，至今 3 700 余年。在商朝，君王贵族多是拥有大量生产资料和各种产品的专业商人，殷民十三族中有九族为专业商户。他们需要了解其他地区的生产和需求情况，要去他乡交换自己的产品或商品。于是人类初期的旅行活动——经商旅行产生了。随之酒店和客栈也就应运而生了。据《古史考》载，姜太公尚（如图 0-4）遇文王之前，"屠牛于朝歌，卖饮于孟津"，就是有关从事酒店业经营的记述。说明商代的城邑已出现了杀牛卖肉的小贩和出卖肉食酒饭的食肆。

图 0-4　姜尚雕像

无独有偶，西方早期的客栈也和三位"圣人"有关。虽然没有黄帝、许由、姜尚这样遥远的传说神话，三位"圣人"曾经参与提供住宿接待的工作。圣·朱利安向陌生人提供住宿接待，成为旅馆业主和旅行者共同供奉的"神圣"；法国修道士圣·阿曼德被罗马天主教视为旅馆业的"神圣"，他在比利时修建了好几个被游客赞为食宿好地方的教堂，被认为是一流的经理；在澳大利亚则有教堂供奉一位"为仆人的幸福献出她的一生的农家女孩"——圣·诺派加，她被认为是餐饮服务的"圣人"。

(四) 古希腊客栈

为了经商、航海探险和求学，古希腊人经常去旅行。古希腊时代更是世界旅游史上宗教旅游最鼎盛的时期，古希腊各个城邦都建有神庙，每当神庙举办节庆活动，人们便从四面八方赶来，渐渐地一些节庆活动覆盖了整个希腊。古希腊的提洛岛、特尔斐和奥林匹斯山（如图 0-5）是当时重要的宗教圣地，最重要的宗教仪式和节日主要在这些地方举行，届时有音乐、体育竞技等活动。为了寻求圣人的教诲而到特尔斐阿波罗神殿旅行的人很多，政治家、将军和其他一些大人物也去那里寻求神示。奥林匹亚节是最负盛名的盛典，节庆期间举行持械竞走、战车竞赛和角斗等体育活动，前来参加者不绝于道，每次参加奥林匹亚节的人数虽不尽相同，但平均每次都有四五万人参加。

图 0-5　奥林匹亚古石柱

旅行和旅游当然离不开客栈，有充分的证据证明，早在公元前 6 世纪时，古希腊就已经出现了专门接待游客的地方，称为大众接待者或大众接待所。除了前面提到的众多王宫成了旅行者和游客的安息之所，各地都有小客栈供旅行者吃住。古希腊的客栈一般只为旅行者提供一晚上的休息，客人可以带着毛巾到最近的公共浴室洗澡，浴缸就是一个大盆子，游客斜着身子站在那里，由服务人员往身上泼水。

二、帝国时代的驿馆

(一) 罗马帝国的驿馆

古罗马帝国建立了地跨欧、非、亚的大帝国，修建了 2 000 多公里的御道系统和公路网络，所以就有了"条条道路通罗马"这句话。古罗马时期，酒店主要是在罗马帝国所设驿站的基础上发展起来的。古罗马道路上每30公里就有一个类似的驿站设置。道边有国王驿馆和设备较完备的驿站。最初目的是供皇帝公使以及其他公务人员免费住宿的,后来也接待往来的民间旅客。罗马帝国的驿站一般都较大,面积有200平方米以上,并设有餐厅,可为旅客提供较多食品,也为古罗马人出行提供了较舒适的旅途休息场所。

图0-6 庞贝古建筑遗址

随着陆上和海上"丝绸之路"的兴起,古罗马商务旅行相当活跃,极大地推进了酒店业的发展。在今天意大利南部的庞贝城遗址,还保存着目前可能是世界上最古老的酒店遗址,如图0-6所示。人们可以据此窥见距今2 000余年前欧洲的酒店状况。

(二) 秦汉王朝的驿馆

"凡过野之道,十里有庐,庐有饮食;三十里有宿,宿有路室,路室有委托;五十里有市,市有候馆,候馆有积。"这是对先秦时驿馆最初状况的记载。意即先秦时在两城邑间每十里、三十里、五十里分别设有庐舍、路室和候馆,专供传递公文与往来官吏休息食宿。至于京城中则有规格更高、设施更好的诸侯之馆或蛮夷邸,用以接待来京的诸侯或使者。汉代时,驿馆制度已很完备,凡交通要道沿途均设置亭传、传舍、馆舍、邸舍、客舍等食宿设施。其中,传舍、馆舍、邸舍一般设立在城中,相对更宽大。道路四通如网,各种食宿星罗棋布,"邮亭著地,亦如星舍著天也。"据记载,汉代的亭数多达29 635个。

(三) 帝国时代的酒店

纪元前后这几百年,历史学家称为帝国时代,这一时期,在西方以古希腊和古罗马为主要代表,东方则为中国春秋战国诸子百家到秦汉一统为代表,分别开创了东西方文明的辉煌。它既创造了灿烂的古代文明,还诞生了人类思想宝库中第一批珍贵的精神财富,历久弥新,一直影响到现在,故文化学者也称其为核心时代。

帝国时代创造了世界酒店发展的第一个高峰。几乎同时,东西方帝国的疆域内都建有以驿道为代表的道路系统,而且又都以承担帝国政治统治驿传为开端,沿着驿道旁纷纷建造起驿站、驿馆。它们成了两千多年前亚欧非大陆上规模庞大的政府接待系统,并逐渐衍生社会服务功能,这些驿站、驿馆无疑是那个时代酒店服务接待职能的主要载体。

而作为古罗马帝国、秦汉王朝的都城王室和宾舍,又都扮演着国家迎宾馆的角色。

至于民间的小客栈,东西方则有着明显的差异。可能由于文明方式的不同,西方的小客栈声名狼藉,而以较专业的农耕文明为基础的中国酒店较多具有诚信的服务。值得一提的是联系着东西方文明的"丝绸之路",它并不是一条康庄大道,中间要穿越沙漠和高山,但以阿拉伯商队为代表,把东方的长江和黄河一直至欧洲的地中海、北海贯通。其间,中国的驿馆、中东的商队客店、古罗马的棚舍是那个时代酒店的主要类型。

三、封建文明的客舍

罗马帝国解体后,欧洲进入了史称黑暗的中世纪。在中世纪,欧洲的内陆交通几乎没有发展,一些地区更是每况愈下。在中世纪最早的几百年中,旅舍已感不够,以至旅行者不得不随身带粮食和取火匣,有时还要露天睡觉。在当时欧洲旅途中不会有宾至如归的感觉,不但客栈寥寥无几,小客栈中多是肮脏和拥挤不堪,还有不少害虫。

与欧洲的中世纪萧条的酒店迥然不同,在中华大地上,从隋唐到宋元明清各朝,酒店业一片兴旺。

(一)隋唐酒店的兴盛

隋唐时,"朝贡不绝,商旅相继",驿馆随旅游的发展呈现出官办、民办两大类的经营以及华人、胡人经营的三种大形态,即政府驿馆、民间旅舍和外域人办的"胡邸"。盛唐时,官府的驿馆有1 539所,官宦的游宿主要由这些驿馆提供方便,就如王维在《送元二使安西》诗中"渭城朝雨浥轻尘,客舍青青柳色新"所描述的那样,如高邮孟城古驿站,如图0-7所示。而各类民间私办旅舍遍布在全国各地,如长安、洛阳、扬州、广州、泉州等。

(二)宋代酒店的繁华

宋代的驿馆建筑和管理都较唐代有所进步,旅行者需要官发的驿券、馆券、食券方能享受相应的食宿服务。不同职衔的官吏以及不同事由在馆驿食宿方面都有具体的限定。民间旅舍则很活跃,除了住客外,还有专营或兼营储存货物的客栈。宋代张择端的《清

图0-7 高邮孟城古驿站

明上河图》长卷生动形象地再现了客店繁盛的历史景象（见图0-8）。此外，宋代旅店还有了自己的行会组织。

图0-8　清明上河图（局部）

（三）元明清酒店的服务

元代的驿站系统规模空前。"元制站赤者，驿传之译名也……元之有天下，视前代所以为极盛也。"

明代通过调整和重建元代驿站，较以前各代更进一步。厅前植树，馆周围墙，既壮观又安全，使得"客至者无不欣然，止宿留憩"。私人旅舍在明代又有新的发展。随着城镇商业资本主义萌芽的出现，为便于科举及商旅，一种特殊的旅舍——会馆出现并发展。各种旅舍不仅提供周到食宿，还增设代请向导、代雇行脚、代办交通、代存货物、代支货款、代转信函、代付赋税、代洗衣服等多种业务。

清代驿馆承明代制，只是规模更大，宿食转归为馆舍，官私的都有。会馆有较大发展，如北京湖广会馆（图0-9）；私营旅馆则在客栈和客店两种基本形式上，又分出大客店、普通店、小店、杂店、大车店等不同档次、规模的多种类型，满足了社会上各类旅行者的需求，如图0-10所示的明清客栈。

图0-9　北京湖广会馆

图0-10　明清客栈

四、欧洲酒店的转折

许多教材将酒店发展史归纳为四个发展时期,并以古代客栈时期(12—18世纪)为开端,实际上这个时期正处在欧洲中世纪后期,是西方酒店复兴的转折点。由此,帝国时代兴旺的酒店业逐步得以重生。客栈又流行开来,以英国最为著名,法国、意大利、瑞士和奥地利的客栈也相当普遍,这些客栈主要只是个歇脚的地方,规模都很小,建筑简单,设施简易,价格低廉,只提供简单的食宿,客人往往挤在一起睡觉,吃的是和主人差不多的家常饭,基本上无其他服务。客栈以官办为主,也有一些民间经营的小店,即独立的家庭客栈,它们是家庭住宅的一部分,家庭是这类客栈的拥有者和经营者。

随着社会的发展和旅游活动种类的增加,欧洲客栈的规模日益扩大,种类也不断增多。如英国的客栈逐渐改善,到15世纪,有些客栈已拥有20—30间客房,较好的客栈还拥有酒窖、食品仓库和厨房。许多古老客栈还有花园、草坪、带壁炉的宴会厅和舞厅。到18世纪,英国客栈已是人们聚会交往、交流信息的地方。这时,世界许多地方的客栈都不仅仅是过路人寄宿的地方,还是当地的社会、政治与商业活动的中心。中国从明代开始形成的会馆实质上就充当着这种社交中心的角色。应该说,这些都是近代酒店的萌芽。在这时规模最大,影响最深,以教育为目的的海外大旅行(又译为"大巡游""贵族之旅"),以及以休闲保健为目的的温泉旅游和海滨旅游,还有自然观光旅游,具有上承世界古代旅游下启近代旅游的重要意义,并推进了近代酒店向现代酒店的嬗变。

第二节 现代酒店的兴起与发展

一、豪华酒店时期

(一)欧洲的豪华酒店

文艺复兴影响了社会的各个方面。随着欧洲工业革命的渐渐兴起,资本主义经济产生并不断发展,欧洲资产阶级革命最大的后果是确立了资本主义制度,促进了社会生产力快速发展,社会财富增多,出现了自由而富有的有闲阶层,逐渐滋生并形成休闲的观念。旅游开始成为一种经济活动,于是,专为上层有闲阶级服务的豪华酒店就应运而生。

在欧洲大陆上，无论是豪华的建筑外形、奢侈的内部装修、精美的餐具以及服务和用餐的礼仪规范，无不反映出王公贵族生活方式的商业化。为酒店宾客提供的食宿服务实质上是一种奢华的享受。为此，这个时期被人们称为豪华酒店时期（又称大饭店时期）。欧洲第一个真正可称之为饭店的住宿设施是在德国巴登建起的巴典国别墅（der badische Hof），随后，欧洲颇具代表性的饭店有 1850 年建成的巴黎大饭店和 1876 年开业的法兰克福大饭店，1889 年开业的伦敦萨沃伊酒店在豪华酒店时期具有特殊的地位，它雇用享有世界声誉的酒店管理奇才恺撒·里兹（Scesar Riza）和一代名厨埃斯考菲尔（Escoffier），他们在这里创造了极其豪华、非常时髦的酒店服务氛围以及精美绝伦、无可比拟的菜肴。

（二）美国的早期酒店

19 世纪是美国酒店业发展的高峰时期。铁路运输网络的扩展促进了旅行，从而诞生了许多优秀的城市酒店和度假酒店。许多重要的酒店就是在这一时期发展起来的，可以说 19 世纪是旅行和酒店业蓬勃发展的时期，其发展速度远远超过了以往任何时期，美国许多大酒店纷纷建立。由于缺少王室宫殿作为"社交"中心，美国人在社区旅馆内营造了类似的环境。饭店通常是慷慨大方的私人娱乐中心，也是最重要的公开庆祝活动中心。旅馆大堂像皇宫的外殿一样，成为人们消磨时间的去处，以及展示身份、富有和权力的首选地点。在美国的许多城市，大酒店成为城市中最优雅、最光彩夺目的建筑，成了"大众殿堂"。闻名世界的纽约广场酒店（Grand Hotel）是美国"大众殿堂"理念的典范，至今一直以豪华酒店形式经营（图 0-11）。美国第一个真正的大酒店是位于波士顿的特里蒙特酒店（The Tremont Hotel）（图 0-12），于 1829 年 10 月开张。它创造了很多酒店业的第一，如设立前台员工、行李员、客房门锁、免费

图 0-11　纽约广场酒店

图 0-12　波士顿的特里蒙特酒店

肥皂、单人间和双人间、室内盥洗室等，被认为是美国的第一个现代酒店。1836年开张的纽约阿斯特酒店（The Astor House）同样堪称美国早期酒店的代表。

二、商业酒店时期

20世纪上半叶是美国酒店历史上最为重要的时期。20世纪初至20年代，酒店业出现了前所未有的巨大发展，但1930年左右的经济大萧条也导致许多酒店破产。著名的斯塔特勒（E. M. Statler）建立的酒店就是开创于20世纪早期并迅速成长起来的，它成功地度过了经济萧条期，最终在以后的数年间得以繁荣兴旺起来。纽约的布法罗斯塔特勒（Buffalo Statler）酒店就是一家拥有300间客房的酒店（见图0-13），于1908年1月18日开业，它被看作是酒店业历史上的一座里程碑。布法罗斯塔特勒酒店是首批现代商业性酒店，主要顾客是商务旅行者，它提供下列服务：每间客房都有私人浴室；每间客

图0-13 纽约布法罗斯塔特勒酒店

房都有电话；每间客房都有带照明设施的衣柜；每天早上都为客人送去一份免费报纸等。在1908年，这些特征非同小可。例如，电话在当时属于新生事物，只有豪华酒店的客房才有大的衣橱。因此，按当时的标准看，布法罗斯塔特勒已属现代。这家酒店当时的广告语是："1.5美元即可享用带有浴室的房间"，对旅行者来说简直是物超所值、不可思议。布法罗斯塔特勒酒店获得了成功，斯塔特勒继续使用他的名字增开其他酒店。1928年斯塔特勒去世时，其名下控制的酒店超过了酒店业历史上以往的任何人。

三、现代酒店时期

现代酒店时期大约从20世纪50年代开始至今，是国际旅游活动大众化和普及化的必然结果。第二次世界大战后，不断扩张的经济、不断提高的工资收入、不断增加的闲暇时间、公路上不断增多的汽车数量和高速公路网络，以及航空客运的快速发展，这些因素相互作用，相互影响，给酒店业的发展提供了空间和契机。20世纪20年代酒店业发展起了一种连锁经营形式——特许经营。1927年，万豪（Marriott）连锁成为该形式的领头羊。

20世纪60年代，大型汽车酒店开始在美国各地出现。60年代中期，汽车酒店联营和特许经营得到迅速发展，酒店生意好坏在很大程度上就靠联营网络中酒店之间的互荐客源。现代酒店时期，旅游市场结构的多元化促使饭店类型多样化（如度假酒店、观光酒店、商务酒店、会员制俱乐部酒店），市场需求的多样化引起酒店设施的不断变化，经营方式更加灵活，酒店产业的高利润加剧了市场竞争，促使酒店业与其他行业联合，并走向连锁经营、集团化经营的道路。现代科学技术革命和科学管理理论的发展，使现代酒店管理日益科学化和现代化，威拉德·马里奥特（J. Willard Marriott）、霍华德·约翰逊（Howard Johnson）、康拉德·希尔顿（Conrad Hilton）、凯蒙斯·威尔逊（Kemmons Wilson）和雷·克罗克（Ray Krot）等对现代酒店业的最初发展做出了重要贡献。

第三节　中国酒店业的曲折发展

当欧美的小客栈在工业革命的推动下迅速转折，历经大酒店、商业酒店向现代酒店发展的过程中，中国酒店走的却是一条艰辛曲折的发展之路。

一、近代的入侵与奋争

（一）西洋旅馆侵入，封建驿传寿终

1840年鸦片战争爆发，标志着中国正式沦为半殖民地半封建社会，西方列强鸦片战争后纷纷侵入中国通商口岸，划分势力范围，兴办银行、邮政等实业，外国人开办经营的西式旅馆在中国出现了。清光绪年间大清邮政终止，驿站随之关闭。始于商代中期，沿袭3 000多年的驿传制度寿终正寝。

外国人投资经营的西式旅馆，大多建于帝国主义列强在中国的租界地或势力范围内，其中以上海为最。1860年，英国人礼查在上海外白渡桥北堍创建礼查饭店，这是上海开埠后外国人经营的第一家高档旅馆饭店，今名浦江饭店（图0-14）。闻名于世的北京饭店是1900年八国联军入侵后由两个法国人开始经营的。天津的利顺德酒店等也在这一时期纷纷建起，这些酒店除了提供基本的食宿外，还有舞

图0-14　上海浦江饭店，原礼查饭店

厅、游艺室、浴室、理发室，规模宏大。当时的北京六国饭店，人称"饭店直将六国称，外人情态甚骄矜。层楼已是凌云汉，更在层楼建一层"。西式酒店是中国近代饭店业中的外来部分，是帝国主义列强入侵中国的产物，为帝国主义的政治、经济、文化服务。但另一方面，西式酒店的出现对中国近代酒店业的发展产生了一定的冲击，把西式酒店的建筑风格、设备配置、服务方式、经营管理的理论和方法带到了中国。

（二）民族实业奋起，兴建中西旅馆

辛亥革命后，尤其在 20 世纪二三十年代，上海、杭州、南京、西安、北京等城市的旅馆发展很兴旺。上海是近代中国经济、文化、交通、运输、旅游业最发达的城市，也是资本主义经济、文化侵略最严重的城市之一，国内外游人都向往这片东方的淘金乐土，于是旅馆酒店林立。中国的民族资本面对外来酒店的侵入，奋起应对，试图融合中西特色，兴办民族酒店，这时由中国的民族资本投资兴建了一大批中西风格结合的新式饭店。这类饭店在建筑式样、店内设备、服务项目和经营方式上都受到了西式饭店的影响，而且在经营体制方面也仿效西式饭店的模式，实行饭店与银行、交通等行业联营。1917 年，先施、永安两大公司开业后在公司里附设中西结合的豪华旅馆，并与东方饭店、东方旅社、礼查饭店等联号。不少酒店还致力继承中国的民族文化传统。1931 年，徐孟渊创办孟渊旅馆，三层一百余间，均置有全套古色古香的红木家具，富有民族特色。中西式酒店将输入中国的欧美酒店业经营观念和方法与中国酒店经营环境的实际相融合，成为中国近代酒店业中引人注目的部分，这些探索尝试为中国酒店业进入现代酒店时期奠定了良好的基础。

至 20 世纪二三十年代，中西式酒店的发展达到了成熟时期，在当时的各大城市中，均可看到这类饭店，20 年代开业的有静安宾馆、金门饭店、华懋饭店、大中华饭店、中央饭店和东方饭店等高级饭店。其中，最著名的是华懋饭店（又称沙逊大厦），即今

图 0-15　上海国际饭店

天的和平饭店，为上海唯一入选的全球驰名饭店。1934 年 12 月 1 日，吴鼎昌集资建成营业的 24 层上海国际饭店（图 0-15），为上海当时最高的标志性建筑，也是当时

远东地区屈指可数的豪华饭店。

近代知名实业家张謇则在家乡南通创办"有斐馆"（图0-16）"永朝夕""桃之华""南通俱乐部"四大宾馆。当时，集饭店、客房、会务、社交、娱乐等多功能的宾馆引起了中外有识之士，包括军政要员、外国使者、专家、学者等社会名流的极大关注。1922年，中国科学社第七届年会就在南通召开，梁启超、马相伯、竺可桢、陶行知、黄炎培、丁文江、杨杏佛等学术巨擘云集南通俱乐部（图0-17），美国著名哲学家杜威等文化名人在俱乐部下榻。

图0-16　1920年南通"有斐馆"（巫乃宗提供）

图0-17　20世纪20年代初的南通俱乐部（巫乃宗提供）

（三）探寻酒店联营，中旅功不可没

在20世纪二三十年代的中国旅馆建设中，中国旅行社功不可没，图0-18为中

旅创始人陈光甫。早在中旅社建立之初，即认定旅游饭店是旅游业的基础设施。1931年7月，中旅社在沈阳建立第一个招待所，随即在徐州、郑州、潼关、南京、汉口、青岛、无锡纷纷建招待所，并在徐州、上海、武汉等主要车站码头建招待分所。1935年是中旅招待所大发展之年，耗资50多万元的南京首都饭店开业，它是当时最高档的宾馆饭店，也是中旅社最大的招待所，即今华江饭店，如图0-19所示。稍后，西安的西京招待所和衡山的南岳山庄建成营业。另外还有9处招待所从北到南依次开业。

图0-18　中旅创始人陈光甫

图0-19　南京首都饭店（今华江饭店）

抗日战争期间，中旅社根据形势所需在西南、西北等公路（包括滇缅公路）沿线，设立许多招待所与宾馆，负责食宿。这些招待所包括铁路、公路局委托中旅社经营的，也有中旅社在西南各省投资自办的，还曾采用特约招待所的办法，由中旅社对各地较有基础的旅店给予贷款，设置若干干净客房，一律悬挂中旅社招待所招牌，并派专员常驻指导。特约招待所具有投资少、见效快的特点，直接造福西撤的公私旅行，更对内地餐旅业的改进起了示范作用，实为现代品牌连锁酒店的雏形，比西方的汽车旅店要早20年左右。

中旅社西北大后方服务网还为中国酒店事业树立了艰苦奋斗的优良传统，作出了艰苦卓绝的贡献，著名作家茅盾曾讴歌六盘山华家岭招待所的职工："凡是在西北公路上旅行过的人们，应该不会忘记在高山荒岭上，有这样一群无名英雄直接为旅客服务，间接为抗战效力，在四时如冬，在寂寞荒凉的环境中坚守着他们的岗位。"

二、现代的开放与振兴

（一）稳定蛰伏，真诚服务

1. 韬光养晦，礼仪接待服务

中华人民共和国成立伊始，百废待兴，为中国酒店业的发展开辟了新的广阔前景。然而随着朝鲜战争的爆发，由于国际冷战局面，旅游事业包括酒店业无法很快发展。按照毛主席确定的"打扫干净房子再请客"的方针，在抗美援朝胜利和国民经济迅速恢复后，政府接待机构以"取费低廉，服务周到"为宗旨，承担一切外宾、外国旅游团在中国的访问和旅行中的生活接待工作，呈现事业接待机制的酒店形式。经过社会主义改造的旧酒店和少量国营酒店以及大批合作起来的私营小店，共同构成年轻共和国的酒店格局，秉承为人民服务的思想，热情服务，稳步前进，充分反映了那个时期中国酒店计划经济事业接待的特征。中国酒店继承发扬了中国礼仪之邦的传统，贯彻热情友好、服务周到的方针，出色地完成了包括中美、中日建交等多项外交接待和大量政务、侨务任务，为国家赢得了很高的外事接待声誉。同时，也在全国各外交接待单位，如钓鱼台国宾馆（图0-20）培养了一支管理严谨、服务精良、礼仪卓著的管理干部和职工队伍，并办好了如北京饭店、上海锦江饭店（图0-21）等一批接待服务名店，创立了接待服务的品牌，为日后的酒店业发展积累了经验。

图0-20　钓鱼台国宾馆

图0-21　上海锦江饭店

2. 热情奉献，铸就服务典范

全国各地餐旅服务行业的酒店坚持为人民服务的宗旨，为全国人民提供了简洁、便捷、实惠的食宿，起到了对国民经济服务保障的作用，涌现出无数的优秀服务典范，如大连渤海饭店的规范服务和礼仪接待，徐州彭城饭店的无私奉献和诚心服务，上海人民饭店的热情周到和耐心服务，南通平潮饭店的关爱同胞和延伸服务，无锡大同饭店的清洁卫生和亲情服务。在这一时期，形成了当代酒店的诚信服务、情感服务、延伸服务、超值服务、衍生服务、人性服务等一系列服务精神、服务模式和服务品质。与外事服务中的精致周到、高雅感人的服务精神一起成为新时期中国酒店发展腾飞的宝贵精神财富。

（二）改革开放，空前发展

1978—2018年，是中华民族历史上不平凡的四十年，四十年以来，中国经历了改革开放的伟大历程，中国经济社会发展迎来历史性巨变。经济持续快速增长，经济规模从3 679亿元扩大到82.71万亿人民币，增长了224倍。经济总量在世界经济中的比重由1.8%上升到16%，人均GDP从381元提高到59 660元人民币，增长了155倍，国民收入大幅提高。

在改革开放的推动下，中国酒店业历经了内外部环境变化的跌宕起伏，进入了酒店业发展的新时代。

1980年，改革开放后的第一家个体餐馆开业，它就是位于北京市东城区翠花胡同的悦宾饭店。1980年6月，北京建园饭店奠基剪彩，1982年4月28日，建国饭店正式开业，并由香港半岛集团管理，标志着我国单体酒店由此进入专业化、集团化的发展之路。

1983年3月5日，中共中央、国务院在《关于发展城乡零售商业、服务业的指示》中明确指出：在办好国营和供销社商业、服务业的同时，应积极把发展集体和个体零售商业、服务业作为今后发展社会主义商业、服务业的一个基本指导思想，实行多种经济形式、多种经营方式，开辟多种流通和服务的渠道。这吹响了国营、集体、个体一齐上的改革号角。

改革开放使中国酒店业的发展如鱼得水，碰到了千载难逢的复兴时期。多年来积压的能量得到释放，国内国际旅游规模急剧增长。2019年，我国旅游业发展势头良好，国内游、出境游和入境游三大市场保持稳定增长。全年共接待入境游客13 187.33万人次，实现国际旅游外汇收入419.19亿美元，分别比上年增长5.5%和23.5%；国内旅游人数60.1亿人次，旅游收入7 770.62亿元人民币，分别比上年增长15.5%和24.7%；中国公民出境人数达到4 095.40万人次，比上年增长18.6%；旅游业总收入10 957亿元人民币，比上年增长22.6%。

到2019年年末，全国共有星级饭店13 583家，已是1978年的百余倍，这足以说明这一时期中国酒店业发展速度极其惊人。

酒店业是中国最早对外开放的涉外窗口行业。1984年，全面推广北京建国饭店的科学管理方法，我国第一家酒店集团（公司）——锦江集团成立。1988年9月，原国家旅游局颁布了《中华人民共和国旅游涉外饭店星级标准》，开始施行星级酒店评定，广州白天鹅宾馆、广州中国大酒店、广州花园酒店等成为中国首批五星级酒店，该标准使得酒店的管理服务质量不断提高。

酒店业是中国最早进入国际市场的行业之一，也是最早与国际接轨的行业之一。1990年，已有假日集团、喜来登、希尔顿、雅高、香格里拉、半岛、新世界、日航、华美达、凯悦、美丽华、太平洋等30余家国际酒店管理集团进入中国市场。

酒店餐饮业是改革开放的窗口行业。40余年风雨兼程、砥砺前行，中国酒店与餐饮业抓住改革开放的发展机遇，为满足人民群众对美好生活的向往，取得了骄人的成绩。

（三）整合拓展，启程复兴

进入新世纪，中国酒店业正迈上更高层次的发展。历经40多年的改革开放，中国酒店业逐步融入现代国际化酒店行业，正式步入世界酒店共同发展的行列。

据2020年外资酒店集团规模前30名排行榜显示（见表0-1）：中国外资酒店集团前30名分属万豪、OYO、洲际、希尔顿、温德姆、雅高、香格里拉、凯宾斯基和凯悦九大国际酒店集团，管理门店6 221家，客房637 036间，前30名酒店集团管理门店数已经是2008年所有外资管理门店总数的十倍。2008年已有41个国际酒店管理集团的67个酒店品牌进入中国，共管理600余家酒店，其中，世界排名前十的国际酒店管理集团均已进入中国（图0-22）。

表0-1 2020年外资酒店集团规模前30名排行榜

排名	品牌名称	所属集团	客房数	门店数
1	OYO酒店	鸥游酒店管理（上海）有限公司	114 585	3 191
2	速8酒店	温德姆酒店管理集团	73 619	1 217
3	皇冠假日	洲际酒店集团	37 916	159
4	智选假日	洲际酒店集团	36 938	180
5	假日酒店	洲际酒店集团	29 751	105
6	喜来登酒店	万豪国际酒店集团	26 670	78
7	华美达酒店	温德姆酒店管理集团	25 960	114
8	豪生大酒店	温德姆酒店管理集团	25 804	71
9	洲际酒店	洲际酒店集团	24 601	107
10	香格里拉	香格里拉酒店集团	21 263	48

(续表)

排名	品牌名称	所属集团	客房数	门店数
11	希尔顿欢朋酒店	希尔顿酒店集团公司	19 545	115
12	希尔顿酒店	希尔顿酒店集团公司	19 013	54
13	万豪酒店	万豪国际酒店集团	18 028	101
14	戴斯酒店	温德姆酒店管理集团	16 654	105
15	美居酒店	雅高酒店集团	16 082	105
16	铂尔曼	雅高酒店集团	12 927	63
17	希尔顿逸林	希尔顿酒店集团公司	12 479	37
18	温德姆酒店	温德姆酒店管理集团	10 710	40
19	万丽酒店	万豪国际酒店集团	9 604	33
20	福朋喜来登酒店	万豪国际酒店集团	9 510	33
21	诺富特	雅高酒店集团	8 845	32
22	凯悦酒店	凯悦酒店集团	8 749	27
23	威斯汀酒店	万豪国际酒店集团	8 605	28
24	索菲特	雅高酒店集团	8 457	42
25	万怡酒店	万豪国际酒店集团	8 020	33
26	凯宾斯基	凯宾斯基酒店集团	7 648	22
27	温德姆至尊豪廷	温德姆酒店管理集团	7 183	20
28	艾美酒店	万豪国际酒店集团	6 308	34
29	JW万豪酒店	万豪国际酒店集团	5 967	16
30	君悦酒店	凯悦酒店集团	5 595	13

数据来源：根据上市公司财报、酒店官网和盈蝶咨询数据整理，以2020年1月1日已开业酒店的客房数为标准，不含筹建数。

麦当劳和肯德基两个国际餐饮业巨头分别在1987年（如图0-23）和1990年进入中国市场，30多年来，截至2020年6月底，肯德基已有6 700多家门店，遍布全国1 400多个城市，拥有26万名中国员工，20多年来保持中国快餐业的第一品牌。在2020年上半年，肯德基在中国实现营收257.6亿美元。

面对国外著名连锁集团进军中国市场，中国酒店业无论是老字号餐饮店、风味名小吃，还是接待住宿名店，纷纷积极加强品牌化、集团化的进程。锦江集团、首旅集团、金陵集团、华住集团先后进入世界酒店集团百强。在2019年全球酒店集团300强榜单中，中国酒店就有37家，其中有17家中国酒店集团进入百强，锦江国际集团更

图 0-22　1983 年开业的北京喜来登长城饭店

图 0-23　1987 年，在北京前门开业的中国第一家肯德基

以 1 081 230 间客房、10 020 家酒店蝉联全球第二，华住酒店集团和北京首旅如家酒店集团进入前十。华住酒店已连续三年稳居第九位，酒店数量和客房数量增长率均保持在 10% 以上，达到 536 876 间客房、5 618 家酒店，旗下拥有西岳、诺富特、桔子水晶、汉庭等多家知名酒店品牌；如家酒店集团则以 414 952 间客房、44 509 家酒店位居第十。

与此同时，一批中华餐饮集团纷纷上市，海底捞（HK：06862）营收连续四年两位数增长，2019 年海底捞餐厅收入增长 55.2%，以 265.56 亿元位列第一；大家乐集团（HK：00341）和呷哺呷哺（HK：00520）分别以 77.42 亿元和 60.30 亿元居第二、三位；稻香控股、太兴集团、大快活、九毛九、味千（中国）、富临集团控股、合兴集团、翠华控股、全聚德、唐宫中国、国际天食等 11 家企业营收位于 10 亿—50 亿元。

所有这些都标志着中国酒店业已加快资本运作、品牌建设和集团化进程。中国酒店业的经济成分结构趋向多元化，国营酒店企业体制改革基本实现软着陆。

中国酒店市场无论是餐饮业还是住宿业都已经成为中外交融的国际市场。中外文化在酒店国际市场冲撞和整合。中国酒店的著名集团和品牌已崭露头角。中国传统酒店业得以继承和发扬，展示出东方人性化服务的光芒。在世界十大最佳饭店中，亚洲总是占半数以上，中国香港的东方文华酒店管理集团管理的泰国曼谷东方大饭店十多年来连续在世界十大最佳饭店排行榜上名列榜首。

中国酒店品牌走出国门在行业内已经不是一件新鲜事。锦江国际集团除了在国内酒店市场表现突出外，在国外的表现也值得称道。例如，锦江之星从国内市场转战海外市场，逐步走向国际，2014 年锦江之星品牌将正式亮相韩国，韩国首尔明洞东酒店（图 0-24）。这是继菲律宾、法国项目之后，锦江之星海外发展的第三站，是中国经济型连锁酒店品牌进军海外市场的新的里程碑。据悉，通过一系列并购，锦江酒店在欧洲、美洲、非洲等海外地区实现了有效布局。到 2019 年，锦江之星拥有 1 293 家海外酒店。2012 年 10 月 12 日，位于法国巴黎塞纳河与马恩河交汇处的"华天中国城酒店"盛装开业。湖南华天集团并购原粤海中国城后，首期投资 2 500 万欧元历时一年多装修改造，焕然一新的中国城标志着东方文化在当代酒店经营中的魅力。

中餐市场也越来越兴旺，在许多欧美国家，中餐都已经成为正餐的首选，进入主流消费市场，如美国的熊猫中式快餐已发展到一千多家，英国的新型餐饮巨头姚

图 0-24　锦江之星"韩国首尔明洞东酒店"

阿兰已经成为英国高档酒店的代表，赢得了米其林明星的称号。海底捞是中国最大的火锅餐饮集团之一，自 2012 年 12 月走出国门在新加坡的克拉码头首店开业以来，海外门店已经在 7 个国家拓展至 29 家，输出中国餐饮文化。中国特色商务餐饮代表之一的俏江南也向日本、美国和欧洲发展，一个以餐饮文化为主要特点的中国餐饮国际化高潮正在来临。高档酒店内餐饮的发展也呈现出中餐主流的趋向。中国酒店业将借助中餐烹饪，让中国美食走出国门，进而实现品牌化、国际化，屹立于世界民族之林，全面实现复兴。

 小结

> 本篇主要讲述世界酒店业的发展，包括欧美酒店的近代发展过程，全面回顾了中国近代酒店业的曲折发展历程，描述了现代酒店业的振兴及发展趋势。

 问题

> 1. 举例说明古代酒店的起源。
> 2. 中亚、古罗马、古代中国分别在什么时候处于全球酒店的领先地位？
> 3. 简述从欧洲小客栈到美国现代酒店的发展历程。
> 4. 简述近代中国酒店业的曲折发展。
> 5. 结合实际，谈谈改革开放以来中国酒店业的发展。

案例

I 《马可·波罗游记》中的中国餐饮

许多国家都有小餐馆,但在那个时期,没有一个国家的小餐馆像中国的小餐馆那样先进和多样化。有快餐店、旅馆、客栈、茶馆、面馆和酒馆,每家都有自己的特色菜——冰镇水果或蜜饯、猪肉包子、馄饨、烤肉、鱼汤等。店主每天从凌晨1点到黎明前匆忙赶到杭州十个最大菜市场中的一个,采购客人下酒用的猪肉、蚕蛹或大虾,还有牡蛎和贝类。

据马可·波罗的记载,鱼市有一个特别的场面。每天渔民将大量的鱼从25英里以外的下游海边运到市场。根据不同的季节,也有很多不同的淡水鱼,这为渔民提供了持续不断的工作。有这么多鱼在市场上出售,你可能会认为,这些鱼根本无法卖掉。但是,几个小时后这些鱼就被销售一空。

II 美国酒店连锁经营的兴起

近几十年来,大量的美国人开始旅行,有三点主要原因对酒店业具有特别重要的意义。第一,许多人的经济生活发生了重大变化。工作日缩短,工资提高,人们享受更多的优惠待遇,如养老金、假日工资等。很多白领人士都能享受带薪假期,各行各业的美国人都比以前拥有了更多的闲暇时间,促进了旅游业的进一步发展。第二,交通运输方式发生了变化。汽车取代铁路成为个人长途旅行的主要工具,飞机成为越来越重要的公共长途旅行运输手段。随着旅行人数的增多及科技的进步,旅游的费用逐渐减少,越来越多的人能够支付得起,促使了新的旅游地的开发与发展。第三,美国的高速公路不断发展和完善。随着铁路运输的衰退和汽车运输的兴起,兴建横跨东西、纵贯南北的封闭性州际高速公路,形成高速公路网络。随着人们更频繁地自驾旅行,需要更多的餐馆以供其中途停歇。20世纪四五十年代,许多餐馆发展成连锁品牌,一种是创建品牌,使它在顾客的头脑中产生这样的印象——它代表着某种产品、某种价格、某种质量水准和某种服务方式;另一种是建造一些有独特外形特征的连锁店,使人一看便知这是哪家连锁店。许多酒店花高价钱进行电视广告宣传。美国的酒店连锁经营就此逐渐兴起。

III 华住与季琦

2020年9月22日,15周岁的华住集团港交所上市,市值达996亿港元,成为目前国内市值最高的酒店集团,是其劲敌首旅酒店的4.6倍、锦江酒店的2.5倍。华住的愿景是"华人住宿",方向是多品牌布局,分别为高端禧玥酒店、中端全季酒店和星程酒店、经济型汉庭酒店和百元定位海友酒店。华住集团旗下,美爵、

VUE、禧玥、诺富特、美居、漫心、全季、桔子水晶、桔子精选、CitiGo、星程、宜必思尚品、宜必思、汉庭优佳、汉庭、怡莱、海友等不同档次的品牌。汉庭是经济型酒店的代名词，汉庭的上市代码虽然是HTHT，但2010年3月上市的时候，英文名是China Lodging Group。

华住集团上市，敲钟人季琦成为大众焦点。被称为中国酒店业创业教父的他，已是第四次敲钟。他参与创办的携程、如家和汉庭，都已成功登陆纳斯达克。

从1999年至今，季琦创立和参与创立了4个企业，都是担任首任CEO、组建核心团队、确立主要商业模型，市值都超过10亿美元。

1999年，季琦创办了携程网。4年后，携程上市。33岁的季琦没有止步于此。2000年，季琦想创办一个经济型连锁酒店，把旅游业和酒店业结合起来。当年3月，如家诞生。6年后，如家上市。2005年，他又创办了汉庭。2010年，汉庭顺利地在美国上市。现在，华住又在香港顺利上市。

许多人看到季琦连续创业四个公司都上市了，觉得他的路太顺了。其实不然。

季琦在《创业者手记》中这样写道，一个在农村泥土里打滚拼搏出来的孩子，在未来的事业、工作中更能抗压和忍耐，追求成功的欲望也强烈。

在酒店业浸泡21年，季琦的创业路并不是一帆风顺的，而是一波三折的，前途凶险。

携程遇到过互联网泡沫，如家经历过"非典"时期，汉庭碰上了金融危机，华住遭遇新冠肺炎疫情，都是关乎生死的重大考验。

2020年，华住集团成立15周年时，季琦在其个人公众号上放了一段短视频，名字叫作《攀登吧，少年!》，开头有这么一段话："世界上总有些生而不同的人，他们异想天开，他们特立独行，他们无中生有，他们从不停步。你与他们一起，在这个时代并肩奋斗。永不满足，永远保持饥饿感，永不停止攀登。"这是季琦创立华住的理念。

图0-25 华住酒店集团商标

对于季琦自己来说，永无满足：华住在中国的潜在客户不是4亿—6亿人，而是中国全部14亿人民。华住要做世界第一，要把酒店开到中国每个地方去（图0-25）。

思考题

1. 结合案例Ⅰ，认识中国封建社会时期酒店的世界地位。
2. 结合案例Ⅱ，试分析美国现代酒店连锁经营发展的原因。
3. 联系案例Ⅲ，谈谈中国酒店集团的发展之路。

第一篇

现代酒店概述

　　酒店业是一个传统的服务行业，现代酒店是重要的现代服务产业，与人们的生活越来越密切。当今世界数以亿计的人加入酒店业这一充满生机、蓬勃发展的朝阳行业，成为其从业大军中的一员。

　　对人们有着如此巨大吸引力的酒店业到底是一个什么样的行业？现代酒店在当代社会经济生活中的地位与作用如何？酒店业有着怎样的时代特征？酒店产品具有哪些显著特点？酒店作为企业还有哪些特殊性？在酒店集团化发展成为经营主导的情况下，现代酒店的主要经营模式有哪些？

　　所有这些问题，你都能在学习本篇后找到答案。

第一章
现代酒店概览

学习目标

学完本章,你应该能够:
(1) 理解酒店的概念和含义;
(2) 明确酒店的地位与作用;
(3) 知晓酒店与酒店产品的特点;
(4) 明白酒店业的时代特征;
(5) 了解酒店的经营管理模式。

关键概念

酒店　酒店产品特征　酒店业时代特征　酒店经营模式

作为旅行者和当地居民食宿、娱乐、休闲的重要场所,酒店是旅游活动的主要载体之一,因而酒店业成为旅游经济的支柱行业;酒店也是所在地社会、政治、经济活动的中心,成为服务业乃至整个国民经济和社会生活文化活动的重要组成部分。

一般认为,酒店业是在传统的饮食和住宿业基础上发展起来的,主要由餐饮业(也称饮食业)和住宿业(也称旅馆业)两大部分构成,故又称餐旅业。

第一节　酒店的概念与含义

一、酒店的概念

酒店(hotel)一词源于法语,其最初的含义是招待重要宾客的乡间别墅,是人们款待宾朋的场所，也是人们向往、赞赏并为之炫耀的去处。18世纪后期，酒店逐渐由英国传至西欧，再至北美，直至各国。随着社会经济的发展，酒店业已经成为一种现代化的综合产业，酒店这一名称是指所有商业性的食宿设施。

我国大部分地区，尤以北方为代表，把这种现代化、商业化的综合服务场所称为饭店。酒店在我国国家标准中也称为饭店，在我国还有宾馆、旅馆等名称，也曾把接待海外游客为主的称为涉外旅游饭店。此外，由于历史以及功能的原因，又有招待所、旅游饭店、疗养院、休养院、公寓、山庄、度假村等不同的名称。而在南方地区，习惯称之为酒店。现代客栈和近几十年来风行的民宿，其基本属性都属于酒店这一范畴。对于酒店的定义，国外的一些权威辞典是这样界定的：现代意义的酒店指以建筑实体为依托，主要通过客房、餐饮向公众提供住宿、饮食以及康乐休闲等系列综合服务的企业。

《牛津插图英语词典》：饭店是提供住宿、膳食等而收取费用的住所。

《科利尔百科全书》：饭店一般地说是为公众提供住宿、膳食和服务的建筑与机构。

《美国百科全书》：饭店是装备好的公共住宿设施，它一般都提供膳食、酒类与饮料以及其他服务。

二、酒店的含义

根据上述这些定义，酒店应该具备以下四个基本条件。

（1）酒店是由建筑物及装备好的设施组成的接待场所。作为酒店，它可以是一个或多个建筑群组成的接待场所与设施，具有接待应具备的硬件设施，如客房、餐厅、前厅、娱乐中心等场所，而且这些服务部门应配备一系列相关设备、用品。

（2）酒店必须提供餐饮、住宿或同时提供食宿以及其他服务。酒店业是一种服务性行业，酒店除提供满足宾客饮食旅居的基本物质需求以外，也要给宾客一种精神和心理的满足，而体现无形产品的服务是一种直接提供客人享受的活动。

（3）酒店的服务对象是公众，有的主要以外地旅游者为主，同时也包括本地居民和其他消费者，有的主要接待本地消费者。还有部分特殊的接待所和接待顾客的家庭住宅，尽管在酒店业中占很小的比例，如民宿提供住宿、膳食与其他服务，其公用性决定了其作为广泛意义上的住宿、餐饮设施的性质，只是其一般规模较小，接待人员有一定局限性。

（4）酒店主要是商业性的，以营利为目的，所以使用者要支付一定的费用。酒店是从事饮食旅居接待活动，为客人提供综合服务的，就要占有社会劳动，为社会产生效益，创造经济效益，以营业收入来抵补支出、上缴税收，平衡整个酒店的收支，继续发展。当然，政府事业、慈善公益等性质的食宿单位，其经营支出和收入核算的区别则另当别论。如果从经济形态来理解酒店的内涵，它是一个提供服务为主的服务企业，有着自身的经济活动，是独立的企业法人。酒店依法取得法人资格，以法人资产自主经营，自负盈亏，独立核算，上缴利税。

从酒店的这些称谓和基本条件可以给酒店一个最简单的定义：酒店是有偿提供人们食宿及相关服务的场所，也具有某些文化体验、传承传播的文化事业属性。

第二节 酒店业概览

一、酒店的范畴

酒店业为人们提供餐饮、住宿或是住宿结合的整体服务，而其他行业提供的这方面的服务是在偶然的基础上进行的。酒店业的范围十分广泛，应该认识到，广义的酒店业绝不能囿于具有酒店、饭店名称的这类企业讨论酒店业的范畴。酒店业主要由餐饮业和住宿业构成，它们又往往合称为餐旅业。餐旅业是酒店业的核心组成部分。

（一）餐旅业

餐旅业是指餐馆、旅馆业，也即餐饮业与住宿业。这是两个关系十分密切的自然行业。餐旅相互兼容，食宿相互联带，你中有我，我中有你，有分有合，在各自保留独立存在的个性外，更多地逐渐以酒店（或饭店）这一比较包容的名称为人们所认识并统一界定。酒店业最基本的组成部分是餐旅业，即餐饮业和住宿业。

（二）旅游休闲、文化与酒店

旅游业是一个比酒店业更大的行业，除了包括旅游酒店、旅游交通、旅行社、旅游区等行业外，还涉及餐饮、娱乐、（景点）购物等行业。餐饮和住宿等服务业都是旅游业中的重要组成部分，承担旅游中吃、住、行、游、购、娱六大内容中的头两项。酒店业接待各类客人，具有旅游外的服务职能，在这个意义上，酒店业是旅游业的交叉行业。同时，还与旅游相关的社会休闲、会议展览、商贸、国际交往、文化艺术交流、赛事节庆、体育竞技表演、文博修学、健身疗养、美容美发等众多行业及事业兼容交叉。酒店的身影不仅与旅游同在，更与旅行、休闲、文化、体育、工商贸易、外交、健康等活动和人们的生活起居、社会交往、享受发展息息相关。

对于酒店和旅游这两种业态的关系还可以参阅有关文献资料，以便深入认识。

联合国《暂行中心产品分类》中有关目录在服务部门分类单的第九类即旅游相关服务类内A项是旅游与餐饮（包括餐饮业）（CPC641—643），它的子部门和中心产品分类号码分别如下：

旅馆与其他住宿服务（CPC641）下以各类住宿服务分类（CPC6411、6412、6413、6419）。

食品服务（CPC642）分完全的餐饮服务（CPC6421）、自助设施（CPC6422）、餐饮服务（CPC6423）、其他（CPC6429）。

在现场消费酒水服务（CPC643）包括不带娱乐的服务（CPC6431）和带娱乐的服务（CPC6432）。

在上述分类中，餐旅（包括餐饮业和住宿业）都是作为旅游相关服务类。不论是《世界贸易组织服务贸易总协定》（GATS）还是世界旅游组织的《旅游活动标准国际分类草案》（SICTA）也都作了类似的分类。所有餐旅服务作为旅游相关服务的性质非常明确，也就是说，各类餐旅设施均是旅游的相关服务部门。当然，各类住宿设施、完全餐饮服务及自助设施（快餐馆）等并不仅仅是为旅游服务的。

二、酒店的地位

（一）酒店业属于接待服务业

酒店业的英文为"hospitality"，它源于拉丁动词"hospitate"，意思就是"招待客人"。酒店业就其本质而言属于服务型产业，是为社会经济和人们生活服务的一个行业。另外几个相关的英文单词如"hospital"（医院）、"hospice"（救济院）以及"hostel"（招待所）等也来自同样的拉丁词根，其主要含义都集中在"host"（主人，即接待、欢迎并努力满足暂时离家需要的人）。而且作为典型的接待服务行业，酒店为人们提供餐饮、住宿或餐饮与住宿相结合的整体服务，而其他行业所提供的这方面的服务只是在偶然的基础上进行的。因此，酒店业是服务行业中颇具代表性的标志性产业——它不但和社会经济结构中的第一产业（农业和矿业等原材料业）和第二产业（产品生产制造业）非常清楚地区分开来，也和第三产业中的建筑等产业泾渭分明，至于在服务领域内又与软件外包、商品零售、金融物流等服务以及政府部门的非营利性机构有着明显的区别。

（二）酒店业是旅游业的支柱行业

酒店业、旅行社和旅游交通是旅游业的三大支柱行业，在旅游业的这三大支柱行业中，酒店业具有举足轻重的地位，梅德利克（Medlik）对酒店业的关键性研究表明，对于很多形式的旅游活动来说（不包括探亲访友），选择某种形式的住宿接待设施是旅游者在异地过夜或做更长时间停留的必备条件。可自由支配的个人消费支出的一部分通常是住宿费用，这一部分支出要比普通娱乐花费或者日常生活花费更高。

结合全球旅游业的发展历程，从1992年开始成为全球第一大行业。从第二次世界大战结束起，全球旅游业以发达国家为标准，开始步入大众旅游时期，社会经济总体呈持续发展，人们的收入水平不断提高，生活质量提升，有薪假期不断增加，现代航空超音速飞机又提供给人们相对廉价的旅游交通，从而全面推进了全球旅游业的发展。

旅游业在不到40年的时间内一跃成为全球最大的产业之一，2020年1月8日，世界旅游城市联合会（WTCF）与中国社会科学院旅游研究中心在京共同发布了《世界旅游经济趋势报告（2020）》：2019年，全球旅游总人次（包括国内旅游人次和入境旅游人次）为123.1亿人次，较上年增长4.6%（见图1-1）；全球国内旅游总量达109.4亿人次，增速达到4.7%。

图1-1　2019年全球旅游总人次

2019年中国国内旅游达到60.1亿人次（平均每人约4次/年出游），占全球国内旅游总量的55%（见图1-2）。

图1-2　2015—2019年中国国内游客人次及其增长速度

2019年全球旅游总收入（包括国内旅游收入和入境旅游收入）为5.8万亿美元，相当于全球GDP的6.7%（见图1-3）。2019年中国全年实现旅游总收入6.63万亿元，同比增长11%，旅游业对GDP的综合贡献为10.94万亿元，占GDP总量的11.05%。

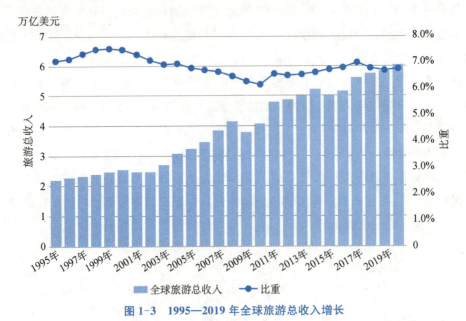

图1-3　1995—2019年全球旅游总收入增长

2019年全球国内旅游收入达4.1万亿美元，增速为1.2%。中国国内旅游收入5.733万亿，约占全球国内旅游收入的22%。

旅游业的迅猛发展为酒店业的发展提供了市场空间。2015年我国星级饭店共计12 327家，拥有固定资产原值5 461.35亿元，占旅游全行业固定资产的约68%；实现营业收入2 106.8亿元；上缴营业税金136.5亿元，占全国旅游业上缴营业税金的约80%。根据相关统计，2022年全球预计新开2 971家酒店，其中亚太地区开业数量1 230家领先其他地区。同时随着商务及休闲旅行的回归，中高档酒店的入住率预计会更高，房价也会更高。旅游极大地促进了酒店业的发展，酒店业的发展又反过来促进了国际旅游业的持续提升。

（三）充满活力的朝阳行业

酒店是一个传统的行业，但从古代的客栈、酒楼到现代酒店业经历着不断发展和提升的历程，不时散发生机。对于中国而言，酒店更是一个充满活力、蓬勃发展的朝阳行业。从1992年全面进行星级标准与评定计算，中国星级饭店从1992年的1 028家增加到2009年的14 237家，17年来增加了12.85倍。

随着改革开放的不断深入，酒店市场消费逐渐呈现以品牌为导向的趋向，非星级的连锁品牌酒店越来越受到市场的青睐，而星级酒店在发展中面临主管部门（原国家旅游总局）的行业监管将执行提升的星级酒店标准，需要投入成本进行升级改造才能通过复核。这就促使一些不愿意投资改造以满足监管复核要求的星级酒店作出业态转型的抉择，不少酒店选择"弃星"，加速转营经济型酒店或中端特色酒店，也有些酒店退出住宿业的，从而导致我国星级酒店数量从 2010 年开始呈现出逐年下降的现象。2019 年 12 月，我国星级酒店数量为 7 434 家，十年间减少了差不多 7 千家，但这并不代表我国酒店总量减少。国家统计局 2019 年 11 月 20 日发布第四次全国经济普查公报（第四号）：截至 2018 年年末，住宿业企业法人单位 43.1 万家，住宿资产总计 19 109.0 亿元，比 2013 年年末增长 39.0%。说明中国的酒店因满足人们的需求而变换成新的业态，更加蓬勃地发展。

目前世界排名前 10 位的国际酒店管理集团均已进入中国市场。国内各种经济成分在酒店业更为活跃，改革转制、拍卖并购、委托代管、投资融资、重组上市、连锁经营、集团合作，推进酒店业的现代企业化、国际化进程。锦江国际、华住和如家三家酒家集团都进入全球十大酒店集团，锦江国际更成为全球第二大酒店集团，酒店数量全球第一。

中国餐饮行业快速发展，1978—2019 年，餐饮规模增长 850 多倍，2019 年全国餐饮网点达 935.025 万个。

社会餐饮和住宿已经随同休闲和旅游的兴起成为当代中国城乡居民生活不可分割的组成部分，成为人民生活质量提升的重要标志。酒店餐饮和住宿各种新业态层出不穷、缤彩纷呈，成为人们生活中一道道美丽的风景线。

（四）愈益重要的文化产业

酒店作为当代中华文化的重要载体，愈益显现出其文化体验、传承传播的独特作用。各类酒店或位于山水名胜之畔，或地处都市繁华中心，皆是观赏自然美景和社会人文的最佳歇息点及出发地。例如香山饭店、阙里宾舍等本身就是著名的建筑艺术瑰宝，更有诸如主题酒店、民宿传递着丰富多彩的文化信息，其文化氛围吸引着众多游客浸润其中，成为游客感悟文化的"打卡地"。随着"四个自信"的提出，文化自信又成为"四个自信"中最根本的基础，酒店作为文化产业的独特地位尤为突出。与快递运输物流、金融理财资金流、IT 行业信息流不同，酒店是与人打交道的行业，在服务接待川流不息的人流中，更多地传递着文化，交流着文化，在有意无意、有形无形中都扮演着中华文化传播者的角色，成为中华文化伟大复兴事业不可或缺的一员。

（五）永恒的事业

酒店业的核心在餐旅，这都是与人类生活息息相关、朝夕不离的。酒店中的康乐活动又与人们的身体健康和娱乐休闲密切相连。随着现代社会带动人们生活质量的不断提高，一个休闲时代正向人们走来。马克思论述的闲暇时间是社会成员全面发展所需要的时间。酒店业和休闲产业又都是当今快速发展的文化产业的重要组成部分。酒店业的目标就是满足人们不断增长的物质与文化需求。随着社会经济的不断发展，酒店业已经成为人类社会经济生活的重要部分，从而成了一项永恒的事业。

三、酒店的作用

（一）提供服务

俗语说"民以食为天""脚板上不带行灶"。这形象地说明了餐饮业的作用，特别是其对于旅行者的必要，如清晨的早点、中午的快餐和夜间的晚宴、夜宵。不出行时，也很难离开餐饮的服务。"安居乐业""出门在外，日行夜宿，遮天为要"则说明了住宿对于出行人的重要性。酒店也为本地客人提供服务，家中来了客人、企业营销、各种组织的会议也都要与酒店住宿业打交道。随着社会的发展，酒店提供的服务不断扩大，酒店康乐也是服务宾客（包括当地客户）的重要项目。

（二）丰富市场

酒店为餐旅接待服务市场提供着各种层次与类型的服务，极大地方便了顾客。同样吃一份早餐，可以是中式的，也可以是西式的，还可以是日式的或东南亚口味的。同样是中式早餐，既可以是"四大金刚"（大饼、油条、豆浆、粢饭的俗称），也可以是各类点心面食、米食等大类，面食又可分为四大面团，东西南北又各不相同，各地都有不同的风味小吃，真可谓琳琅满目，数不胜数。

住宿市场也是如此，张择端的《清明上河图》中就有正店、客栈、脚店等，也是五花八门。当今住宿业的位置、价格、功能、特色等各式各样，门类繁多，旅客可各得其所。

（三）促进经济

酒店行业可以带动多个行业的发展，如一个综合性酒店的建设就涉及房地产业、建筑装潢业、能源设备工业、家用电器工业、电子工业、家具业、纺织业等；低值易耗品中又有日用化工业、百货业、文具用品业和日常经营中的饮食原材料。餐饮业更是紧密连接生产和消费的产业，具有较高的产业关联度，对包括农业、食品加工制造业、餐厨用品及设备制造业、生产性服务业等在内的上下游相关产业具有直接的带动作用。中国餐饮业每年消耗农产品、食品调味品等原材料近两万亿元，牵涉食品业、水产业、海鲜、调味品、粮油、副食品以及酒类、饮料等各类食品工业、农副业，这些都促进了地区经济开发。同时，餐饮业作为基础消费产业与旅游、文化娱乐、批发零售业等产业都有较强的产业协同效应，特别是在电子商务爆发式增长的时期，餐饮业的体验经济属性使其成为跨界融合的焦点，已经成为旅游休闲产业、文化创意产业、批发零售业的重要协同产业。餐饮业态成为城市商圈、城市综合体、购物中心的重点业态。

（四）取得效益

酒店作为经济组织，利润是必须要关注的。一般大酒店出租率在60%以上，运营15—18年左右可收回投资。涉外酒店创汇较多；小型饮食店薄利多销，快餐店连锁经营不断提升业绩，规模经营创造盈利纪录；国际酒店集团则以直营管理、特许经营等多种方式取得经济效益。2019年，美国餐饮市场收入达8 420亿美元，餐饮营业额占社会消费品零售总额的比重达13%。2019年，中国餐饮收入46 721亿元，比上年增长9.4%。

（五）增加就业

酒店业是一个劳动密集型行业，以美国为例，根据美国餐饮协会的数据，美国餐饮业2018年收入达8 210亿美元，行业雇员达到1 621万人，占社会工作人数的11%。

餐馆业是平等就业机会的行业。餐馆业雇佣的经理超过其他任何行业。刚进入餐饮领域工作的人可能为小规模、独立经营的业主工作，对未来的企业家来说，在独立餐馆工作是一种很好的培训。另一个职业轨道是从大型公司的管理培训开始，如经营完全服务式的餐馆。在快速服务餐馆领域也有很多就业机会，如麦当劳、肯德基。迪士尼公司也经营大量不同种类的餐饮企业，积极招募酒店专业的毕业生管理其主题公园中的餐馆和小吃部。航空公司的餐饮由航空包餐公司提供，许多大型银行、保险公司及广告代理公司都拥有行政餐厅，有专业的餐饮服务经营管理。总之，在餐馆业中有许多可供选择的职业。餐饮业雇佣的经理为各行业之最。

住宿和餐饮业为社会提供大量的就业岗位，中国改革开放40余年，餐旅业持续发展，就业岗位大幅增加。1978年餐饮业的从业人员104.4万人，从事社会服务（招待所、小旅店）的人员179万人，合计283.4万人；2017年住宿和餐饮业就业人数达到

2 488.2 万人，是 1978 年的 8.8 倍。

2017 年，中国旅游业直接就业 2 825 万人，其中，酒店从业人员占 60％以上，约 1 695 万人，旅游间接就业 7 987 万人，占全国就业总人口的 7.9％。2017 年传统餐饮业贡献了约 3 000 万个就业岗位，新增了互联网餐饮服务企业 357.61 万个工作岗位。

同时，住宿业的发展还促进了乡村旅游、购物、餐饮等相关消费的快速增长。随着精准扶贫、乡村振兴战略实施，乡村旅游农家乐民宿的兴起，2016 年，国内民宿（注册数量）达 5 万余家，截至 2019 年第三季度末，中国民宿（客栈）数量达 16.98 万家。有大量的农村劳动力转移到酒店行业，各类休闲乡村旅游从业人员迅速发展到约 900 万人。全国城乡住宿业和餐饮业从业人员合计约 5 952 万人，约占全国就业总人口的 7.67％。

酒店早已成为人们生活之中不可或缺的重要组成部分，如需要服务于应对处置疫情等紧急事件，首先想到的也是酒店。在抗击"非典"和新冠肺炎疫情中，就有相当数量的酒店被有关部门征用，被用于驰援医务人员的食宿休息和防疫隔离观察人员的定点住宿，还有大批量快餐定制食品的供给，酒店在社会应急事件中也发挥了它特殊的作用。

第三节　酒店的特点

一、酒店的特征

酒店在一般意义上可以理解为一个为公众提供住宿、饮食和其他服务的经营性的建筑设施与机构。酒店的企业特征主要表现在以下四点。

（一）经营上的自主性

酒店具有独立进行经营活动的权利，以便能够灵活地适应客源市场需求的变化，满足和引导市场需求，获得理想的经济效益。

（二）经济上的独立性

酒店是独立核算、自负盈亏的经济组织。酒店遵循等价交换的原则，通过业务经营活动参与社会的经济活动，以经营的全部收入抵补全部支出，从而取得经营利润。

（三）组织上的完整性

酒店要有与经营活动和服务规模相适应的组织结构以及自己的组织章程。

（四）具有法人地位

酒店必须依法成立，酒店的经营活动是以租让酒店设施的使用权的形式进行的。酒店具有法人资格，成为一个能够独立行使法定权利和承担法定义务的社会组织。法人资格和地位是企业独立性的法律保证，也是企业独立经营和独立核算的条件。

二、酒店企业的特殊性

酒店作为一种经济实体，它的空间概念是环境场所，它的物质概念是设备设施，它的社会概念是企业组织。和其他行业相比，除了营业盈利的共性外，酒店在经济职能和经营方式上都具有行业的特殊性。

（一）酒店的服务性

消费者在酒店消费有很大的部分（甚至全部）只是在一定时间和空间上购得酒店设施如房间、床位、包厢、餐位的使用权，获得了特殊的使用价值，而无法占有它们。可见酒店的经营活动是以租让设施的使用权的形式进行的，酒店的有形设施实际上是酒店服务销售的辅助性形态，不是能够获得所有权并可携带移动的实物商品形态。这就在本质上决定了酒店是一个服务性质的企业，从而决定了酒店企业的经营活动不同于其他企业。

（二）酒店的依赖性

酒店经营活动对市政基础设施和水、电、能源、交通等行业有较强的依赖性。酒店客源来自国内外，又受政治、经济、文化、宗教、外交、事故、灾害等多种因素影响，与社会政治稳定和经济发展呈平行趋同状态，对自然灾害、国际政局、战争冲突具有高度敏感性，会出现较大的波动性。酒店经营环境复杂多变，营销活动具有季节变动性、随机性和风险性，因而对国民经济、社会政治和国际形势具有依赖性。

（三）酒店的综合性

酒店企业具有服务与销售、食宿和康乐、会议等综合接待服务的性质。餐饮服务更具有食品生产、服务和销售多种职能，需综合管理，为客人提供优质的食品、优惠的服务和优美的就餐环境。这些功能的综合完备程度决定着酒店的档次。

三、酒店产品的显著特点

从宾客的角度讲，酒店产品是一段食宿经历，是一种体验性产品。宾客的这段食宿经历一般表现为以下三部分构成的组合产品。

（1）物质产品。客人实际消耗的物质产品，如食品、饮料、餐巾纸、洗发液、沐浴露等一次性的低值易耗品。

（2）感觉享受。它是通过食宿设施的建筑、家具用具、艺术装饰、背景音乐以及服务等来传递的。客人通过视觉、听觉、嗅觉、味觉、触觉等享受。

（3）心理感受。宾客在心理上所感觉到的利益，如地位感、舒适感、满意程度、享受程度等。

宾客在酒店这一段住宿感觉的好坏，主要取决于酒店产品的物质形态，如建筑物、家具用具、设施部件、食品、饮料等，以及酒店产品的非物质形态，即提供的各种服务，也取决于宾客主观的经历和心理等状况。

从酒店的角度讲，酒店产品具有典型的服务商品特征。酒店是以"空间＋时间＋服务＋产品"的独特形式存在着，具有明显的特殊性。

（1）空间。酒店消费活动比较多地受到地点、距离、容量等空间因素的限制。不能移动、无法替代，很难随意改变，消费必须在确定的空间范围进行，顾客必须上门消费。这种特殊性质对酒店设计和酒店活动提出了特定要求。酒店选址常常决定着酒店经济活动的成效。酒店各种消费空间的大小、形状、色彩、温差、结构、性能等，对消费需求满足的效果产生更大影响。因此，酒店是一种特殊的空间产品。

（2）时间。酒店产品比较多地受到季节、时局等时间因素的影响和制约。产品价值以时间为计算单位，随市即逝，不可能储存。季节的变化左右着酒店市价的变化。旺季消费需求大，床位和餐位的市价呈上升趋势；淡季消费需求小，床位和餐位的市价呈下降趋势。政治、经济、军事等时局的演变，对酒店市场常常产生很大的影响，酒店业的兴衰随着时局的变化而变化。如美国"9·11事件"对当地酒店业产生很大的冲击。因此，酒店又是一种特殊的时间产品。

（3）服务。酒店是一个综合性的接待场所，它除了要向客人提供有形的产品（如客房、餐厅和娱乐场所空间设施的使用以及食品饮料等），还要向客人提供无形的服务（如接待、礼貌、氛围等），并且无形的服务所占的比重很大。无论是酒店的本身销售还是客人的需求，都强调酒店的服务质量。酒店以服务为本，以服务立业。酒店的服务越好，就越受欢迎。在这个意义上，酒店产品是一种高服务产品。酒店产品提供的消费满足，不仅体现在实物的获得和消耗方面，而且表现于为他人获得和消耗实物所进行的必要社会劳动方面。这种劳动称为酒店劳动。有了服务，才有酒店；没有服务，便没有酒店；服务越好，酒店越受欢迎，酒店产品也越走俏。从这一点说，酒店是服务化了的经济实体，酒店产品是一种特殊的服务产品。

（4）产品。有形产品中的食品、饮料就是代表。客人在酒店内不管在餐厅、客房都可以消费食品和饮料，还可在店内购买，离开酒店后食用。所以这类产品，客人都是实际拿到、实在饮用、完全占有的。

酒店由餐旅两个主要方面构成，其中，餐饮具有商品购销、加工和服务三个职能，而加工职能决定了生产技术的特殊性；我国传统的独特艺术——烹饪具有明显的工艺性；又由于中国素有烹饪王国的称号，各种风味精彩纷呈，更显出产地和民族的民俗文化特色。因而酒店产品又是一种特殊的加工产品。

酒店经营有着特定的活动规律和活动方式。这是由提供消费者便利和获取经济效益的矛盾性质所决定的。酒店经营主要以租让旅馆设施使用权的形式进行，消费者可以购得床位或餐位的使用空间和时间以及相应的服务劳动，却无法根本占有它们，无法获得其所有权；此外，酒店出售主要由自己加工制作的食品供消费者在购得的使用空间和时间以及相应的服务中使用。一句话，酒店就是在有限的空间和有效的时间内提供有形的食物，通过有偿的服务使客人获得尽可能多的消费满足。这可以称为酒店产品的四有服务特性。

酒店产品受到时间、空间、生产技术和服务等因素的限制，缺乏准确的衡量标准，很难用统一的程序和方法去控制相关产品的质量。这些无疑大大增加了酒店经营、生产、服务和管理的难度，使酒店成为比其他工商企业更难掌驭的经济组织。

随着社会需求不断增加，饭店市场日益扩大，规模档次日趋膨胀，与之相应的酒店活动也日趋复杂化。在科技高度发达的今天，越来越多的技术应用于酒店的经营、生产、服务和管理，使酒店活动更加科学化、合理化，并形成系统的活动程序和网络。同时，各种文化在酒店内也愈显重要，使酒店产品的特性更加明显，更具魅力。

四、酒店业的时代特征

酒店业作为一个社会服务行业，有着与一般工商行业不同的经营特点。酒店业又是一个历史悠久的自然行业，在日趋国际化和现代化的 21 世纪更显现出时代的特征。其主要表现在以下四个方面。

(一)高密集资本

酒店作为提供食宿和其他服务的商业性的建筑设施与机构,要满足现代消费者的需要,必须具有相对充裕的资本设置与酒店类型相匹配的功能和现代化的设施和设备,这就导致酒店的建设必须投入相当大的资金。特别是一些标志性和大型的高档豪华酒店,从用地建筑、设备、装饰、家具用具、用品,动辄几千万元、上亿元,甚至数十亿元,此外,还要保证相当数额的资金用于日常运行成本,从能源物料消耗到数百上千位员工的薪酬。同时,为保持良好的状态和适应消费者的需求变化,还需要足够的设备维护保养和更新改造资金。

(二)高科技集成

现代酒店集中应用了各方面的高新科技成果,不仅在酒店十大工程系统中比比皆是,计算机信息技术的应用更是代表。酒店管理信息系统是一种以电脑为基础的集成化人机系统,利用电脑的硬件、软件、数据库和决策模型来为酒店的管理和决策职能提供信息支持。对一个酒店而言,其电脑管理信息系统包括前台管理、后台管理和扩展管理三大子系统。前台管理系统的核心是为旅客服务,并建立一个能够及时准确地把旅客在酒店的各项消费登记到旅客账户中去的一次性结账的实施账务处理系统和大量客情信息的数据库。后台管理系统的核心是财务管理系统,也包括各项扩展管理功能。

互联网的飞速发展和广泛使用,把世界的距离缩短到以秒计的电子路程,从而最大限度地实现了信息资源的共享,堪称四通八达的"信息高速公路"。酒店通过特定数据库,存放有关宣传资料和产品信息,向所有顾客开放,此外,也可以利用电子布告板与异地顾客进行直接交流,了解他们对酒店的意见和建议,从而增加了买卖双方的接触。"信息高速公路"改变了人们购买旅游产品的习惯和行为方式。如万豪酒店集团在互联网上建立自己的内部网,尽量减少由于预订时信息不足而引起的顾客抱怨。顾客可以通过互联网预订全球 7 600 多家不同档次的万豪酒店的客房。

(三)高感度场景

酒店作为向客人提供高质量的体验性服务产品的场所,在 21 世纪面临着巨大的挑战与机遇。人们追求感官的享受,对酒店不断提出物质与文化需求,推进着各色主题酒店、高端酒店和会所的出现。例如,迪拜的帆船七星酒店(Burj Al-Arab Hotel)就是以超凡的设计装饰和服务来吸引客人。

在拉斯维加斯拥有3 000间客房的金殿赌场饭店有一座火山,从黄昏到午夜每隔15分钟喷发一次,喷出的烟和火直冲火山下面的环礁湖的上空。这里还有一个约7.56万升的水池,里面有鲨鱼和其他珍奇的鱼;一片热带雨林;一个海豚馆;一个白虎馆。

在金银岛饭店,演员们24小时模拟表演伊斯帕尼拉号海盗船和弗朗西斯·德雷克爵士号英国战舰的炮战。在纽约饭店,客人们可以在中心公园漫步,玩曼哈顿过山车,在帕克大道购物,还可以参观巨型自由女神像的复制品。在威尼斯饭店,客人们可以搭乘威尼斯平底船在再造的运河里荡舟。

耗资10亿美元的米高梅大饭店目前是世界最大的饭店,有5 005间客房和751间套房(总计有7 778张床位)。这个饭店还有一个约1.3万平方米的主题公园,其中有一个模拟好莱坞的摄影棚、世界最高的蹦极"空中飞人"和两个婚礼教堂,供举行婚礼的夫妇使用。

(四)高文化内涵

酒店业是带给人们快乐的产业。消费者在酒店的食宿、娱乐享受的过程是对酒店服务产品体验的过程,是产生主观印象和感觉的过程。有人说对星级酒店是"一星看安全,二星看卫生,三星看标准,四星看豪华,五星看文化",实际上就是对酒店作为一种文化产业的看法。随着社会经济的发展,人们对酒店的需求由简单的生理需求逐渐发展到高层次的文化享受和心理上的满足。于是,酒店的氛围和品位就显得十分重要,这就必然使酒店呈现明显的文化特征,主要体现在有形的物质文化和无形的精神文化两个方面。有形的物质文化主要表现在具有文化艺术氛围的建筑造型、功能设计、装饰风格、环境烘托和艺术画廊、音乐酒吧、演艺厅等文化娱乐设施,以及具有民族文化或其他文化的菜肴等物质产品。无形的精神文化主要表现在物质文化和服务活动中的思想意识,服务中所提倡的生活理念和消费方式,以及经营活动中的经营文化和管理文化。东西方酒店产业都在创新文化产品,完善服务管理理念,从服务品位、经营模式到文化,创造着当代酒店业的文化。

"金钥匙服务"就是中国酒店业在新时期创新的一种服务理念和文化哲学,先利人、后利己,在客人的惊喜中创造和丰富人生,这实际上是一种价值观的体现,是对酒店服务文化价值的追求。

第四节　酒店经营模式

作为一种经济组织,酒店是一个综合性服务行业,它有自己的产品、市场、工艺和经营方法。酒店属于密集型劳动行业,有较高的固定成本。酒店经营不同于其他行业,一些通用的企业管理方法不能够完全适用于酒店,必须对酒店的各项具体特点作具体分析。

酒店在不同的发展阶段,其经营模式都将有明显的特点。当今酒店集团化发展已经成为酒店经营的主导现象,伴随着酒店集团的扩张、兼并与整合,酒店经营模式逐步呈现出以下六种主要的方式。

一、直接经营

直接经营是酒店集团采用的最基本和最通常的经营方式,即由酒店集团直接投资建造酒店或购买、兼并酒店,由酒店集团直接经营管理的形式。这是酒店集团早期扩张的主要模式。

酒店集团既是酒店的经营者,又是拥有者,这就十分有利于保证酒店产品的同质性和稳定性。酒店集团一般都会拥有若干家全资酒店并直接经营,往往以此为总部饭店或称旗舰店,作为集团扩张的基础和后盾,以利于在此基础上采取各种经营形式,逐步扩大发展集团规模。

二、特许经营

特许经营是酒店业最为常见的经营模式。酒店集团向拥有饭店的业主让渡特许经营权,即向受让方提供品牌、生产及经营中必须遵循的方法和标准,提供组织及预订营销方面的支持,以保证业务的有效运行,同时定期对受让方进行检查,以维护市场中同一品牌的酒店产品,保持质量的一致性。

特许经营者实际上既是酒店的投资者又是经营者,在所有权和财政上保持独立,对使用酒店集团所拥有的具有知识产权性质的名称、注册商标、成熟定型技术、客源开发、预订系统和物资供应系统等无形资产的特许权拥有者,交纳特许费用和广告费等推销其他费用作为回报。

酒店集团则可以利用特许经营这一模式，以极少的投资迅速占领市场，实现集团规模的快速扩展，并能稳定地获取收益和市场份额及潜在市场的战略目标，还避免了直接投资的风险。因而酒店集团大多使用特许经营总合同的方式。全球许多酒店集团都是通过转让特许经营权而发展起来的。假日集团就是最成功的例子之一。假日酒店集团让成员饭店参与共同采购计划，从而享受采购数量折扣。圣达特（Cendent）、雅高（Accor）、肯德基（KFC）、乡村基等集团都在积极地运作特许经营。

当然，利用转让特许经营权，特别是过快地通过转让特许经营权扩张和发展，可能导致管理层对质量失去控制。目前，国内酒店数量急剧增加，特许经营加速运作，就有可能出现服务质量降低的现象。

三、合同经营

合同经营也就是委托经营，指的是通过合同约定的方式取得酒店的经营发展权，运用法律约束的手段明确委托人（通常指酒店管理公司）和受托人之间的义务、权利及责任，使合同约定的双方当事人的权益得到保护和落实。

采取合同经营的方式，业主可利用酒店集团的品牌、声誉等无形资产筹措资金、迅速占领市场，也易取得理想的经济效益。酒店集团则可以依靠人力、信息、网络等资源优势增加收入，获取管理酬金，以最小的成本和风险扩大集团的规模。喜达屋集团就利用合同经营将不少酒店收入旗下，此外，万豪、雅高、凯悦等集团也都有部分酒店属于此种经营模式。

四、租赁经营

租赁经营是指酒店集团通过签订租约，交纳固定租金的形式租赁业主的酒店，取得经营权，由酒店集团作为法人对其进行经营管理，在相当长的一段时间内承担财务责任和对物业的控制。在国际酒店业中，长期租赁通常被视为一种变形的全资拥有。像万豪和希尔顿这样的跨国酒店集团就常利用这种方式在东道国的最佳地点选择酒店。酒店业主则可通过酒店集团的品牌和声誉筹集资金，通过对饭店的投资获得理想的收益。

五、合作组织

合作组织是独立饭店业主之间通过契约的形式组织起来的酒店联合体。酒店间的联系是使用共同的预订系统，为组织成员提供有限的营销服务以及相关业务信息。酒店合作组织内各成员酒店的所有权与经营权独立，一般只需支付给合作组织使用预订系统和相关服务的费用。

> 1995年正式引入中国的金钥匙组织即属于这类合作组织。国际金钥匙组织酒店联盟是世界上唯一拥有90多年历史的网络化、个性化、专业化、国际化品牌服务组织，是世界顶级酒店与度假地合作组织。这些独立酒店被广泛认可并被列入世界上最好、最豪华的酒店排行榜。他们联合在一个允许各自相互竞争的组织内，同时又作为一个团体与国际化的连锁型酒店竞争。他们正在努力寻找一种方法，即在保持自己独立产品的同时能继续保持豪华饭店在市场上的竞争优势。

六、战略联盟

酒店集团也通过独资建设或通过收购拥有一家全资的子公司，实施跨国经营战略。为此，必须评估东道国政治与经济局面的长期稳定，分析在不断变化的环境中有可能带来产权风险的潜在因素。于是战略联盟经营模式诞生了。

战略联盟是一种新的经营方式。在特许经营运作中因为对合同期限、权责范围、质量保证、广告与酬金等的界定，特许权拥有者与经营者存有相互冲突的风险。为此，不少世界著名酒店集团以特许经营权或与其结合的经营模式加以运作。

> 精选国际酒店集团（Choice Hotels International）在主管特许经营权之外又开创了一种新的经营方式——战略联盟。加入战略联盟的酒店由激烈竞争变为相互补充、相互扶持、相互完善、联合竞争、共享利益、获得双赢的局面。1998年，精选国际酒店集团在欧洲的10个国家中购买了250家酒店，改名为欧洲精选酒店。1999年，精选国际酒店集团与澳洲最大的特许经营公司——旗帜国际有限公司结成战略联盟，开设了旗帜选择酒店，开创了一条国际酒店业战略联盟经营的新路。

 小结

> 本章阐述了酒店的概念与含义，对酒店业的范畴作了界定，介绍了酒店业的地位与作用，揭示了酒店与酒店产品的特点以及酒店行业的特征，并介绍了酒店经营管理的主要模式。对整个现代酒店行业作了概述，为后续各章的学习奠定了基本理论基础。

问题

1. 简述酒店的概念与含义。
2. 简述酒店的范畴构成核心。
3. 简述酒店地位与作用。
4. 酒店"四有产品"的特征指的是什么?
5. 简述酒店业的时代特征。
6. 举例说明现代酒店的经营模式。

 案例

Ⅰ 典型的主题酒店——巴厘岛硬石酒店

1998年在太平洋巴厘岛上开张的硬石酒店是以摇滚乐为主题的酒店,也是亚洲出现的第一家最典型的主题酒店。其客源对象集中于摇滚乐的爱好者,有散客,有家庭,也有团队。主题的确立,使之能在岛上众多的酒店中独树一帜。硬石酒店在店内的所有活动场所都打出"休闲、放松和摇滚"的宣传促销口号。它拥有一个面积达9 000平方米的露天游泳池,游泳池中间有小岛,宾客可以在小岛的躺椅上尽情地享受音乐;酒店还有专门的录音工作室,客人可以现场制作各自需要的CD唱片。作为一家高档酒店,硬石酒店一改全球高档酒店几乎千篇一律的庄重陈规和惯例,变得活跃而充满趣味。客房楼层是水磨石的,套房也只用镶木地板,具有浓郁太平洋岛屿文化的地方艺术品和家具的装饰,以木质材料为主体框架结构的风格,以及来自大自然未经加工和修饰的物质和绿色植物的融入,使饭店环境具有一种浑然天成的舒适感和亲和力。硬石酒店的经营者自豪地介绍,他们并不刻意追求意大利大理石、西班牙灯具、英国餐具等顶级的豪华装饰,但由普通材料构筑而成的饭店文化却完全适合高消费市场。在这里,想入非非的怪诞与老成持重的沉稳在摇滚乐的主题中得到高度统一。

Ⅱ 中国规模最大的酒店集团——锦江国际集团

在全球酒店业最权威的美国 *HOTELS* 杂志2018—2020年连续三年发布的年度全球管理集团325强名单。万豪国际连续排名第一,旗下拥有7 600多家酒店,酒店客房数超过140万间。万豪已成立90多年,它拥有30个品牌,包括瑞吉、丽思·卡尔顿、JW万豪、豪华精选、威斯汀和喜来登,覆盖全球131个国家和地区。

几年前在成功将喜达屋纳入麾下之后,万豪国际就成为了全球最大的顶级酒店集团。

位居第二的是锦江国际集团,拥有130多万间客房,比万豪少了9万余间;而锦江拥有1万多家酒店,超过万豪3 000家,旗下拥有会员数量1.5亿之多。

1. 锦江历史

作为中国最大的酒店集团,锦江国际酒店集团有着几十年的发展史。早在1935年,著名企业家董竹君就在上海开了锦江川酒家,开业后一直人山人海。1936年,董竹君在锦江川酒家旁边开了一家锦江茶室,也是门庭若市。

1951年,上海第一家国宾馆——锦江宾馆正式开业,董竹君任宾馆董事长。经过几十年的发展,1992年成立了锦江集团国际管理公司,直到1996年,锦江决定进军经济型酒店市场,锦江之星随之诞生(见图1-4)。事实上,进入经济型酒店领域是锦江国际集团持续发展壮大的关键。高端酒店的用户基数有限,相比之下,酒店用户群体的经济性更为广泛。

锦江国际酒店集团通过收购的方式对集团规模扩充,仅10年时间,锦江的酒店数量就增长了21倍以上,客房数量增长了约11倍,显示出其快速扩张的态势。

图1-4 锦江国际的经济型连锁酒店——锦江之星

来源:锦江官网

2. 旗下品牌

锦江作为国内酒店服务行业的龙头,旗下又创建了众多酒店品牌,涉及高、中端及经济型品牌就有40余个,分布在全国及120多个国家和地区。在价格、硬件、功能三个维度中锦江酒店覆盖度很高,从经济型酒店到五星级酒店都能运营自如。

在经济型酒店中,如家、7天、汉庭、锦江之星四大品牌占据了经济型酒店低端市场大部分的资源。虽然锦江之星在酒店数量上不如如家,但是是唯一一个具有试水海外市场的品牌。随后锦江又推出了"百时快捷"连锁、"白玉兰"品牌,占领经济型酒店的中低、中高端市场。

在中端酒店领域国内数量虽然不少,但是缺乏知名品牌。因此锦江推出新品牌"锦江都城",定位中端有限服务酒店,等级界定在经济型和四星酒店之间,酒店内没有SPA、游泳池等服务设施,而是强调客房质量。有限精准的服务、清静优雅的小资情调、精致的生活体验,超过138家酒店遍布在中国80多个城市,将服务群体定位于中产阶级家庭和商务人士。

锦江酒店品牌多达40余个,酒店服务等级分化得十分明确,基本覆盖了产业链中的不同服务等级,那么在高端之路上,锦江走得又有多远呢?

2021年6月锦江国际高端酒店——J酒店在上海中心盛大开业。酒店坐落于有"上海之巅"之称的上海中心大厦顶端。"下窥指高鸟,俯听闻惊风",在632米高的上海大厦中心,给予宾客俯瞰上海的全新视野(图1-5)。

图1-5 锦江国际高端酒店坐落于上海中心大厦顶端
来源:锦江官网

J酒店拥有165间客房,其中包括34间套房,由锦江豪华酒店董事长、知名作家、编剧侣海岩先生主导,知名设计事务所H&O担纲。酒店设计华丽而又充满艺术气息,打造出一座具有东方特色的云端私人艺邸。

3. 收购与扩张

锦江集团品牌矩阵丰富,能够支持锦江在短时间内的快速扩张来自对同行业酒店的收购以及酒店加盟的运营模式。早在2009年底,锦江联合美国德尔集团收购了美国洲际酒店,这次收购对于锦江来说是酒店产业走向国际化所迈出的第一步。

在随后的几年中,锦江集团先后收购了法国卢浮宫酒店集团、维也纳酒店集团、丽笙酒店集团,其战略性投资也不在少数。这些品牌汇聚于锦江旗下,构成锦江集团几大品牌体系,同时锦江集团的知名度在国际上一再提升。例如对铂涛集团的战略投资,使其成为第一个进入全球前五的中国酒店集团;与维也纳酒店联手,加强了锦江股份的战略布局,完善锦江股份的品牌体系;收购丽笙控股使锦江的规模更大。

锦江集团加盟店以每年20%左右的速度扩张,盈利能力以40%以上的速度提升,远高于锦江自营门店。这也让锦江的收入来源更加稳定。

思考题

1. 联系案例Ⅰ,分析现代酒店的时代特色。
2. 结合案例Ⅱ,试分析现代酒店经营模式的创新。

第二篇

餐饮业概述

"国以民为本,民以食为天",餐饮业在国民经济和社会生活中举足轻重。当然,中国餐饮业又因其烹饪技艺和饮食文化的世界地位而格外引人注目。作为酒店业的两大主要范畴之一,当代餐饮业更是不论东西南北中,都如火如荼,一片兴旺。那么,餐饮业究竟红火到什么程度?影响人们饮食需求持续增长的原因主要有哪些?整个外食服务又呈现着怎样的类型?进入21世纪,中国餐饮业有哪些新特征?中国餐饮业又面临着哪些机遇与挑战?尤其是作为一个独具特色的行业,餐饮企业的经营管理有哪些关键要素?通过学习本篇,能帮助你从行业宏观到企业微观找到这些问题的答案。

第二章
当代餐饮业

 学习目标

学完本章，你应该能够：
(1) 理解食品服务的含义；
(2) 了解餐饮业概况；
(3) 认识餐饮需求持续增长的原因；
(4) 了解外食服务的主要类型；
(5) 了解中国餐饮业的新特征。

 关键概念

食品服务　外食分类　快速服务餐馆　完全服务餐馆

　　餐饮业又称饮食业，是提供食品服务的行业，食品服务可以被界定为向需要立即消费的人提供完全做好的食品，这个消费可以在食品制作地进行，也可以在其他地方进行。食品服务企业就是为顾客提供食品服务的企业，它不仅包括餐馆、饭店，广义上也包括学校食堂等提供餐食的机构，还包括食品市场中的食品服务。日本在20世纪70年代末提出了外食业的概念，也即从事在家居之外的所有餐饮产品生产服务的行业。外食业无疑是全球最大的产业之一。

第一节　红红火火的餐饮业

　　俗话说"民以食为天"。吃饭是人类生存繁衍的头等大事，饮食是社会生产力发展的一个基本保证,餐饮行业自古以来就是一项非常重要的自然行业。现代社会日新月异,原本按照人们生活消费分类的恩格尔指数的统计依据又发生了很大的变化,作为基本生活消费的饮食状况发生了颠覆性的改变。在发达国家50%左右的饮食已经不在家中消费了,部分人饮食的功能也由温饱型的吃饱,向吃好、吃舒服、吃气氛、吃营养、吃健康、吃环境(风味、特色、文化)等诸多有关休闲、生活质量、社会交际及文化艺术追求转变,而这部分人又恰恰是社会消费特别是餐饮消费最活跃的人群。餐饮业在全球的地位已相当显赫,美国的麦当劳、可口可乐都是以年收益数百亿美元计的世界500强企业。

一、餐饮业需求持续增长的原因

中国餐饮收入占社会消费品零售总额的比重从1978年的3.5%开始快速上升,到1992年超过了5%,到2001年超过10%,近几年稳定在10%—11%的水平,而且餐饮收入的增速在较长时期内高于社会消费品零售的增速。这反映了我国居民消费结构从改革开放初期的温饱阶段向小康、富足阶段发展的进程中,饮食消费从自我服务向社会化服务的转变。恩格尔系数从改革开放初期的60%下降至2017年的29.3%,但居民对社会化餐饮服务需求呈现持续增长态势,外出就餐比例持续提高,人均餐饮消费支出从1978年的6元增加至2019年3 300元,推动了餐饮消费市场持续稳定发展。

我国居民社会餐饮需求持续增长的原因主要有以下三个。

(一)可自由支配收入的增加

导致中国人对食品服务需求增加的第一个原因,就是普通中国人比以往拥有更多的可自由支配的收入,中国经济长期稳定发展,人均收入不断提升,中国人均可支配收入从1978年的343元到2021年的47 412元,增长了137.23倍(见图2-1)。越来越多的人可以将这些钱花在食品上,花在餐饮上。

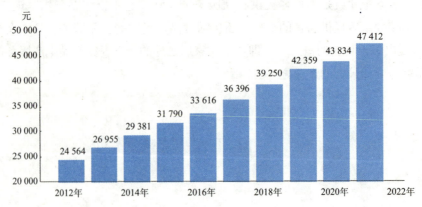

图2-1 2012—2021年中国人均可支配收入逐年增长

（二）家庭规模缩小

越来越多的中国人光顾餐馆的另一个原因是家庭规模越来越小。从户别人口可以看到，2021年第七次全国人口普查，全国共有家庭户4.9亿户，家庭户人口约为12.9亿人，平均每个家庭户的人口为2.62人，比2010年第六次全国人口普查的3.10人减少0.48人。数据表示，中国家庭规模在进一步缩小，主要以两人和三人的双职工家庭为代表。双职工意味着不再有一个成年人专门留在家里操持家务、买菜、做饭、收拾碗筷。在一个双职工家庭中，两个成年人工作一天之后都很疲惫，因此，外出就餐或订餐等候送货上门更加普遍，至少下班要带些熟菜回家（见图2-2）。另外，小家庭一起外出就餐比大家庭更容易，也能负担得起。

图2-2 排队买粽子

（三）生活方式改变

生活方式的改变对餐馆服务业有较大影响，无论上学还是上班，人们普遍不再自己带饭，学生和上班族可以在学校、食堂或附近的餐馆和快餐店吃到价格合理的饭菜。现在中国家庭，尤其是年轻人，越来越少在家中做饭。

此外，家庭中每个成员都有了更多的独立性和自主性，可以各自决定自己的生活方式，包括有车阶层迅速扩大，可经常外出与朋友聚餐。

以上这些原因对于当今世界的餐饮需求增长也是适用的，只是中国人更具有美食需求传统。

二、中华餐饮业空前发展

改革开放以来，中国餐饮业保持了快速发展的态势，餐饮大市场持续快速地发展，对中国的经济发展和社会生活以及国际交往的影响也越来越大。餐饮市场规模不断扩大，市场贡献日益突出，到2019年年底，全国餐饮经营网点已达到了935万家，从业人员超过4 000万，实现了营业额4.67万亿元，为1978年全国餐饮业零售额54.8亿元的852倍。自1991年以来，全国餐饮业零售额连续20年每年增幅都在两位数以上，高出社会商品零售额增幅近5个百分点。自1978年改革开放起，我国餐饮业收入至2006年破万亿元用了28年，破2万亿元用了5年，破3万亿元用了4年，破4万亿元用了3年。

面临目前复杂严峻的经济环境，2021年，我国经济增速在全球主要经济体中名列前茅，国内生产总值比上年增长8.1%，经济总量突破110万亿元，按年平均汇率折算，达17.7万亿美元，稳居世界第二，占全球经济的比重预计超过18%。

我国人均国内生产总值超过8万元人民币，按年平均汇率折算为1.25万美元，已超过世界人均GDP 1.21万美元水平，我国人均GDP正接近高收入国家水平的下限。全国居民人均工资性收入、经营净收入、财产净收入分别比上年名义增长9.6%、11.0%、10.2%。全国居民人均可支配收入比上年实际增长8.1%，两年平均增长5.1%，与经济增长基本同步，达到居民收入稳步增长的要求，我国经济长期向好的基本面没有变。

在经历2020年新冠肺炎疫情15%断崖式降幅后，全国餐饮业从疫情严重冲击中稳定恢复。2021年，我国社会消费品零售总额超过40万亿元，比上年增长12.5%，餐饮收入46 895亿元，与上年相比由负转为正增长18.6%（见图2-3），餐饮行业总体稳定恢复，已接近至疫情之前的2019年水平，全国餐饮收入占到社会消费品零售总额的10.6%，增速再次高于社会消费品零售总额6.1个百分点。2021年全国人均餐饮消费3 320元，同比增速由负转正为18.6%。餐饮业继续发挥促进经济增长、带动消费回升的重要驱动作用。

图2-3　2010—2021年中国餐饮行业规模

第二节　五彩纷呈的外食服务

一、外食业服务的主要门类

（一）琳琅满目的餐饮业

餐饮服务的类型可以说是琳琅满目，百花齐放，大可以大到麦当劳、百胜这样的餐饮业巨无霸。百胜全球餐饮集团是从百事可乐中分离出来的，于1997年10月7日在美国成立，旗下包括肯德基、必胜客、塔可钟等，分别在烹鸡、比萨、墨西哥风味食品等领域名列全球第一，当年销售就超过200亿美元，1999年达到219亿美元。2001年，百胜旗下的肯德基、必胜客和塔可钟三个连锁品牌就拥有50万名员工。现在全球100多个国家拥有超过34 000家连锁餐厅和84万多名员工。旗下拥有肯德基、必胜客、必胜宅急送、墨西哥口味餐厅TACO BELL以及A&W、Long John Silver's等多个国际餐饮连锁品牌，分别在烹鸡、比萨、墨西哥风味食品及海鲜连锁餐饮领域名列前茅，成为全球餐饮业多品牌集合的领导者。百胜中国成立于1987年，致力于成为全球最创新的餐饮先锋，自2016年从Yum! Brands（百胜餐饮集团）分拆后，百胜中国在纽交所上市。旗下拥有肯德基、必胜客、塔可钟、东方既白、小肥羊、黄记煌和COFFii & JOY等一万多家店（见图2-4）。百胜中国是国内最大的餐饮公司。百胜中国控股有限公司被中国经济传媒协会组织评选为2018中国创新企业。

图2-4　中国百胜旗下多个品牌

然而，大多数餐饮店又都是小企业，小可以小到早点、夜宵的摊点。据中国饭店协会 2019 年数据，中国服务齐全的餐厅门店数量为 711 万家，快餐门店数量为 182 万家，各类小吃大排档 40 万家，合计约 935 万个餐饮单位。分布在全国这些传统餐饮单位的从业人员约 3 000 万人，平均每个网点的从业人员约 3.2 人。中国烹饪协会 2022 年公布，截至 2021 年 1 月 12 日，我国共有餐饮相关企业 960.8 万家，我国餐饮相关的企业注册量一直保持增长趋势。数据显示，2017 年注册量首次突破百万，达到 122.3 万家。2020 年全年注册量达到 236.4 万家，同比增长 25.5%。每年注销的餐饮企业也有数十万家。

从企业规模来看，注册资本在 100 万元以内的餐饮企业数量最多有 839.3 万家，占总量的 87%。其次是注册资本在 100 万—500 万元的企业有 66.3 万家，占比 7%。企业注册资本在 500 万元以上的餐饮企业最少，共 54.3 万家，占比 6%（见图 2-5）。非连锁小微企业仍是餐饮市场主体，比重达 62.9%，当然还有没注册的小食摊，说明小店摊点还是占了大多数。

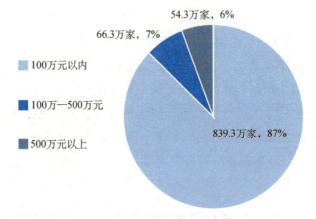

图 2-5　餐饮相关企业注册资本分布

数据说明：仅统计企业名、品牌、经营范围为餐饮的在存企业，统计时间截至 2021 年 1 月 12 日。

数据来源：企查查

（二）按外食服务归类

餐饮业不仅包括餐馆、饭店、小吃店、学校医院等食堂单位，还包括早餐摊点、夜排档、茶楼、咖啡屋、面包房以及自动食品饮料售货机等。饮食服务企业的范围非常广泛，有提供全套服务的餐馆、酒店、饭庄，有餐厅、豪华饭店，也有外卖餐馆、企业食堂、饮食包餐以及形形色色的特色餐饮小吃店，业态复杂，真可谓五花八门，对其严格分类不是那么容易。这些餐饮业态都是提供人们在外就餐或购买了食品回家享用，也有制餐单位在家制作食用，也可以统称为外食服务。

（三）按一定的标准分类

放到外食服务业的概念中，各类餐饮企业可以按照一定的标准进行梳理，归纳出以下一些大类。

（1）经营模式：独立单位、连锁。

（2）单位性质：企业、事业。

（3）经营规模：大型、中型、小型。

（4）资本结构：股份、合作、外资、国有、合资、私营。

（5）营业时间：全整天、早市、早中市、中晚市、夜市。

（6）就餐时间长度：快餐、慢餐。

（7）服务程度：完全服务、自助餐、送餐到房、送餐到手。

（8）提供服务的形式：餐桌、送餐、自助、自选。

（9）服务风格：中式、法式、俄式、英式、美式、日式等。

（10）功能：正餐、便餐、小吃、早点、夜宵、送餐、休闲餐饮。

（11）价格：豪华、高价、中价、低价。

（12）内容特色：风味、主题、大众、家庭餐馆。

（13）品种数量：专卖（个别品种甚至单一品种）、大卖场、美食广场（众多品牌甚至很多品种汇集）。

（14）饮食方式：酒吧、火锅、面馆、咖啡馆、烤肉店、菜馆、小酒馆、农家乐、渔家乐、家常菜、生态餐厅等。

（四）主要业态分类

尽管上述这些类型和从属在讨论餐饮业时也被广泛接受，但用其中单独的任何一词来描述一个特定的餐饮服务单位显然是不全面的，通常我们使用两个或两个以上的词语来进行分类描述（它们之间并非相互排斥、互不相容的关系）。

如果按照主要的行业状态进行划分，则大致包含在下面的类别中：完全服务餐馆、商业快餐店、快速服务餐馆、休闲饮食服务、娱乐饮食服务、社会包餐服务、学校餐饮服务、员工餐饮服务、寄宿餐饮服务、保健康复中心餐饮服务、航空饮食服务、邮轮餐饮服务、外卖店和机构餐饮服务。

二、餐饮业市场的主要类型

我们也可以按照各种餐饮服务所处的场所和市场进行归类,如餐饮场所、住宿业、客运市场、康乐市场、机构食堂、零售食堂、餐饮承包商等。

餐饮业的最大组成部分是餐饮场所,占整个行业销售份额的70%以上。餐饮场所包括完全服务餐馆、快速服务餐馆、商业自助餐馆、社会包餐商、小酒馆、菜馆、咖啡屋等休闲饮食场所等,以及汉堡、热狗、茶点等各类摊点,绝大多数的销售额来自完全服务餐馆和快速服务餐馆。这些餐馆为所有酒店专业的学生提供了很多就业机会。完全服务餐馆主要是相对于提供有限服务的快速服务餐馆而言的。依照价位、菜单或就餐环境,可以分为正餐、便餐等多种类型,且所有类别相互包含,很多完全服务餐馆和其他餐馆一样,可同时归入多个类别。下面介绍几种代表性的餐馆。

(一) 完全服务餐馆

1. 高级餐馆

高级餐馆的菜点可能是民族风味的,如中餐、法餐,也可能是海鲜、山珍野味等特色,还可能以某位主厨的特色菜肴为招牌,如杨贯一大师的鲍鱼、谭家菜(图2-6)、厉家菜等。

高级餐馆的食品质量上乘,制作精美,餐馆气氛一般都非常正式,服务至关重要,有的为优雅的法式服务,有的则为典雅的中式服务。当然,高级餐馆的价格很昂贵,例如,曼哈顿的圆谷餐馆、旧金山的马萨餐馆(图2-7)专为显贵宾客服务。

图2-6 谭家菜

图2-7 马萨餐馆

2. 民族风味餐馆

民族风味餐馆往往与某种文化相关，最常见的有中餐馆、墨西哥餐馆、希腊餐馆、法国餐馆、日本料理、意大利餐馆、西班牙餐馆、泰国餐馆、印度餐馆等。民族特色餐馆在菜单、食品质量、价格、服务和氛围等方面存在着很大差别，即使是同一种民族风味的餐馆也是如此。

3. 特色餐馆

特色餐馆以某一类食物为主，如海鲜餐馆、素食餐馆、牛排店等。专营特色店种类繁多，几乎是有一种食物就可以有一种特色餐馆，有的经营单一品种，有的则以某一种食物为主打食品，兼营其他食物，以增加餐馆的吸引力，吸引更多的客源。同民族风味餐馆一样，特色餐馆在菜单、食品质量、价格、服务和氛围上也是千差万别的。某种食品可能在一些地方备受青睐，在另一些地方则毫无销路。其他的不同之处明显地表现在价格、服务和氛围等方面。

4. 主题餐馆

主题餐馆是围绕某一主题而设计的，体现在营造餐馆氛围的每一个要素中。例如，川菜馆连锁品牌巴国布衣就属于主题餐馆（图2-8），进门处《饭店铭》由巴蜀鬼才魏明伦先生所作，文辞精彩，思想俊逸，还有书法名家谢季筠先生书写成碑，令《饭店铭》锦上添花。巴国布衣餐馆由铭到门匾、门头、厅堂每件装饰无不渗透巴蜀的元素。老三届、黑土地餐馆是做知青主题，北京老舍茶馆是做文化主题（图2-9）。

图 2-8　巴国布衣主题餐馆

图 2-9　老舍茶馆

（二）快速服务餐馆

1. 快餐店

快餐店指的是只需等候极短的时间即可将食品端上来的餐馆。国外许多企业将自己定名为快捷服务店，以表明店内的服务快。快餐店通常菜单上的菜品比较有限，食品大都是预先制作好的，服务也较简单。这里的食品价格比较低，典型的西式快餐店有麦当劳、汉堡王、肯德基等。要使这种经营方式运转，必须高度标准化，经营者通常制定出严格的程序操作标准、分量标准和包装标准。成功运营快餐店的其他必备条件是稳定的菜单、有效的设备和高素质的员工。快餐店是一种组织良好的企业类型，员工的培训快速而容易。

2. 机构食堂

"机构"一词用来指范围很广的、满足多种公共需求的服务组织，可以是公共性组织，也可以是私人的。广义的机构还包括工商企业，其中就包括酒店。工商企业的食品服务是指在工作时间为在某一企业的办公室或工厂里工作的人们提供食品服务。大中小学、医院、幼儿园和监狱是最常见的机构。机构食堂主要为与某一机构相关的人提供食品。学校中的学生、医院中的病人、监狱中的犯人都是机构食堂的服务对象。在某些情况下，人们受限于机构，只能接受这里的食品服务，比如医院、幼儿园和监狱；有些则是出于机构决策或公共政策，需要食堂为那些愿意在此接受服务的人提供食品服务，如大中小学校、工商企业的职工及类似这样的机构。机构食堂既有营利性的，也有非营利性的；既可以由机构自己经营，也可以由外部承包代为经营。

3. 外卖餐馆

外卖餐馆是为不在店中就餐的顾客制作食品，然后出售。外卖的食品可以是预先制作好，然后由顾客预订时再包装起来；也可以等到顾客点单时再制作。外卖的食品可以是顾客自己选取，也可以送到顾客家中，这取决于餐厅的经营性质，有些经营者两者皆做。有些外卖餐馆没有供顾客就餐的地方，也就是只经营外卖，如丽华快餐；有的则既有外卖，也有供顾客就餐的场所，或者外卖只是其经营业务的一项，如肯德基宅急送（图2-10）。近年来，外卖行业迅速成长出一些食品的专营集团，如饿了么、美团等。

图2-10　肯德基宅急送

(三) 其他类型

以下这些类型几乎都是跨了以上两个门类的业务。

1. 俱乐部的食品服务

俱乐部的食品服务主要服务于俱乐部的成员,包括如高尔夫俱乐部、网球俱乐部、运动员俱乐部等各类俱乐部,这类服务主要是为了吸引具有共同爱好的人群。俱乐部的食品服务提供的食品范围非常广泛,既有物美价廉的大众化食品,也有制作精良的高级食品和高品质的服务;既有一般的摊点,如游泳池旁简单的热狗、茶食、饮料摊点,也有设置高档豪华的餐厅。私人俱乐部的服务对象一般只局限于俱乐部成员及其客人,也有些面向大众开放。

2. 自助餐馆

自助餐馆分为食品区和就餐区。在食品区内,食品装在各式盘碗容器中,摆放在桌上。顾客自己拿着盘子挑选所需的食物和分量,然后到就餐区就餐。无论吃多少、吃什么,价格都是相同的。

3. 连锁餐馆

连锁餐馆就是多家餐馆以某种方式联系在一起。有的是同一个所有者,拥有两个或几个餐馆,虽然风格各异,但因为所有者相同,因而冠以连锁经营的名称;有的是共同使用同一名称,有相同的门脸、相同的产品或其他相同的形式而形成连锁经营,如华莱士快餐;更多的连锁经营形式是某一地区的某些餐馆企业(不一定是全国性),被某一法人所拥有,如香港的美心酒家、上海的苏浙汇等。

4. 宴席包办

宴席包办指的是为某一目的而聚餐的人制作食品和招待服务,如婚礼、祝寿、生日、会议、纪念日庆贺等。有些宴席在餐馆内制作,在大厅中招待服务;有的在自己厨房中制作食品,在客人指定的场所招待服务,如北京长城饭店曾为客人在长城脚下举办酒会;还有的利用客户提供的场地举办宴会并提供服务,如某宴席包办商在某公司广场上举办公司大型年会酒席,3 500多名职工参加,由高职院校的师生提供服务。从事这种宴会承办业务的餐饮单位都很灵活,愿意满足客户对食品提出的特别要求。除了餐饮服务外,一些餐饮承包商管理公司还为客户提供家政服务,如婚庆礼仪、物业维护、洗衣等衍生服务。许多酒店和餐馆都兼营宴会承办业务。

此外,设在住宿企业中的餐饮经营单位种类繁多,有完全服务的美食餐馆,有咖啡馆、酒吧等休闲饮食服务,甚至还有自选餐厅和自助美食廊、美食广场等快速服务餐馆。住宿业中的这些餐饮经营销售额大得惊人。例如,无锡君来湖滨饭店作为五星级酒店,自营的正餐和自助餐餐饮销售额常年占饭店营业总收入的60%左右,2019年餐饮销售总额为 10 549 万元，占饭店营业总收入的 58.32%。

至于零售市场的餐饮服务，是这些年来餐饮服务业出现的一种新业态。世界餐饮服务出现了两大趋势。一个趋势是越来越多的人倾向于在外面购买烹制好的食品食用，餐馆食品销售额的迅速增长证明了这一点。另一个趋势是餐馆的外卖和送餐市场的增长。显然，人们越来越倾向于购买制成食品，然后带回家食用。人们也注重家庭生活，把自己家当作休闲娱乐生活的中心。于是沃尔玛、家乐福等大型零售超市不断地增加外卖制成食品的规模和范围，超市的平均占地面积增扩了3倍多，增加的大部分空间被用于销售预先烹制的外带菜肴和摆放供顾客在店内就餐的座位，如家乐福中国区和大娘水饺合作，每家家乐福超市开一家大娘水饺店。苏宁电器的家电大卖场中也拿出相当大的面积吸引众多餐饮名店进场。零售市场中很大一部分外卖销售额的实现是以牺牲传统餐馆和快速服务餐馆的销售为代价的，原因就是超级市场加大了对外卖制成食品的促销力度。

第三节　餐饮产业的新特征

中国是人类饮食文化最为丰富的国家之一，中国烹饪是科学文化和艺术高度结合的产物，是物质文明与精神文明的光辉结晶。中华饮食使中华民族得以生存、繁衍、发展，也为人类文明发展作出了卓越贡献。饮食生活的演进及衍生出的众多习惯与礼仪共同构成了中国饮食文化的深厚内涵和丰富前景。科学而精湛的烹饪技艺、健康而丰富的美食菜点，为中国的餐饮业提供了举世无双的坚实基础。改革开放以来，随着国家经济持续、稳定、协调地发展，综合国力不断增强，人民生活水平显著提高，中国人民的饮食有了极大改善。饮食市场异常活跃，蓬勃发展。

一、洋餐馆纷纷落户

1987 年 11 月，肯德基在中国的第一家门店落户北京前门，2007 年 11 月，肯德基在中国西南的天府之城成都拥有了第 2 000 家餐厅，2012 年 9 月 25 日，第 4 000 家餐厅在大连开张。美国的麦当劳、星期五、星巴克，法国的马克西姆，德国的兰特伯爵，新加坡的肉骨茶，古巴的哈瓦那，日本的吉野家……外国名牌竞相落户中国。不但丰富着中国的餐饮市场，还给消费者带来了高质量的异国美味和服务，极大地促进了中国餐饮业的发展。30 多年来，中国人共同见证了肯德基这一著名品牌在中国的崛起，不仅给中国消费者带来了快速的美味，更以其全新的连锁经营、标准化管理对中国餐饮业的变革产生了巨大影响。如今，肯德基（中国）已成为遍布全国1 000多个城市，拥有5 300余家餐厅，年营业额超千亿的规模，持续保持中国快餐业的第一品牌，中国餐饮百强的首位。同时大批本土员工在肯德基不断成长，很多已经成为服务行业的高级管理人才。肯德基90%以上的原料来自本土采购，这带动了众多本土供应企业和肯德基共同成长，同时，肯德基还积极研发，供应油条、榨菜肉丝汤等中国风味食品。肯德基作为我国餐饮行业的生力军和现代餐饮的先锋，成为现代快餐餐饮业发展的重要代表力量，为社会和行业发展作出了积极的贡献。

二、新业态层出不穷

随着居民收入的不断提高，人们消费观念、生活方式的变化和休闲时间的增多，越来越多的居民选择外出就餐，从上班族、学生族到社区居民以及不断增加的流动人口，构成了庞大的大众餐饮潜在顾客群。此外，人们的就餐目的已从吃饱转变成吃好，就餐过程已成为一种经常性的社交形式，消费意识也已完成了从追求廉价、追求奢华到实用理性、感动消费的转变。外出就餐还是亲友聚会的一种休闲娱乐方式和社会交际方式。居民在外就餐的花费持续升高，2019年全国餐饮收入为46 721亿元，比上年增长9.4%，饮食收入高于2019年社会消费品零售总额1.4个百分点，全国人均餐饮消费支出超过3 000元。

巨大的社会需求推动着分布广泛、竞争激烈的市场，分化出多种大众化餐饮的业态，如家常菜为主的大众餐馆、满足快节奏生活的中西快餐、简捷方便的社区店和街道早餐店、人口流动密集地段的便当与流动餐馆、适宜旅游与休闲的小吃广场等。此外，还有形形色色的小吃摊点、夜排档等。近年来，上海、重庆、北京等城市鉴于许多流动餐饮对社会大众餐饮市场的补缺作用，对流动摊点采用"柔性"管理，通过引导流动餐饮发挥内在的自觉主动精神，自我约束，如上海"苏阿姨"小馄饨和里弄油酥饼，实现城市治理与流动餐饮的和谐相处。另外，供应小点心和简餐的茶室，提供安逸休闲的咖啡屋，出售各种面包蛋糕的面包房、西饼屋，以及为高端商务人士和白领交际的各种会所接踵而来。中国餐饮业的新业态层出不穷，传统的、外来的餐饮店五彩纷呈。

三、多元化彰显活力

改革开放40多年来，餐饮经营的主体市场化程度不断提高，行业竞争日益国际化，企业性质呈现多元化。餐饮业的市场化和社会化基本形成，全国餐饮市场呈现繁荣和有序竞争的局面。投资主体多样化，企业多种经济成分给中国餐饮业带来了新的活力。餐饮业投资逐步走向合资、股份制等形式的社会多元化组合。民营餐饮企业海底捞（见图2-11）和味千拉面（图2-12）等数十家在中国香港上市。

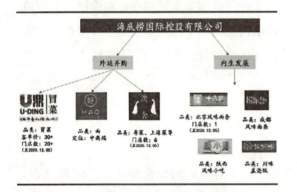

图2-11　海底捞集团的品牌

资料来源：公司公告，方正证券研究所。

图2-12　味千拉面

多家连锁集团公司都有上市计划。产品不断升级，更新迭代；品牌自身不断进化；视觉审美不断升级的品牌受到资本青睐。如今冲刺上市的乡村基已经26岁，老娘舅22岁，老乡鸡19岁，杨国福19岁，七欣天16岁。值得注意的是，乡村基早在2010年就挂牌纽交所，但因业绩不佳于2016年退市。现乡村基旗下有乡村基和大米先生两个品牌。据弗若斯特沙利文报告，按2020年连锁餐厅数量及所得收入计算，乡村基是中国最大的直营中式快餐集团（图2-13）。

图2-13　乡村基

资料来源：乡村基官网。

一些餐饮企业正积极行动走出国门，将中国的美食带给世界。如海底捞，截至2019年5月，已在新加坡、美国、韩国、日本、加拿大、澳大利亚、马来西亚等国家经营海外门店29家，全部为直营。走出国门发展的餐饮企业，在海外都会遭遇到有关法律、管理等高成本运营的问题，海外市场开店的成本相当于国内的10倍甚至更多，即使商业地产、人力相对成本小幅下降，但海外的经营风险仍比国内高出许多，其回收成本周期也被延长（表2-1）。

表 2-1　盈利能力前十的中国餐饮上市公司（2020财年）

序号	企业及上市类型	净利润（万元）	营业收入（万元）	人均劳效（万元）	人均利润（万元）
1	百胜中国（港板）	512 916.3	5 403 939.8	13.5	1.3
2	广州酒家（主板）	46 359.9	328 748.6	63.9	9.0
3	新华教育（港板）	32 529.3	47 884.7	4.8	3.3
4	海底捞（港板）	30 927.1	2 861 425.5	21.8	0.2
5	同应楼（主板）	18 511.0	129 592.0	26.8	3.8
6	巴比食品（主板）	17 546.7	97 509.0	72.0	13.0
7	呷哺呷哺（港板）	13 100.0	545 524.6	17.4	0.4
8	九毛九（港板）	12 400.0	271 483.0	—	—
9	华鼎团膳（新三板）	3 942.1	44 245.3	24.6	2.2
10	西安饮食（主板）	901.2	41 086.5	12.3	0.3

四、中国品牌渐成气候

在中国市场经济的海洋中磨砺多年的中国餐饮业经过激烈竞争逐渐成熟起来。以中华老字号全聚德成功上市为标志，我国开始加快中国民族餐饮集团化和品牌化进程，以形成中国的餐饮名牌。

> 2005年，全国限额以上连锁餐饮业集团（企业）共计300个，上海锦江、杏花楼、梅龙镇、小绍兴、城隍庙，杭州知味观，广州酒家，天津狗不理以及西安饮食、成都饮食等一批民族餐饮品牌渐成气候。像小天鹅、海底捞、东来顺、小尾羊、德庄、秦妈等十多家火锅连锁均已小成规模。真功夫、马兰拉面、大娘水饺、丽华快餐、深圳面点王、北京和合谷等中国式快餐都在尽力于中式快餐的标

准化，其中，和合谷等中式快餐认真吸收西式快餐成功经营的经验，后来居上，取得了很好的业绩和顾客的赞赏，成长较快。中式餐饮的高端品牌也开始出现，如北京谭家菜和上海苏浙汇南北呼应，打出商务宴席品牌。

继收购小肥羊后，2020年4月8日，百胜中国发布公告称，已完成对中式餐饮品牌黄记煌的股权收购，黄记煌是业内领先的焖锅品牌。百胜中国成立中餐事业部，完全拥有三个中餐连锁品牌：小肥羊、黄记煌。

小结

本章对当今红火的餐饮业作了概要介绍，并指出了餐饮服务需求持续增长的主要原因；对纷繁的餐饮行业进行了一定的归类，着重介绍了代表性的餐饮业态；对新时期中国餐饮业的新特征进行了简要的归纳，对当今餐饮业的行业状况作了宏观层面的简介。

问题

1. 餐饮食品服务需求不断增长的主要原因有哪些？
2. 简述外食服务的主要类型。
3. 新时期中国餐饮产业主要有哪些新特征？

案例

Ⅰ 全聚德上市，品牌发展步履维艰

全聚德曾于1996年和2001年两度启动上市计划，因上市的时机选择和自身净资产规模等问题而失败。2005年1月，全聚德收购首旅集团旗下聚德华天控股有限公司30.91%的股权，与北京华天饮食集团并列成为聚德华天第一大股东。为解决全聚德净资产规模问题，在首旅集团支持下，全聚德在2007年4月并购了首旅集团旗下仿膳饭庄、丰泽园饭店、四川饭店三家餐饮企业，全聚德2007年营业收入大幅增长

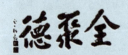

图 2-14 全聚德商标

39.31%，上述三家企业功不可没。

首旅集团一开始并没有重视全聚德，在2005年后逐渐被各界认识，首旅把旗下的鸿宾楼等老字号归于全聚德旗下，集结首都中华老字号，连锁重组，精心策划，专业化运作，加强中华餐饮的品牌实力，努力打造中国餐饮业龙头企业。

2007年11月，全聚德在深交所正式挂牌上市。紧接着迎来2008年北京奥运会，带来了全球客源。奥运会闭幕后，大众对北京烤鸭的热情不减。钱包鼓起的旅游者到了皇城根下，都要尝一尝这把一只鸭子片成108片的北京味。"全而无缺，聚而不散，仁德至上"使得烤鸭成了宴请宾客的高端菜肴，全聚德几乎是"北京烤鸭"的代名词。

2008年前后是全聚德烤鸭腾飞的时期，获得了"国际餐饮名店""国际美食质量金奖""中国十大文化品牌""中国餐饮十佳企业""中国最具竞争力的大企业集团"和"北京十大影响力企业"等一系列荣誉和奖励。"全聚德"的品牌价值从1994年的2.69亿元人民币升到2005年的106.34亿元人民币。2007年9月，全聚德是唯一进入亚洲500强品牌的餐饮企业。2004—2012年的9年，全聚德营收从4.45亿元增长到19.44亿元，增长143%。

但随后，全聚德的业绩徘徊不前。在北京，全聚德不再是顾客心目中的唯一，烤鸭的选择越发多元：讲究排场可选大董，注重性价比有四季民福，北京烤鸭排行榜上，全聚德和平门总店只排到第七位。

全聚德在外地扩张多年，大多处于亏损状态。截至2018年年中，全聚德在全国20多个省、自治区、直辖市以及海外拥有门店超过110家，其中直营店42家、国内特许加盟企业67家、海外特许加盟店6家。2008年年报显示：除在北京地区完成1.5亿元利润外，仅上海店实现了92.67万元的盈利，其他直营店全部亏损，合计亏损金额约为1 000万元。

2012—2016年，全聚德关闭了至少7家不合格的加盟店，2017年又曝出无锡新区加盟店老板欠债跑路事件，为品牌带来不小的负面影响。全聚德扩张中的问题同样存在于很多异地扩张的餐饮品牌店。不过全聚德品牌老，又是上市公司，资金充沛，能按既定战略迅速扩张，扩张失败更加引人注目。

全聚德也曾尝试创新。2015年与"小鸭哥"合作外卖，先在重庆试验推广，2016年4月外卖业务在北京市场上线。然而，由于全聚德的烤鸭外卖价格与堂食相差无几，再加上烤鸭类产品并非高频餐品，合作团队经验不足，作为独立平台的"小鸭哥"拼不过其他外卖平台，最终于2017年4月停业。

2018年公司营业总收入同比降幅4.53%，归属于上市公司股东的净利润同比降幅34.81%，这是上市12年来的最大下跌幅度。2018年11月第二大股东IDG对其清仓式减持。

作为曾经的"北京名片"，全聚德似乎过气了。

2021年10月，158岁的全聚德入选"2021胡润中国最具历史文化底蕴品牌榜"第34位。全聚德向着"中国第一餐饮，世界一流美食，国际知名品牌"目标前进。但在提升品牌与国际接轨的同时，需要不断加强提升服务质量、重视消费者等"内功"的修行，充分发挥全聚德的品牌优势，走规模化、现代化和连锁化经营道路的发展战略，塑造独具特色的饮食文化品牌形象。

全聚德在近年的扩张中似乎已有较为清晰的方向，着重于年轻化。以华东区新开的上海紫荆广场店、苏州店、镇江店为试点，均采用简约、新颖的新派中式装修风格，在环境、菜品、服务、餐具、桌型、台面设计等方面更加适应年轻消费者的体验需求，这是一个不错的尝试。

Ⅱ 乡村基之路

2010年9月，乡村基登陆美国纽交所，成为中国首家在美主板上市的中式餐饮企业，抢得"中式快餐第一股"的称号。但是，乡村基在资本市场没有站稳，股价一路下滑，业绩不佳，最终在2016年启动私有化退市。时隔6年，乡村基再次准备上市港股，"二进宫"能成功吗？

"好吃不贵"才是中式餐饮的硬道理

现今已有26年历史的乡村基曾走过一条山寨肯德基的路。1996年，重庆人李红在重庆市中心解放碑开了第一家饭店，名为"乡村鸡"，主打鸡肉为主的川菜。第二年肯德基入驻重庆，与"乡村鸡"一街之隔。当时，李红曾将自己的川菜馆改成了薯条汉堡的"洋快餐"，但效果并不好。于是，李红1999年回归到了主攻现炒现制的经典川菜，突出了好吃不贵、极致性价比的特点。模仿了肯德基红白色调的明亮装修与点餐模式，饭馆菜品还是泡椒滑鸡饭、宫保鸡丁饭、酸菜肉丝米线这些符合川渝大众口味的经典菜品，并且强调可以无限量添饭加汤。相比于肯德基人均20多块的消费，李红的中式快餐便宜了一半，饭菜套餐人均只要12块。2006年，"乡村鸡"改名为"乡村基"，还喊出了"肯德基开到哪里，乡村基就开到哪里"的口号，到2010年，乡村基的门店总数突破了100家，同年9月份，乡村基登陆纽交所。

薄利未必多销，盈利仍然勉强

然而乡村基股价从开盘价26.45美元一路下行，不到5年跌至5美元以下，

2016年以5.23美元的价格黯然退市。从根本上来说，乡村基的薄利多销实际上没有赢得财务上的成功。公开资料显示，2010—2014年净利润分别为6281万元、-695万元、7563万元、3955万元、3795万元。上市不到6年，门店数从100余家狂奔至1000家，但利润规模却不仅没有实现倍数增长，反而下滑，上市的第二年就陷入了亏损泥沼。

毫无疑问，乡村基的"好吃不贵、极致性价比"是消费者所追求的最佳消费体验，12元的客单价能够收获最广泛的餐饮消费者。但是，"极致性价比"的背后却不仅仅是低廉的价格，还需要不菲的原材料、员工及装修租赁成本。一旦成本控制能力和门店经营效率有所减弱，薄利实现不了多销，极致性价比就只能使得餐饮品牌走入增收不增利的困境。

在原材料价格、人力、房租、水电等成本都在上涨的今天，作为一家以低价著称的中式快餐品牌，乡村基想要继续维持品牌原有的市场竞争力，销售端不敢涨价，成本端无法降低。即便门店数量继续扩张，乡村基也很难打破增收不增利的怪圈。

当低价无法为餐饮品牌继续提供高翻台率即单店客流时，在各项餐饮成本都在持续上涨的今天，极致性价比所追求的"薄利多销"模式是否还能走得下去呢？

"另起炉灶"，乡村基能东山再起吗？

尽管财务数据没有得到明显的改善，但乡村基仍然急着登陆港股以争抢"中式餐饮第一股"的宝座。无疑，"第一股"的称号能帮助乡村基获得更多资本的关注，有利于品牌在资本市场获得更多融资以帮助其更大规模的门店扩张，并逐步形成规模化、品牌化、标准化。

乡村基冲击港股市场，企图用多元化的业务帮助其触及更多的客流。在门店扩张上，乡村基在第一次上市时曾栽过跟头，因此，该品牌放弃了用乡村基征服川渝之外地方的策略，而是在2011年另创了"大米先生"的中式快餐品牌，在川菜之外囊括湖南、江浙、广东等地区的风味，并采用创新的称菜和小碗菜模式。截至2021年9月底，乡村基一共拥有602家门店，川渝之外的门店总数仅有37家，而大米先生总共拥有543家门店，川渝之外的门店总数却有359家。

从财务数据上来看，大米先生品牌是成功的，虽然客单价相比乡村基低了3.9元，但是单店日均下单数量却多了89单，翻台率更是达到了4.2，单店日均坪效也达到了65.5元，在乡村基整体收入中的份额也从2019年的36.3%连年上涨至2021年9月底的45.9%。

显然，大米先生走出了乡村基川渝市场饱和及川渝外市场水土不服的困境，且具有更强更优质的门店复制扩张能力,以此帮助乡村基走得更远更广更久。不过,乡村基这样的26年本土餐饮老品牌需吸取教训,不要在资本驱使下狂奔过头,还是要在品质、安全、口味、管理、供应链等方面下深功夫,摸索跨区域发展的经营策略,突破"增收不增利"的困境。

图2-15 获中式快餐直营门店数量全国第一认证

图2-16 乡村基快餐现炒

思考题
1. 结合案例Ⅰ,谈谈餐饮品牌建设。
2. 结合案例Ⅱ,试举例简述中国餐饮业多元化发展。

第三章
餐饮企业的经营

 学习目标

学完本章,你应该能够:
(1) 掌握餐饮经营的关键要素;
(2) 理解餐饮服务的各种内容;
(3) 了解餐饮业在新时代的机遇与挑战。

 关键概念

餐饮特色　菜品质量　餐桌服务　餐饮价格　餐饮氛围

很多人以为餐饮业是最容易进入的行业之一,无需很多的资本和经验,甚至找个地方,买到旧烤箱、炊具等设备就可以开店。但要在这行业中干下去却充满挑战,餐饮业内在的复杂程度远远超过其外在表象。据统计,新开餐馆在一年内有50%会倒闭,剩余的50%又有一半左右在第二年关闭。到第五年,只留下15%的餐馆,实际数量可能还要少,因为还有不少开店时碍于注册资金不足或其他原因并未登记,关门了结未有统计,歇业者更大有人在。真可谓开店较易守店难,创业更难,创出名牌更是难上加难。

由此可见,餐饮经营在服务业中,因其具有生产、服务、销售三大职能而处于独特的地位。

第一节　餐饮企业的经营要素

餐饮业的经营管理较一般的行业具有独特的规律,需要把握特殊的关键要素。现代餐饮企业经营必须掌握的关键要素至少有五个,分别是餐饮特色、菜品质量、餐饮价格、餐饮服务和环境氛围。

一、餐饮特色

餐饮特色主要指餐饮产品的特色。首先要选择确定餐饮的产品类别品种,怎么与众不同,怎么技高一筹,怎么使顾客回味无穷,念念不忘,常来光顾。餐饮业与其他行业最大的不同,就需要具有自己的产品,俗话说"一朝鲜,吃遍天",就是品种对路、口味独特、韵味悠长,满足了顾客饮食的欲望。

有的餐饮企业就以一种或数种特色食品,做出特色,做出品牌,如上海小绍兴餐饮经营管理公司,2019 年有直营企业 11 户,加盟企业 40 余户,以及契约企业,年销售达 2.8 亿元,经营收入主要靠白斩鸡和鸡粥的配套名牌产品(图 3-1)。有的是以地方的特色,如上海的城隍庙小吃广场(图 3-2);如重庆把火锅做得极致,一城中火锅店铺 15 000 多家,年产值 150 亿元人民币,先后诞生了小天鹅、德庄、苏大姐、秦妈、骑龙等享誉全国的著名品牌,不但把重庆这一餐饮旺城燃得更红火,还向全国开拓了几千家连锁店,并把火锅联营店开到了美国、加拿大、澳大利亚、新加坡。

图 3-1 白斩鸡

图 3-2 城隍庙小吃广场

酒楼的菜品范围较广。上海苏浙汇走的是高档江浙本帮菜之路,掌门人李昀致力于挖掘、推出传统名菜,形成高档菜系列,甚至从越南进口原料,做出上海经典的私房菜清蒸鲥鱼。有些店则以家常风味为主,用乡土原料,走货真价实的大众化实惠路线,如某些湘菜馆。

二、菜品质量

餐馆的特色能够保持并逐渐铸成品牌,在根本上有赖于食品的优良与稳定程度。各个餐饮企业之间的食品质量客观上存在较大的差异,这主要取决于企业的经营水平,它表现在是否建立标准和如何达到并保持标准。中国饮食产品丰富,有很多特色产品,但均碍于产品质量的不稳定而无法形成规模经营,更难以创出名牌,因此,产品的生产标准化程度成为很多餐饮企业成长的最大门槛。

肯德基自1987年在中国开设第一家北京前门餐厅,截至2021年6月底,肯德基在中国已开设了6 700多家餐厅。肯德基的成功首先在于食品的质量,得益于标准化。而麦当劳产品质量的保证除了标准过硬,在很大程度上还得益于原料的质量。麦当劳中国区所有门店的主要原材料分别由八大供货商提供,不但从薯条、鸡翅、生肉到冷饮、纸杯、包装都常年由顶尖级大型公司定点供应,就是内地4 000余家和香港的200多家的物流也全部由合作40多年的夏晖集团负责物流配送,这就从根本上保证了麦当劳快餐店的品质。

三、餐饮价格

各家餐饮店的食品价格千差万别。决定餐饮店食品价格的因素很多,也就有了各种价格政策,有采取薄利多销的低价位经营策略,也有一些餐饮单位定位于高端商务客人。

上海金萌苏浙汇在上海开的第一家店就在杭州菜张生记对面。张生记2022年的人均消费是130多元,而苏浙汇定位是270多元。错开了也有错开的好处,不同市场定位的原则起了作用。开店十多年来,客人到苏浙汇经常需要等位。苏浙汇每位消费的标准要比杭帮餐饮高1倍,正是这样的消费价格定位确定了沪上高档商务餐饮巨头的地位(图3-3)。

相反,蜜雪冰城饮品走的是低价路线,产品具有创意,几十种饮品的售价大多在五块钱

图3-3 苏浙汇

左右，物美价廉，比起其他同类连锁店的一杯咖啡动辄就要 30 多元的价码，蜜雪冰城确实颇有价格优势，深受消费者尤其是年轻人的喜爱。蜜雪冰城（见图 3-4）凭借这些低价亲民、便捷实惠的鲜明优势，迅速扩展全国。现在国内有加盟店 1 万家以上，海外市场已有 80 多个门店。

图 3-4　蜜雪冰城

四、餐饮服务

　　餐饮企业的产品线组成部分是与某种食品、酒水相关的服务，以符合企业经营目标的方法将食品或酒水送到顾客面前，它包括经营者提供给顾客的所有服务。通常情况下，不同餐饮服务企业给客人提供服务的范围和程度、样式各不相同。有些企业经营者的服务目标是服务迅速，服务员及时地走到顾客面前为其点菜，然后将加工好的菜点迅速送到顾客面前，在顾客就餐完毕后及时将账单拿给顾客，同时收拾好餐桌。在高级餐馆中，服务的目标要更高、更复杂些，还往往具有一些特色服务，形成一种服务精神，服务员要了解菜单上菜点的原料及其制作方法。服务技巧十分重要，专业素养更是关键，餐饮业有句名言：“出色的服务使菜点更出色，糟糕的服务可以把出色的菜点全搞砸。”比较明显的服务形式就是餐厅中普遍采用的几种不同风格的服务形式——美式、法式、中式等。其他服务还包括厨房中的食品制作、职员的态度、刷碗、代客停车、存放衣帽、背景音乐、生日庆祝、给顾客免费照相，甚至策划一些娱乐活动，如音乐欣赏、小丑或魔术表演等。总体上，餐饮服务包括餐桌服务、柜台服务、自主服务、房间送餐服务、外卖或外送服务。

（一）餐桌服务

餐桌服务指的是以服务员到桌记录客人点菜，将菜端送到桌的过程，以及顾客坐在酒店餐桌旁等候服务员为其提供就餐服务，直至餐毕结账的过程。餐桌服务的具体服务内容、服务顺序，因各国家和地区的不同有着较多不同的食品服务模式，如中式、法式、美式、英式、俄式、日式等。其中，中式和法式是最具代表性的东西方正餐服务，尤以宴会服务为重。

2008年8月8日中午，中国领导人为前来参加第29届夏季奥运会的各国政要举办国宴（图3-5）。在领位员的陪同下，各方贵宾逐次坐落于9张大圆桌，每张桌的贵宾人数从25—27人不等。每张桌子以鲜花为名，分别为牡丹、茉莉、兰花、月季、杜鹃、荷花、茶花、桂花、芙蓉。主桌"牡丹"桌上，主宾共27人。宴会准备的热菜为三菜一汤。主菜为荷香牛排、鸟巢鲜蔬、酱汁鳕鱼，汤为瓜盅松茸汤，北京烤鸭则作为附加的小吃提供给各方贵宾。此外，菜谱中还有一份冷菜——宫灯拼盘，其外观设计取意于中国古典的华美宫灯。席间，每一位宾客面前都有一个餐盘，餐盘两侧放置着三套刀叉、一把汤勺，另有三个高脚玻璃杯一字排开置于餐盘前方，盛的分别是干红、干白和白水。鉴于席间某些贵宾生活习惯的缘故，有些菜肴并没有向他们提供，但都在左边外侧放有面包和一把黄油刀。

图3-5 奥运迎宾宴会

（二）柜台服务

柜台服务指顾客通过柜台接受食品的过程，如顾客在快餐店柜台前等候点菜，通常菜单上的菜样比较有限，而且食品都是预先制作好的，顾客点的菜只是由服务员拿起来递到顾客手中，或是放在托盘里，或是打包放入袋中，这主要看顾客是否在店内用餐。

与餐桌服务相比，这种形式越来越普遍，尤其是在一次能接待众多顾客的餐馆，如美食广场。自选服务的优势是服务快，顾客有更多的自主选择权。

（三）自助服务

自助服务不论顾客选什么、选多少，每顿的餐费是固定的，此种服务有些餐馆通常为某些场合或某顿餐采取这种自助餐的形式，如婚礼招待或早餐。有的餐馆以自助餐为主，如多种自助火锅店，这种服务的优点是可以最低限度地使用服务员并提供快捷的服务。但不足之处是很难控制消费量，因为顾客可以随便选餐，常常会浪费食物。

（四）外卖和外送服务

外卖和外送服务越来越流行，这些服务的特点是食物不在餐馆中消费。顾客可以自己来餐馆中拿取食物，也可以要求送货上门。许多餐馆除餐桌服务外，还提供外卖或外送服务，可以在无须扩大经营场所的情况下大大增加销售额。

使用外送和外卖服务可以在很小的场所进行经营，从而大大降低成本。丽华快餐就属于此类服务。

（五）客房送餐服务

客房送餐服务主要见于酒店。这种服务属于劳动密集型服务，送到客房的食物比在餐厅中消费的同等食物价格要高些，酒店在这项服务中并不赚钱，常常亏本，原因是劳动力成本过高，因此常把其当作服务内容，而非主营业务。

（六）酒水服务

酒水服务在西餐餐厅中通常由调酒师完成，也可专门雇一服务员设服务吧台。中餐服务中的酒水服务是餐桌服务尤其是中餐宴会中的服务，中餐的酒水服务将会在专门的餐饮服务课程中讲述，这里只简述下宴会酒水的搭配。

1. 酒水与宴会的搭配

中式服务除斟酒服务外，往往在宴会中注重酒水与宴会的搭配。

宴会用酒和它的主题相符，婚宴气氛热烈、隆重，适当选择酒精度高一点的酒，寿宴气氛融洽，就会选择精酒度低一点的酒或滋补酒。利用好的酒名，还能为宴会生辉，如婚宴选用喜临门和口子酒、寿宴用金六福酒、金榜题名用状元红等。由于越来越多的客人意识到高度酒的危害性，而且宴会中饮用高度酒后则对美味佳肴食之无味，所以，尽量选用低度酒供客人享用。

2. 酒水与菜肴的搭配

客人之所以习惯在进餐时喝酒，是因为美酒配佳肴，许多酒有开胃、增进食欲、促进消化等功能。酒店经营者十分注重菜肴与酒水的搭配，充分体现和加强菜肴的色香味，如西餐讲究白酒配白肉，红酒配红肉，只有两者相互辉映才可充分显示其特色风俗。

3. 酒水与酒水的搭配

由于在宴会中客人往往在同一场合饮用两种以上的酒水，因此，酒店在服务中注重酒水与酒水之间的搭配。一般淡雅酒在先，浓郁酒在后，使宴会由低潮逐步走向高潮、走向完美。

五、环境氛围

餐馆的氛围指的是对顾客产生的艺术印象或情感、情绪影响，包括装饰风格、灯管数量、音乐音响、主题、桌椅摆放、餐具菜单、服务方式和服务人员的素质品格，甚至包括客人，所有这一切使人们对餐馆产生一种感觉或者认同的看法，也就是说餐馆的各种要素的综合便营造出这个餐馆的氛围或者基调，即环境气氛。经过专职设计人员设计打造的餐馆，其氛围是精心营造出来的，绝非偶然。餐馆的环境、氛围通常可以引导顾客挑选餐馆。在现代社会中，很多顾客可能认为餐馆的环境氛围和餐馆的膳食同样重要，甚至更重要。

餐馆的环境氛围可以提高顾客对食物的满意度。将菜馆设在移动的游船上，或将水鲜馆建到水边，都是在创设就餐的环境氛围，包括暗示顾客餐馆提供膳食的特点。

餐馆的氛围各不相同，有的店明快鲜艳，轻松随和；有的店则庄重精致，配有柔和的灯光照明、干净洁白的桌布、精致的陶瓷品、光亮的银餐具以及训练有素的职员；那些意在吸引年轻人的餐馆气氛一般就比较活泼、随意、喧闹，播放流行音乐；追求浪漫气氛的餐馆则会采用昏暗的灯光和柔和的背景音乐。连锁经营的各个餐馆氛围就会如出一辙。

2008年北京奥运会定点餐馆供应商中唯一一家本土民营餐馆企业是北京俏江南餐饮有限公司。俏江南的环境气氛可以说已经俏遍了大江南北。首家俏江南是毕业于哈佛大学建筑系的美籍华裔设计师设计的，中西合璧的装修和精品改良川菜完美结合的俏江南现身北京。俏江南的装饰充满异国风情，优雅而韵味深长，其中点缀着竹林、小桥流水，增添了几许江南水乡风光，风格符合京城办公室白领的审美情趣。上海俏江南选择与著名日本设计师山普荣合作，他的设计更简约、时尚，更符合引领上海国际大都市人的餐饮时尚，加上极富创意的即席表演"摇滚沙拉"等富有感染力的美肴，又将俏江南俏到了江南。2005年，俏江南总投资1亿多元的兰上品会所（Lan Club，见图3-6），由世界著名设计大师菲利浦·斯塔克用两年完成设计，每一件作品都来自这位法国人的神来之笔。在俏江南的兰上品会所中，各种形式的桌椅家具，令人眼花缭乱的灯饰摆设及碟盘餐具，把餐区演绎得非常戏剧化，全球House音乐第一人David Guetta曾在会所演唱，将传说的爵士变成DJ乐园，2 000多人争相观赏，场面令人震撼。此外，兰上品会所还被用来定期做艺术品展览，"不做交易，只是展示"。俏江南从味觉到听觉、视觉，就像变成了分享快乐的场所。兰上品会所开业以来，多位国家元首光临，吸引了欧美、日本众多的海外合作者。

图3-6 兰上品会所

第二节 餐饮业的机遇与挑战

进入新世纪，中国餐饮业发展进入快车道，进入品牌化、规模化和国际化，整个行业面临着经济全球化、现代化的双重机遇与挑战。中外成功的餐饮企业发展给了当今中国餐饮业经营以多方面的启迪。

一、突破定制这道坎

中国餐饮的内涵博大精深,丰富多彩,但进入品牌化连锁经营的关键在于产品的定制化、标准化,为了发展中式快餐,上海的荣华鸡从菜品选择、烹制设备到就餐场所都作了相当深入的研究,并进行了有关的实践,试图让优秀的烹饪工艺、饮食文化转化成核心竞争力。荣华鸡功亏一篑有着多方面的原因,没有将菜肴的制作标准定制化进行到底是一个重要的因素。而北京的和合谷掌门人则很大程度上借鉴了吉野家盖浇饭的成功经验,终于走向了成功。和合谷的麻婆豆腐就是成功的典型案例(图3-7)。

图3-7 和合谷快餐

二、文化是好生意

中餐作为中华四大国粹之一,有着十分丰富的文化内涵。如何继承并发扬光大,大有文章可做,关键是学好、研究好,将功夫做深、做细,将饮食文化元素和烹饪技术成功地转换成中国餐饮业的特色产品、拳头产品、经久不衰的系列产品。全聚德在这样做,山东蓝海的钟鼎楼孔府宴和阿佤山寨的少数民族饮食也都进行了很好的尝试,取得了不错的业绩。

三、得人才者得天下

餐饮企业的发展最关键的在于人才,好的企业要留得住人是最要紧的。海底捞在这方面是做得比较成功的,它的理念就是首先要为员工服务好,员工才可能为顾客服务好。海底捞对于员工来说是非常人性化的。首先,海底捞的工资待遇比较丰厚。一般的火锅店服务员的薪资大约在两三千元左右,而海底捞的正式服务员的工资可以达到四五千元，在餐饮服务行业是比较少见的高薪，再加上服务员和其他企事业单位的员工享有同样的福利，包括年终奖、年假等一系列补贴，还保障员工住宿和餐饮问题。对于员工的学习也很重视，报名后要培训4天，实习4天，然后就是试用期。店经理随时可以出现在任何岗位，帮助、指导新员工融入快餐式的火锅经营理念（三分钟上锅五分钟上菜）。海底捞很锻炼人，包括吃苦耐劳的精神、为人处世的能力、察言观色的洞察力等。以上这些都可见成功餐饮企业借鉴中外先进管理模式和服务理念，对人才关心培养的重视程度。

四、资本运作正当时

当有了好品种、好思路，初步打好经营管理的基础准备拓展时，"只欠东风"的资金成了门槛。当企业发展到一定规模时，资本运作是非常必要的，能成功上市当然是最理想的，用资本加快企业拓展。做大做强中国餐饮业的时机已经基本成熟了，餐饮业是以大市场为依托的，作为烹饪食品的市场终端有着无限生命力，有潜力的好食品、好品牌的餐饮企业是人见人爱的。中国有着许多具有餐饮市场和文化特色资本的好项目，利用资本共同把它做好，许多投资基金对中国餐饮业有很高的合作热情。

 小结

  餐饮业的经营具有比较独特的规律，因而其经营和管理的五大要素至关重要。本章从餐饮特色到菜品质量、餐饮价格、餐饮服务和环境氛围都逐一作了各有侧重的讲述，同时概要地讨论当今餐饮企业面临的诸如产品定制化和标准化、打好饮食文化牌、餐饮企业发展中的人才培养、资本运作等新问题。

 问题

1. 餐饮业经营的关键要素是什么？
2. 为什么说特色在餐饮经营中是最关键的要素？
3. 简述餐桌服务的不同服务形式。
4. 中国餐饮业的机遇和挑战有哪些？

案例

Ⅰ 西方代表性服务方式

1. 美式服务

美式服务的特点是食品在厨房中制作，装盘后再由服务员端送给顾客。美式服务的优点就是服务形式比较简单，服务员不必受太多的培训即可胜任。

2. 俄式服务

俄式服务的特点是师傅在厨房里用大盘装好，并且食品摆放十分讲究，服务人员端上来大盘，放在餐桌旁边的服务台上。服务员用右手从右边将大盘中的食物先向就餐者展示一下，然后再被分到各个小盘中。

俄式服务在欧洲的许多高级餐馆中广为使用，因为它十分优雅，它的另一个优势是食物能以适当的温度端上桌。大盘和就餐者用的小盘都是热的，俄式服务尤其利于汤类服务，汤被装在热乎乎的大盖碗里，然后盛到温热的各客汤碗中。

3. 法式服务

餐馆中最为昂贵、最为优雅的服务就是法式服务，又被称为餐车服务，因服务时使用餐车而得名。餐车用来将食物从厨房运到餐厅，上面装有一个燃气炉具，在餐桌旁现场烹饪。

法式服务一般需要四人一组。

领班：主要负责管理全体服务员，负责顾客点菜、监督服务、为桌边现场烹饪做准备，还负责雕刻、切片和剔去鱼骨、肉骨和禽骨。

领班助理：负责顾客点酒水，并在领班的指导下端送食物。

服务生：端送其他一些菜点，收拾桌子并听候吩咐做其他一些事情。

跑菜员：负责将点菜单送到厨房并将食物从厨房端送到餐车上来，帮助收拾餐桌以及做其他一些事情。

要欣赏到技术高超的法式服务，需要花费高额的金钱和相当的时间，只有在一些最昂贵的餐馆中才使用这种服务。法式服务中每个座位需要占用的面积较大，通道也比较宽，桌子间的距离也较大，以便餐车通行、领班完成食品的加工制作。

4. 英式服务

英式服务在餐馆中很少使用，它只在雇有佣人的家中或有承办宴会业务的企业中才使用。英式服务常被当作是主人服务，因为主菜常放在主人面前，由他切割，分放在各个小盘中，然后由服务员分放到就餐者面前。

Ⅱ 海底捞独特的服务管理

四川海底捞餐饮股份有限公司成立于 1994 年，是一家以经营川味火锅为主、融汇各地火锅特色为一体的大型跨省直营餐饮品牌火锅店，创始人是张勇。海底捞 2019 年的净利润为 23.47 亿元。受到新冠肺炎疫情的影响，2020 年成为海底捞经营最困难的一年。这一年，海底捞居然猛扩 544 家门店，全球门店增至包括韩国、日本、新加坡、美国等国家 1 298 家，平均每天开出 1.5 家门店，创下公司成立以来开店速度的新高。2021 年上半年又新增了 299 家，截至 2021 年 6 月 30 日，门店数量达到了 1 597 家。但到了 2021 年下半年，预警公司转亏 38 亿元至 45 亿元。海底捞紧急刹车，宣布关店 300 家。最终 2020 财年利润 30 927.1 万元，利润锐减 20 亿多，总算没有亏损，2020 年勉强保到了餐饮上市公司利润全国第 4，15 万员工人均 0.2 万利润。2021 年上半年财报营收超 200 亿元，毛利 115.9 亿元，税前净利 2.95 亿元，净利 0.965 亿元，同比均好于同期。海底捞凭借自身的优势，正在矫正误判，挺过难关。

作为餐饮行业最常考核的指标，比如利润、利润率、单客消费额、营业额、翻台率，海底捞都不考核。张勇说，我不想因为考核利润导致给客人吃的西瓜不甜、擦手的毛巾有破洞、卫生间的拖把没毛了还继续用。他们考核客户满意度、员工积极性、干部培养这三个指标。很多做了多年餐饮管理工作的人，都想不出他们是如何解决内部公平问题的。但是海底捞的优质服务，海底捞员工真诚的微笑，就来自这里。以服务抓客人，以真诚待员工。

海底捞不考核翻台率，但是海底捞的员工比谁都重视翻台率。海底捞让我们看到：企业文化才是魂，所有的利润和翻台率都是附加的、随之而来。企业的真诚让员工有积极性。

思考题

1. 根据案例Ⅰ，试比较各种餐桌服务的特点。
2. 根据案例Ⅱ，海底捞的服务管理给我们什么启示？

第三篇

住宿业概述

住宿业俗称旅馆业，是典型的传统服务业，又是近现代发生了翻天覆地变化的行业，理所当然地成为现代服务业的标志性行业之一。

从宏观的住宿业概念和状况以及类型到微观的住宿企业经营服务，一系列问题为人们所关注。诸如住宿业的含义和范畴是什么？导致住宿企业差异的要素有哪些？当代住宿业态怎样分类？具有代表性的住宿业态有哪些？如何认识迅速崛起的民宿？本篇内容将为你答疑解惑。对于住宿业的经营理念与经营服务，本篇借助三个具体案例，并专设住宿业的无界趋向和文化现象一节来讨论不同住宿企业的设施及经营服务特征，以帮助你对住宿业经营管理进行更深入的探索实践。

第四章
住宿业概览

学习目标

学完本章,你应该能够:
(1) 掌握住宿业的定义;
(2) 认识住宿业的范畴;
(3) 了解住宿业的状况;
(4) 理解导致住宿企业差异的因素;
(5) 了解住宿企业的分类;
(6) 认识民宿潮及其起伏与乡村振兴。

关键概念

住宿企业　住宿企业差异要素　住宿业分类　民宿

第一节　住宿业的差异

一、住宿企业的定义

住宿企业指有偿为那些暂时离家或者长期把住宿场所当作家的人提供住宿服务的场所。此外,这些场所往往还提供诸如餐饮、清洁服务等一系列顾客需要的服务。

二、住宿业的范畴与规模

（一）范畴

住宿业的范畴比较大，不仅包括商务酒店、度假酒店、民宿、会议中心，也包括公寓楼、疗养院、招待所、学校宿舍、寄宿处、敬老院等相关设施，还包括分时度假的共管产权式酒店、临时酒店以及邮轮、卧车等活动状况的住宿设施，甚至包括医院中的住院康复部。

许多住宿企业不仅为旅行者提供住宿，而且也为当地居民提供服务。速8等经济型酒店推出钟点房，不少敬老院、养老院客房主要就是为老年顾客长期居住的地方。

在住宿业中，商业住宿企业是最主要的组成部分，它主要以营利为目的，为顾客提供住宿的各类经营场所。

大住宿业主要包含酒店类住宿业和其他住宿业。《中华人民共和国星级评定标准》中，将纳入星级饭店评定体系的住宿设施最小客房数规定为15间。参考这一标准，将我国住宿业市场分为两个部分：15间（含）以上规模的设施，称为酒店类住宿业；15间以下的，为其他住宿业。

截至2018年年底，全国住宿业的设施总数为482 603家，客房总规模为18 164 158间。其中，酒店类住宿业设施总数为344 313家，客房总数为16 858 721间，平均客房规模约49间，酒店类住宿业设施和客房数分别占我国住宿业的71%和93%。其他住宿业设施总数为138 290家，客房总数为1 305 437间，平均客房规模约为9间，其他住宿业设施和客房数分别占我国住宿业的29%和7%。由于酒店类住宿业设施供给总量占我国住宿业的绝对主体部分，本章对住宿业的分析以酒店类住宿业设施为主。

图4-1　2015—2019全球连锁酒店和独立酒店数量统计

来源：中国饭店协会

（二）规模

住宿业是一个规模宏大的产业，主要从酒店数量和市场规模两个方面来看。

2019年全球连锁酒店及独立酒店总数量达到88.69万家，其中独立酒店69.9万家，连锁酒店18.79万家（见图4-1）。

2016—2019年全球酒店和度假村市场规模连续4年超过万亿美元，呈递增趋势。2020年，由于新冠肺炎疫情对全球的影响，跌幅为146.9%，2020年全球酒店和度假村市场规模为6 102亿美元（见图4-2）。

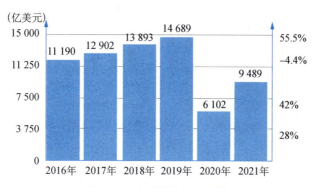

图4-2 全球酒店市场规模

新冠肺炎疫情对商务及休闲旅行的需求均产生了不利影响，许多公司取消了计划已久的会议、贸易展览、商务会议，限制了个人及商务旅行。随着疫情迅速蔓延，许多国家对非必要旅行（例如休闲旅行）实施了限制，极大地降低了对酒店业的需求。

酒店业的重要业绩指标包括市场规模、公司收入和品牌价值。2017年，全球酒店业的市场规模超过5 700亿美元。其中，万豪国际酒店集团市场总收入223亿美元，规模最大；希尔顿全球酒店集团排名第二。希尔顿酒店及度假村集团在2018年创造了最高的酒店品牌价值——63.3亿美元。

截至2021年1月1日，中国住宿业设施总数为44.7万家，客房总规模1 620.4万间。其中，酒店业设施27.9万家，客房总数1 532.6万间，平均客房规模约55间，酒店业设施和客房数分别占我国住宿业的62%和95%。中国住宿业正进入高质量发展的快车道，将迎来数字化、智能化、绿色化、多元化、品牌化、连锁化转型，为满足人民对美好生活的向往提供更好的服务。

2015—2019年，全球酒店客房总数以1.5%的复合年增长率增长，这主要是由稳健的宏观环境及旅游市场增长所致，特别依赖于国内旅游市场，尤其是亚太地区市场。

近年来全球旅游经济的小幅增长主要依赖于亚太地区市场，这对于中国酒店业展现了持续发展的前景。

2019年全球旅游总收入（包括国内旅游收入和入境旅游收入）达到5.8万亿美元，相当于全球GDP的6.7%。2019年，全球国内旅游总量达109.4亿人次，增速达到4.7%（见图4-3）。

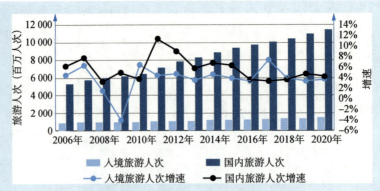

图 4-3 全球旅游人次及增速

2019 年,全球入境旅游收入 1.7 万亿美元,增速为 1.1%,全球国内旅游收入达 4.1 万亿美元,增速为 1.2%(见表 4-1)。

表 4-1 入境旅游收入和国内旅游收入增速

	2016 年	2017 年	2018 年	2019 年
入境旅游收入增速	1.0%	11.5%	2.5%	1.1%
国内旅游收入增速	3.3%	7.5%	2.7%	1.2%

虽然全球旅游经济增长趋缓,但在全球旅游经济中,亚太地区三个增速均位居全球五大区域之首(见图 4-4)。

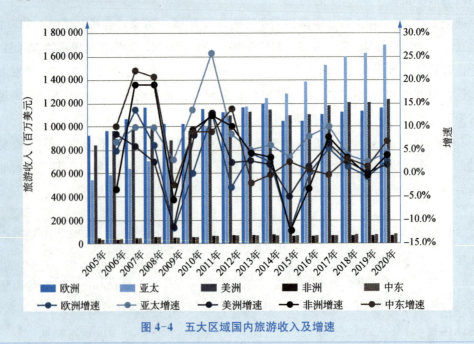

图 4-4 五大区域国内旅游收入及增速

第一，国内旅游人次增速和稳定性排名第一。2019 年，亚太地区国内旅游人次为 76.08 亿人次，同比增长 5.2%。其中，中国为 60.1 亿人次，占亚太地区国内旅游人次的 79%；中国同比增长 8.43%，又比亚太地区国内旅游人次同比增长 5.2% 高出 3.23%。

第二，旅游总收入相当于 GDP 的比重增速排名第一。欧洲旅游总收入占 GDP 的比重从 2005 年的 8.0% 下降到 2019 年的 7.6%，下降 0.4 个百分点；亚太地区旅游经济相当于 GDP 的比重从 6.4% 增长到 7.0%，增长 0.6 个百分点（见表 4-2）。

表 4-2　五大区域旅游总收入相当于 GDP 的比重（2005—2020 年）

	欧洲	亚太	美洲	非洲	中东
增长百分点	-0.4	0.6	-0.6	-1.6	0.3

第三，国内旅游收入增速趋势排名第一。2019 年，亚太地区国内旅游收入达到 1.6 万亿美元，增速达到 2.5%。中国占亚太地区国内旅游收入的 55.89%；中国增速达 11.64%。从长期趋势来看，亚太地区国内旅游收入总量和增速均领先于其他四个地区，而中国又是亚太地区的领头羊，中国国内旅游酒店发展的基本面没有变，酒店接待规模保持稳固增长。

2020 年国际酒店集团财报表现：国际酒店集团均受到了不小的冲击，酒店营收出现大幅下降，但这些集团在中国区的酒店入住率均已恢复至 60% 左右。

三、导致住宿企业差异的要素

每个住宿企业之间存在着很大的不同，形成住宿企业间的差异，导致这些差异产生的要素大致有以下五个。

（一）服务

各住宿企业提供给客人的服务范围差异巨大。例如，某些小旅馆的客房可能就只是一个放置了一张小床的小房间，外加走廊尽头的洗手间；五星级酒店则提供全套的豪华服务，24 小时房间服务，康乐、商务、礼宾各方面服务一应俱全，并有各式餐饮服务；大部分的住宿企业提供介于这两类之间的全部或部分服务。

(二) 客房

住宿企业的客房类型千差万别，有的廉价旅馆可能有通铺房间，有双层床、吊铺等，多人合睡在一个房间，几个房间合用一个洗手间；豪华酒店提供的豪华套房，除了卧室，还有客厅、就餐区、小厨房等。最普通的是带私人卫生间的卧室，放一张或两张床，房间的面积在14—40平方米，具体由住宿企业的性质和规模而定。

(三) 室内陈设

住宿企业客房的室内家具的布局以及风格称为室内陈设或室内装饰。室内陈设决定着住宿企业客房的氛围。客房内家具的档次越高，表明其豪华程度越高。室内陈设也有极其简单、普通和格调高雅、豪华等不同档次。连锁经营的住宿企业注重客房类型和装修风格的独特性，一般都将连锁客房内部的家具类型、色调、风格统一起来。

(四) 房价

房价即住宿企业向租住房间的顾客收取的费用。一般情况下，房间价格因地域或房间设施不同而异。如果顾客要求提供其他特殊服务设施，则另外付费。大都市的客房价格一般比偏远地区的房价要高，因为重点城市的建设费用及经营成本要高于偏远地区，像纽约、东京、伦敦、巴黎在各自国家的住宿企业中都是房价相当高的。

(五) 目标顾客群

住宿企业自古以来都致力于吸引特定的顾客群体，贸易客栈主要是吸引旅行商队的特定客人，马车驿站的目标顾客则是乘马车的旅客。一个世纪以来，火车站附近开办了大量的旅店，主要是为了接待那些乘坐火车的旅客。当今机场附近和高速公路旁出于同样原因开办酒店，不过寻找目标顾客变得更为复杂，美国酒店和汽车旅馆协会的报告指出，如今的住宿顾客中，30%是商务旅行，25%是为了参加各种会议，24%是为了度假，还有21%是个人因素，这就使住宿业的设计应考虑到不同层次的顾客，价格也从低到高有所变化。当然，有些特定的住宿业，如机场中转旅店、高山滑雪旅馆等，只需考虑某种特定的顾客。

上述五个住宿企业差异的主要因素决定了大都市的市中心往往都建有众多的酒店和旅馆，它们种类繁多、档次各异。有的提供有限服务，有的提供全套服务；有的只有最简陋家具的小房间，有的则是设施齐全、豪华无比；有的装修简朴，有的则华丽典雅；有的目标顾客是自助型的青年学生，有的则是服务于大企业的老板以及社会名流。乡村、社区和各类旅游区也有多种不同风格的旅馆、度假村、民宿、养老院等住宿企业。

第二节　住宿业的分类

古往今来，住宿业有许多名称，小客栈、小客舍、栈房、旅舍、驿馆还在有些地方能见到。在对全部住宿企业做一些分类时，宜选择当下最普遍使用的标准。

下列名称在描述住宿企业的类型时经常使用，如酒店、旅馆、度假酒店或度假村、会议中心、商务酒店、民宿、公寓或公寓大楼、经济型酒店、汽车旅馆、家庭旅店、青年旅舍、疗养院、休养院、养老院、儿童寄膳处以及宿舍、医院住院康复部等。人们对这些住宿处都有一定的概念，如果要开设一家商务型酒店，就不会按照学生宿舍的设施来设计，因为宿舍的设施绝对不会吸引商务客人的到来。

一、按位置分类

（一）城市中心

国家的首都、大城市的中心一直是全国很多重要业务的发生地，城市中心很繁荣。例如，美国的一些城市呈马鞍形。随着20世纪30—40年代美国在经济大萧条后重建计划的实施，美国大多数城市在市中心修建大酒店，以创造就业机会，促进经济发展，纽约、芝加哥和洛杉矶等城市都在市中心修建了很多酒店，其中有很多是世界著名的酒店。这些酒店通常都建在火车站的附近，因那时火车站均位于或邻近城市中心的商业区，著名的伦敦索威酒店和法兰克福的公园酒店就是19世纪城市酒店理想位置。此外，人们还喜欢选择在行政中心、商业中心或证券交易中心附近建造酒店。第二次世界大战后，世界经济社会面貌发生较大的变化，汽车和飞机取代了火车成为人们喜欢的交通工具，加上高速公路系统的建立，郊区快速发展，吸引了大量半公园绿地、办公园区、购物中心、企业以及飞机场，很多地区的城市中心区开始衰落。20世纪60年代中期，又出现了恢复和重建城市中心的趋势，包括修建新酒店和整修老酒店。

我国正处于加速城市化的进程之中，城市建设的许多项目都与酒店相关。改革开放以来，北京、上海、天津各大都市和深圳、珠海等新兴城市中，一批现代酒店拔地

图 4-5　北京贵宾楼

而起，在一大批二线城市建设中，现代酒店如雨后春笋般地在市中心迅速增加。城市中心的酒店大多数接待商务散客和会议散客，平均房价是较高的，如北京贵宾楼（图 4-5）。与其他类型的酒店相比较，城市中心酒店的开发和运营成本比较高，因为房产、建筑、员工工资的成本都很高，也缺少停车设施、泊车费用较高。

（二）郊区

郊区也称为城乡接合部。城郊的建设费用要明显低于市中心，随着城市建设向周边城郊的发展，交通体系的改善，商务机构的转移建立，酒店的机会也随之产生。在郊区建酒店，也便于以较低的成本提供停车场和康乐等其他客用设施。

（三）度假区

度假酒店通常建立在适于度假的旅游目的地，山岳和海岸是人们喜爱的度假地点。除了好的气候、景色或历史遗迹，度假酒店还常精心设计人造景观，如散步小径、花园以及游泳池、网球场、高尔夫球场等大型体育设施。我国海南三亚的度假区得天独厚，近年来度假酒店发展迅速，喜来登（图 4-6）、万豪、丽思·卡尔顿等著名酒店集团纷纷抢滩亚龙湾、石梅湾等。

图 4-6　三亚喜来登酒店

度假酒店经营得好，其客房出租率和房价均高于其他类型的酒店。度假酒店也是经营成本最高的酒店，好的度假酒店平均员工人数比较多，故工资成本也高于其他类型酒店。现今有各种不同形式的度假酒店，如传统度假酒店、全包价度假酒店、度假公寓、度假汽车旅馆、度假牧场等，我国还有农家乐、农民旅社、城乡民宿等。同过去不同，现在度假酒店吸引更多的商务客人和会议客人，在具备会议设施的大型度假酒店中，商务和会议客人几乎占住宿客人的一半。由于商务客人的增加，许多度假酒店都增加了对商务客人非常重要的用品和设施，如传真机、计算机中心、文秘服务及驻店旅行社等。

（四）公路和飞机场

美国自 20 世纪 20—30 年代建设公路系统时，沿着主要公路修建起小型旅游者汽车旅馆。1952 年，凯蒙斯·威尔逊在田纳西州孟菲斯成立假日酒店连锁集团，开始全面革新和大力发展公路酒店、汽车酒店。今天的公路酒店不但提供与市区酒店和郊区酒店相同的设施，且独具特色。

酒店连锁集团在飞机场附近建设机场酒店，现在 85% 的机场酒店都是连锁经营。尽管机场酒店很难吸引周末的客人（因大多数航空旅行在工作日），但是机场酒店的入住率在住宿业中是最高的，如遇到暴风雪等恶劣天气，都会使机场附近的酒店立即爆满。

二、按所有权分类

酒店也可以按所有权和经营方式进行分类。

（一）独立所有和经营

独立所有和经营又包括出租和雇佣。
独立所有是指出租给一个经营者。
独立经营是指雇佣一个酒店管理公司经营。

（二）个人或团体所有和经营

个人或团体所有是指由一个连锁的酒店集团经营。
个人或团体经营是指按特许经营模式经营。

三、按价格分类

按照价格可以把酒店分为三大类：有限服务酒店——经济型和节俭型；中等价格酒店——完全服务和有限服务；高级或豪华型酒店。

（一）有限服务酒店——经济型和节俭型

这两类酒店普遍只对客人提供必要的、干净整洁、标准规模的客房服务为主，价格约 70—200 元人民币。目前市场中有很多经济型酒店。假日酒店是第一个紧跟低价消费市场的酒店连锁集团。美国汽车旅馆 6 和昆塔旅馆是节俭型酒店的代表，像汽车旅馆6客房的房价仅为6美元；而昆塔旅馆的理念是，"我们所做的就是卖床位，不是经营餐馆，不是承办会议，只是卖床位。"中国的经济型酒店有锦江之星、如家快捷、7天、莫泰168、汉庭等连锁品牌，这几家连锁经济型酒店已达到全国经济型酒店总量的一半以上，并仍在进一步扩大市场份额。

（二）中等价格酒店——完全服务和有限服务

中等价格酒店曾是酒店业中发展最快的一部分，中国大部分三星级酒店都属于中等价格酒店。中等价格酒店吸引想从经济型酒店转向更高档酒店的顾客。喜来登开发了福朋酒店，就属于中等价格酒店的概念。随着中等价格酒店市场的日趋饱和，一些主要酒店连锁集团加入了开发经济型酒店市场；同时，越来越多的家庭和商务人员需要更宽敞适宜的酒店设施。中等价格酒店的挑战是在不断提高档次的经济型酒店和高房价的高级酒店之间的位置上，提高客人的满意度。

（三）高级或豪华型酒店

高级或豪华型酒店系列位于价格层次的顶端。它既包括像四季、丽思·卡尔顿这样的豪华酒店，也包括凯悦、希尔顿和万豪这样的完全服务酒店。位于法国凡登广场的丽思酒店是一个典型的豪华酒店。加拿大的四季酒店也是非常成功的例子，公司的策略是只经营高质量的中等规模饭店，在所在的每个旅游目的地都建立最好的酒店或度假酒店。

四、按餐饮收费方法分类

许多住宿企业为顾客提供餐饮服务，有的住宿企业只提供简单有限的饭菜服务，比如售餐车，有的住宿企业则除了提供公共餐厅以外，还有房间送餐服务，而有些住宿企业的房费就包括了餐饮费。

（1）欧式计价酒店，酒店客房价格仅包括房租，不含食品、饮料等其他费用，世界各地的绝大多数酒店均属此类。

（2）美式计价酒店，其客房价格包括房租以及一日早、午、晚三餐的费用。目前，一些地处偏远的度假型酒店仍属此类。

（3）修正美式计价酒店，此类酒店的客房价格包括房租和早餐以及午餐或晚餐的费用，以便宾客有较大的自由安排白天活动。

（4）欧陆式计价酒店，其房价包括房租及一份简单的欧陆式早餐，即咖啡、面包和果汁，此类酒店一般不设餐厅。

（5）百慕大计价酒店，其房价包括房租及美式早餐的费用。

五、其他住宿企业类别

（一）旅行者之家、家庭旅馆

这种旅馆是指主人把自己家的空房间出租给客人临时居住，主人往往不靠它作为主要经济来源，而只是把它当作一种额外收入。2008年北京奥运会期间，有598户家庭作为奥运人家（见图4-7），以满足那些希望零距离感受中国特色的外国游客的需求。中国农村兴办的农家乐、渔家乐实际上就是家庭旅馆，其升级版就是近年迅速发展的民宿。

图4-7 北京奥运人家

（二）青年旅馆

青年旅馆一般比较便宜，客源主要是短期居住的年轻人，这类住宿企业提供极少的服务，甚至没有任何服务，只提供一张过夜的床，住客必须自己动手收拾房间，一般允许客人住夜的天数也有限制。

（三）全套房酒店

套房指由两间或两间以上的房间构成的客房，其中的一间为起居室，也被称为客厅，再加上一间或多间卧室和卫生间，此外，许多酒店还有厨房设施。套房酒店一般不提供传统大多数酒店那样的卧室加卫生间的客房，全部是套房，其中包括有限的烹饪设施和空间。

（四）会议酒店

会议酒店是一种以接纳会务活动为主的特殊形式的酒店，具有共同爱好的一群人聚会、开会、办展览及开展利益、兴趣相关的活动。有些会议酒店专门为各类会务而设计。

会议酒店与其他酒店的不同之处在于它有为会议服务的特殊设施和场地，至少包括一间大会议室，一般还要具备在舞厅、会议室和其他公共餐厅及酒吧，为大量客人提供餐饮服务的能力。

(五)会议中心

会议中心的设计主要是为了接纳各类会议和商业活动。它们往往坐落在郊区或乡村一带地区,能为与会者提供一个安静无干扰的环境,使其集中精力开会、学习等。举办这些活动的团体都需要这样一个有成效的活动环境。会议中心一般只吸引那些商业性团体,但考虑到某些地区高额的经营成本,为了能在淡季提高收入,有些会议中心也接纳一些个人预订。

(六)公寓旅馆

公寓旅馆是指家具齐备,带有厨房、起居室、卧室和浴室的一套住房,与其他形式的住宿房屋的不同之处是它归个人所有。旅游胜地的公寓旅馆有多种形式,有的是独立的几间套房,也有的是酒店的一部分,还有的是综合居民楼的一部分。

(七)供膳寄宿处

供膳寄宿处为客人提供客房和三餐服务,客人把这里当作他们临时或永久的家,供膳寄宿处相对于常住型酒店或其他类型的酒店价格比较便宜,近年浙江、安徽等地的农村出现了一些主要为都市老年人服务的类似住宿处。

供膳寄宿处的规模可以像一个私人住家那么大,也可能跟一般小酒店一样大,房费按周计算或者按月计算,客房服务的内容非常有限,通常一个星期清扫一次,有的是客人自己清扫,在每天固定的时间提供两顿或三顿餐。

(八)健康疗养地

健康疗养地是指那些只提供关于健康方面服务的营利性住宿企业,通常提供一些特别的服务项目,如药物减肥、药物美容、药物戒酒等。此外,健康疗养地还提供心理放松服务,让客人完全放松下来,这类健康疗养地通常不接受普通的住宿顾客。

日本非常流行温泉疗养住宿,中国广东的御温泉(图4-8)近年来也非常红火,创出了品牌,这些原属于高端度假休闲的场所现在也呈现遍地开花和大众化的趋向,发展飞快。

图4-8 御温泉

(九) 疗养院

疗养院是为那些需要护理服务以及类似的看护性服务的客人提供的住宿和饮食的场所，有些疗养院专门为老年人提供服务，有些则为那些刚做过手术正在恢复的病人提供看护服务，还有一些被称为病人护理院，专门照顾患有永久性疾病的人。

(十) 医院（住院康复部）

医院在许多方面与住宿设施很相似，医院提供住宿和其他一些住宿服务，如房间清理、房间服务、电话、电视等，还有一些其他形式的服务，如美发室、图书馆，主要不同之处是医院中住宿者被称为患者，抗疫中的方舱医院可谓典型例子。

(十一) 宿舍

宿舍是指为那些接受教育的学生或机构中的工作人员提供住处的场所，它与客舍看起来相似，实际却不同。各个宿舍之间差异很大，有的提供每天的清扫服务，有的则没有，有的提供带卫生间的私人房间。有的是几个人共用一个房间，卫生间则是整个一个楼层的人合用一个，有的提供厨房设施，住宿者可以自己做饭，有的则不能。多数情况下，宿舍在另外一个独立的就餐处为住宿者提供饭菜，但餐费需要另付。

(十二) 其他形式的住宿经营

其他形式的住宿经营多多少少受到交通运输的直接影响，包括水上运输、铁路运输、空中运输和公路运输等，主要包括轮船、乘运旅客的远洋班轮、过夜渡轮以及火车卧铺车厢、长途卧铺巴士以及按天或按周租用的露营地、拖车、划船或游艇等。此外，还有随着航运发展出现的水上旅馆，比较高端的水上移动酒店当属邮轮。

> 2008年9月，名为唐古拉的高级旅游专列驶往中国西南部地区，全程五天四夜，收费4 400美元，凯宾斯基酒店集团提供专列的食宿等一系列全套服务，这是铁路交通运输中的高端服务。

六、按服务类型分类

住宿行业按服务类型的不同,可以分为有限服务型和全面服务型两大类,有限服务型酒店以入住设施为主,很少提供餐饮服务;全面服务型酒店除提供入住设施外,还提供餐饮服务、会务服务等。

中国住宿行业包含高端酒店、中端酒店、有限服务型酒店、低端旅馆招待所等不同种类的细分领域。低端住宿领域充斥着大量独立经营的,且在住宿环境、装修设计以及配套设施等方面质量层次参差不齐的旅店及招待所,形成了忽略客房品质而进行价格竞争的局面。此外,将目标客户群体定位于全球游客以及商务旅客的高端住宿领域,则曾经主要被诸如洲际酒店集团、喜达屋酒店及度假村集团等跨国酒店集团旗下的品牌酒店所控制,壁垒较高。于是,有限服务型酒店凭借其优越的地理位置,便捷的交通环境和优良的性价比受到各类消费者的青睐。

有限服务酒店的内涵是其经济性,服务有限,客源对象、酒店档次及收费价格属于中低档。有限服务酒店具有小而精的特点,把客房作为经营的绝对重点,既为消费者提供经济、舒适的具有现代简约特色的服务,又为住宿业经营者带来经济的管理成本和较快的投资回报,以较少的投入取得较高的且不低于星级酒店的投资回报率。

在我国,有限服务型酒店伴随着经济型酒店的发展而兴起,但经济型酒店的快速发展,也导致了该行业竞争的白热化,从而引起了利润的下降。本土酒店通常在原经济型酒店品牌成熟后,通过多品牌的战略,向有限服务商务酒店延伸,从而提高利润空间。因此,在我国,有限服务型酒店主要包括经济型酒店及有限服务商务酒店(见图4-9)。

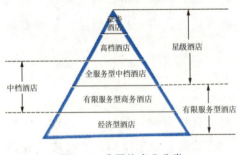

图 4-9 我国住宿业分类

第三节 迅速崛起的民宿

一、汹涌的民宿潮

近十年中国民宿业迅速崛起。每逢节假日,朋友们在五湖四海,祖国各地游玩,晒的多是在各类民宿的照片，民宿主人奔赴远方回归生活的故事在社交媒体上广为流传，从 2018 年开始，许多明星经营类综艺节目也多是以民宿为主题。更有一些人已经将心动变成行动，在云南、海南、浙江、福建等地合伙开设经营民宿。可以毫不夸张地说，民宿迅速崛起成为新的风口，成了旅游酒店发展中一股浩浩汤汤的潮流。

中国旅游协会发布的《2020 年民宿行业发展研究报告》显示，我国民宿房源数量达 300 万套，呈现井喷式增长。

二、潮起莫干山

虽然中国早就出现民宿类的多种住宿业态，但人们逐渐开始使用"民宿"一词大致还在 2006 年后。要追根溯源，莫干山的颐园可以说是第一家民宿（图 4-10），随后则有法国山居、裸心乡等外国人创办经营的民宿。

图 4-10　莫干山颐园——第一家民宿

颐园是一栋旧宅名，是 1930 年宜兴富商潘梓彝建造的。2002 年，杭州媒体人夏雨清在初识颐园两年后租下这破陋不堪但枫树绯红、金桂飘香的旧院子，花了大力气把颐园修葺一新。颐园有六个房间，除了一间自家带着幼女经常住，雇了个当地阿姨，负责打理房间，烧饭做菜，自得其乐，其余的几间拿来招待朋友。2006 年，在上海的英国人马克·基多（Mark Kitto）想在莫干山隐居写作，开了一家叫 The Lodge 的咖啡馆。于是前来做客无处歇脚的外国朋友，都选择颐园住宿，就这样颐园自然而然地成为了民宿。2007 年，法国人司徒夫和南非人高天成分别在莫干山筹建法国山居和裸心乡民宿时，也都曾是颐园的住客。20 多位教师在莫干山考察就住在颐园附近,看到院子里这两家外国人(图4-11),隔壁住的一户外国人的小男孩喜欢来房前坐荡椅(图4-12),对面一栋小洋房也见一外国人晒被子,那时莫干山的住客乃至主人多有外国人,来颐园住宿的客人80%是外国人。有媒体将莫干山民宿称作"洋家乐",邻近的旧别墅里住的是外来打零工的一家子(图4-13),莫干山民宿头几年的冷寂也略见一斑。

图4-11　莫干山"洋家乐":坐荡椅的男孩

图4-12　莫干山"洋家乐":外国人晒被子

图4-13　旧别墅里住的是外来打零工的一家子

早期莫干山民宿区别于传统的酒店,那些成功的民宿无一不带有鲜明的主人个性。南非人高天成在裸心乡开创了"乡村美学"先河,他把村里拆房剩下的雕花木梁、石墩、马槽回收用作装修材料,这是当时谁也没做过的;法国山居则是法国人司徒夫本人的写照。房间内部的布置从家具到地毯,从浴缸到百叶窗都是原汁原味的法国情调。法国山居的活动室配备了许多专业山地自行车,那是司徒夫

> 喜爱的运动，也记录着他人生的一段重要经历：用时3个多月，在中国西部骑行1万多公里，最后筹得200万元善款资助了27名心脏病儿童进行康复手术。莫干山民宿以新的住宿业态，为民宿树立起标杆，在中国长三角繁荣城市里旅居和工作的外国人，试图在莫干山完成从闹市到乡村的切换。莫干山民宿的崛起是一场西风东渐，这些民宿主人的文化经历是最重要的因素之一，有别于传统标准化酒店和初级客栈。

2010年以后，第二批进入莫干山建民宿的很多是设计师。从设计师的角度来说，替别人做设计方案往往会有很多限制，这些从事设计工作的民宿主人就是想拥有一幢小而美的民宿，实现自己的设计理念。2011年，景观师朱胜萱决定建原舍·望山。历时两年，在茶园梯田间，不使用任何涂料、油漆以及人工合成的材料，只用原生回收木材等，一砖一瓦地搭建出联排烟灰色民宿。房间里放的是当地的老古董家具。床和柜子由当地民间手艺人制作。室内木地板选用当地的旧地板，不上漆，粗糙的表面尽显岁月的痕迹。朱胜萱认为，民宿代表回去的念想，原色乡土，原本生活。

同济大学城市规划系毕业生吉晓祥和杨默涵是"乐之野"民宿的主人，刚过而立之年的他们来到莫干山的碧坞村，两人看中一间旧浙北民居，改造的民宿挑空客厅有密墙的书架，充满着画面感。

2013年，莫干山民宿开始井喷式发展。那年来莫干山的人突然多了起来，只花了十几万元建的裸心乡仅一个月就收回了投资。颐园更是来客络绎不绝，房价就在每晚1 000—2 000元，一房难求。火爆的原因之一可能是，2012年《纽约时报》旅游版评选的全球最值得去的45个地方，第18位是莫干山，媒体竞相报道。

当然，莫干山也到了势必爆发的时刻。工业化、城市化后兴起的城市中产阶层具有强烈的"出走"需求：逃离家和办公室，暂时脱离圈定其精神的物质空间，去"第三空间"，即贴近自然、人文、情感的乡村。在一个较长的时间轴上看，这些天时、地利与人和促成了莫干山的民宿潮，也注定了莫干山民宿繁荣是难以复制的。

三、民宿的界定

2017年，国家旅游局发布了《旅游民宿基本要求与评价》，这份文件将民宿正式定义为：利用当地闲置资源，民宿主人参与接待，为游客提供体验当地自然、文化与生产生活方式的小型住宿设施，根据所处地域的不同可分为城镇民宿和乡村民宿。同时，文件指出民宿所适用的范围"包括但不限于客栈、庄园、宅院、驿站、山庄等"。早在

"民宿"流行之前，客栈、庄园、山庄已遍布全国各旅游地。

民宿在台湾地区也曾称为潮宿，是指利用自用住宅空闲房间，结合当地人文、自然景观、生态、环境资源及农林渔牧生产活动，为外出郊游或远行的旅客提供个性化住宿场所。除了一般常见的饭店以及旅社之外，其他可以提供旅客住宿的地方，如民宅、休闲中心、农庄、农舍、牧场等，都可以归纳成民宿类。

四、民宿的回望

关于民宿的起源有很多说法，有研究说来自日本，也有的说来自法国或中国的台湾地区。民宿这个名字，在世界各国会因环境与文化生活不同而略有差异，欧陆方面多是采用农庄式民宿（Accommodation in the Farm）经营，让房客能够舒适地享受农庄式的田园生活环境，体验农庄生活；加拿大则是采用假日农庄（Vacation Farm）的模式，让房客可以享受农庄生活；美国则多见居家式民宿（Homestay）或青年旅舍（Hostel），不刻意布置居家住宿，提供价格相对饭店便宜的住宿选择；英国则惯称床与早餐（Bed and Breakfast，B&B），按字面解释，意谓提供睡觉以及简单早餐的地方，大多每人每晚约二三十英镑，视星级而定，当然价格会比一般旅馆便宜许多。

探究民宿一词，更多的是来自英国。一种普遍的观点是，现代民宿起源于英国乡村的B&B。

（一）英国民宿的起源、现况及经营特色

1. 起源

20世纪60年代，英国的西南部与中部人口较稀疏的农家，为了增加收入，开始招待客人，这就是民宿的雏形。当时的民宿数量并不多，是采用B&B的经营方式，它属于家庭式的招待，这就是英国最早的民宿。

在英国，民宿很快就不再是单纯的住宿、餐饮服务提供者，它们变得多姿多彩，成为美好乡村生活的表率，这与英国历史久远的乡村文化紧密相关。正如旅行作家詹姆斯·本特利（James Bentley）在《英国最美乡村》中描述的，乡村教堂、乡村小酒馆、偌大的农场、茅草顶小房子、爬满植物的小村舍以及原汁原味的乡村公园展示了英国人自盎格鲁-撒克逊时期以来慢慢形成的田园生活方式。促使此种形式的民宿日后能持续发展的主要原因如下：

（1）政府政策。英国政府于1968年时颁布了《乡村法案》（*Countryside Act*），特别强调地主有义务维持英国农业历史的遗产，并规定不得破坏密集的田埂及骑马道的现状，因此，现今英国的农村保留了许多观光游憩的步道系统。

(2) 社会现况因素。大多数民宿出租的房间是屋主的小孩在外地工作或念书所空出不使用的房间，屋主将这些不用的房间出租出去可以增加一笔额外的收入。

到了1970年代后期，民宿经营的范围扩大至露营地、度假平房，并运用集体营销的方式，联合当地的农家组成自治会，共同推动民宿的发展。

1983年，当地民间设立了农场假日协会，并获得农业主管团体与政府观光局的支持。农场假日协会根据规章条文将民宿应具备的水平加以分级，其会员必须是在农渔粮食部登记的农场经营者且具有一定的服务水平。

2. 现状

(1) B&B：坚持传统经营。

B&B是英国一种传统的旅馆经营方式，也就是提供床铺和早餐的家庭旅馆服务方式。尽管和旅馆饭店相比，B&B提供的服务和设施有限，但是它低廉的价格对于广大的普通老百姓来说很有吸引力。英国夏季的旅游者中，多数人会选择B&B这种住宿方式。

英国的B&B不同于嘈杂的青年旅馆与拥挤的旅社，热心的主人通常会带游客去享受采收农产品、喂食牛羊的乐趣，探索乡村的奥秘。1990年开展的一项休闲旅游调查发现，有八成英国民众每年到农村旅游至少一次，他们大胆预测英国在21世纪时最大的产业将是观光产业，因此值得协助推动与发展。今日，英国大约有40%的旅客选择民宿过夜。《泰晤士报》曾评论："民宿是英国旅游产业的荣耀之一，是风格单一的连锁酒店给人们造成的幽闭恐惧症的解药，英国庞大的民宿网络是国外羡慕但看起来又无法效仿的。"主管英国民宿的英国观光局表示，B&B的机构必须经过国家或当地公家单位的申请并经过认证才可挂牌营业，且依规定要缴营业税。

英国还有属于民间或业者所经营的Farm House或Holiday Homes等营利组织，它们一般是利用农舍或民间的房舍来提供游客住宿，并附带提供环境解说与导览等多项贴心的服务，因此在价格上高于普通民宿。

(2) 传统与品质相结合。

英国旅店服务业在欧洲的评分最高，而英国民宿的评分比本国的饭店还要高出15%。在世界民宿排名的前十当中，英国名列前茅。

2015年，赴英旅游总人数达到3 580万，同比增长4%。英国民宿除了占据天时地利，更重要的是他们的务实精神和追求品质的经营思路为他们赢得了口碑和商机。在旅行点评网站猫途鹰（Trip Advisor）历年发布的全球民宿排名中，英国民宿常常独占鳌头。2019年，英国宣布把3月24日定为国家民宿日（National B&B Day）。

英国民宿协会会长威斯顿表示，全英大约有2.5万家民宿，年营业额约20亿英镑。英国民宿已成为支撑英国旅游业的重要组成部分。

3. 经营特色

无论是由官方经营或是民间业者经营，英国的民宿在经营上有下列特色：

（1）等级制度。

英国将农家民宿设施比照旅馆分级认证方式，它是由观光局制定审查标准，共分为四级，依序为登录（Listed）、1 冠（1-Crown）、2 冠（2-Crown）及 3 冠（3-Crown）；每年由观光局以不预先告知的方式进行查核。

这种分级制度一开始实行时是从硬件方面来作评分认定，近几年来则着重在软件方面，包括地毯质地、窗帘及房间色调、起居室空间、服务等评分来界定等级，并且加以辅导业者从事民宿经营，可见英国政府对观光发展与民宿推行的重视程度。其目的就是要保障消费者的权益，提升民宿的水平。

（2）规范民宿经营。

英国主管部门制订了各种法规加以规范，包括消防设施、室内改装许可、食品卫生查核、税额标准等，民宿经营业者所设定的容客量超过 6 人以上者，在卫生条件上将有较为严格的限制，课税也较重，因此，大多数的经营者都将容客量定于 6 人以下。

（3）提供民宿经营咨询以及训练课程。

政府为增进农家调适农业变局，主动提供农家民宿经营之咨询及训练全套课程，其内容包括农场住宿设施、农场顾客利用法、农场环境的保全维护、农场附设运动及游憩设施等方面，并设立专务团体。

从上述三大特色可以看到，英国对民宿在政策法令上的规定一点都不亚于旅馆。

B&B 行业在英国已发展超过 100 年，各地方政府对于经营 B&B 进行严格的管理，从业者必须获得核准才能对外经营，开放住宿的空间都是主人家中空出的房间，如何经营布置视主人的品位。

一般而言，B&B 的定价依双人房作为标准，价格依地区及设施而异，包括城堡、农舍或海边别墅，自然建筑有数百年历史，值得入住体会，部分 B&B 主人提供餐厅甚至客厅供客人使用，部分房间有单独的卫浴设备和电视。

4. 永续经营发展的认知程度

民宿经营必须结合当地产业、文化及自然生态资源，积极营造地区魅力，打造优质永续的乡村度假环境，包括推动生态旅游、深度旅游、定点旅游和知识性之旅，绿色消费的观念逐渐被消费者接受，甚至愿意支付较高的价格购买绿色产品。

为了促进民宿业的发展，政府不仅设立各项农政、观光、农业推广组织、大学、义工团体及民间业者组织等团体，并且加以辅导业者从事民宿经营，可见英国政府对观光业的永续发展与推行民宿的重视程度。

（二）日本民宿的交流模式与类别

1. 日本民宿与农业旅游

日本的民宿潮发生在20世纪60年代末70年代初。当时，日本的经济高速增长，旅游胜地人潮汹涌，旅馆住宿空间明显不足，刺激了新的住宿形态的发展。日本民宿与农业旅游（green tourism）息息相关，农业旅游为现代用语，是农林水产省在泡沫经济后推动的农村度假开发方式。其发展的原因是泡沫经济使民众对大规模开发型的度假吃足苦头后，转向农渔山村，寻求生机盎然的自然与文化，形成一种都市住民以家族为单位，长期住宿农家的新型旅行方式。因此，地方公共机构、自治团体或农家都可经营民宿，接待外客。但民宿并非放任式开放，虽然不是由政府部门主办，而是由官方授权委托民间财团法人进行辅导、审核、认证及登录作业。日本民宿在立法上学习欧洲的模式，采用许可制，而且名称取为体验民宿，更说明了农业体验才是农游民宿的主要卖点和特色。只要有意愿即可推动农游事业，其经营者不限于农业背景，也不见得是由农协经营。此后，随着日本进入劳动时间缩短化后，使得都市民众的自然生活取向及农业体验的向往日渐增强，农家收入也需要农业旅游提供新的来源，因此，日本未来农业旅游及农家民宿扮演着推进新城乡交流模式，即由农民进都市观光为主向市民下乡度假休闲为主的角色互动。

2. 日本民宿类别

日本民宿（minshuku）主要分为洋式民宿（pension）和农家民宿（stay home on farm）两类，洋式业者均为民间具有一技之长的白领阶层转业投资，并采取全年性专业经营，农家民宿则有公营、农民经营、农协（农会）经营、准公营及第三部门（公民营单位合资）经营等五种形式，有正业专业经营，也有副业兼业经营，主要卖点则在地方特色及体验项目。洋式民宿会采用旅馆制（一宿二餐）为收费单位。

（1）许可制。日本重视法治、安全风险及环境维护，因此，即使是偏远地区的简易民宿，也采取许可制，营业须先取得执照，禁止非法经营，有各种立法条款来规范。

（2）体验型。为吸引顾客，日本民宿总是创造或提供各种特定体验"菜单"，体验项目均系以特定农作业或地方生活技术及资源为设计主题，如农业体验，林业体验（菇菌采拾、烧炭），牧业体验，渔业体验，加工体验（做豆腐、捏寿司），工艺体验（插花、捏陶、风筝制作），自然体验（观星、野菜药草采集、昆虫采集、标本制作），民俗体验（地方祭典、民俗传说），运动体验（滑雪、登山）等。

（三）我国民宿回溯

1. 七十年探索

民宿的产生是社会经济发展的必然，中国在20世纪30年代就已有了民宿，那时上海的中国旅行社在无锡等地开办了旅行社分社,当时设置在无锡蠡湖畔的颐安别业、景宜楼和景宣楼就属于洋房民宿,还设有舞池、游泳池(见图4-14)。

湖滨饭店内景宣楼　　　　　　游泳池遗址

回音壁舞池　　　　　　颐安别墅

图4-14　20世纪30年代中旅社在无锡太湖边联营的民宿

20世纪七八十年代国外游客来华参观农村,居住在农家,并品尝农家菜,则是体验农村民宿。所有这些可以说为今天中国城乡洋房、胡同、山居、农舍、汤屋——各种民宿的发展作了尝试,当然,最为持续广泛的当属农家乐。

2. 试点农家乐

作为现代"三农"的试点,1998年浙江省湖州市安吉县大溪村开展农家乐试点。通过镇政府和村委会的引导与辅助,第一批经营农户很快尝到了甜头,迅速带动其他农户也干起了农家乐。2000—2002年,大溪村农家乐迅速发展。每到旅游旺季和节假日黄金周,农家乐家家爆满,盛况空前。

农家乐通过展示农户的居住饮食生活,传播农耕食宿文化。自家空余的住房供城市来的游客住宿,采来自家田里的果蔬,制作有滋有味的乡土菜,提供游客尝鲜。自家生活场所通过旅游市场成了生产经营场所;原来自身的生产生活消费转变为社会食品营销,转换成为游客需求销售的商品制作,从而取得了营业收入。在最根本的意义上提供的是餐旅文化这一产品。客人在农家乐中所获得的是居住和饮食,享受食宿农家饭菜和农家客房这一文化体验。在最自然的环境中,即大的农耕自然环境和小的农家餐宿环境——农民家庭中体验的食宿消费,充满乡土情的暖意中留住了乡愁。它的意义可能会创造出一个局部或多个、无数个局部,正创造着农村、农业、农民转型，振兴乡村的恰当合适的模式，经过当代中国城乡二元社会最佳融合的途径，探索当代乡村振兴迈向现代化的一条切实可行之路。当然，最初的农家乐形式相对粗放，经营也存在一些不规范现象，当时没有明确把农家乐归于民宿这一大类。

五、农家乐——民宿

2003年后，安吉农家乐涌现一批成功典范，形成良好态势，已经成为安吉生态旅游和休闲度假的一大亮点。

> 邻近的长兴县农家乐迅速发展起来。2002年5月，小浦镇八都岕两户农民率先开办了农家乐，生意红火，效益可观，起到了示范和引导作用。
>
> 2005年8月，时任浙江省委书记习近平同志来到安吉县余村考察，首次提出"绿水青山就是金山银山"的"两山理论"，数天后，在浙江日报《之江新话》专文论述：宁要绿水青山，不要金山银山。从此，在实施生态文明建设中，浙江农家乐以生态环境为基础，深化休闲度假的内涵，不断提升服务档次。一些有条件的农家乐还通过服务品质、经营模式的升级，进行了集约化、股份制的尝试。长兴县水口乡顾渚村与大唐贡茶院毗邻，地处苏、浙、皖三省交界处，山清水秀，空气清新，竹林密布，溪水潺潺，是休养生息的好地方。这里的乡村旅游经济实现良性发展，较早形成了民宿产业集群，组织起了农家乐民宿协会，把农家乐做出了品牌。上海、江苏等地的游客纷至沓来，在这里的乡村民宿吃好，住好，玩好，喝到干净的山泉水，吃到刚从地里摘来的蔬菜和竹林里放养的鸡，呼吸最新鲜的竹林空气，还可以登山，在水库中钓鱼，在春季挖笋和摘茶叶，在夏季吃杨梅和猕猴桃等水果，还可以选购各种特产。农家人还会带游客参观游览当地的名胜古迹。水口乡目前开设民宿500多家，铺位20 000多张，从业人员1 800多人。2019年，户均营业额达48万元，每户净收益约17万元。由创建农家乐精品到山居民宿，长兴县水口镇堪称整乡发展乡村旅游提升民宿经济的典范，与德清县莫干山的"洋家乐"相得益彰，共同成为中国民宿的典型代表，打响了浙江民宿湖州模式的品牌。此时，大江南北，长城内外，中华大地上，各式各样的农家乐，还有林家乐、渔家乐、牧家乐，犹如满天星斗，遍地开花，渐成燎原之势。

六、起伏与振兴

十多年来,我国民宿也经历着起伏与振兴。

(一)民宿潮的起伏

中国民宿的雏形是农家乐,后来,一些有情怀、注重人文的设计师、城市白领选择在景区、古镇,以租房改造的方式开设民宿。作为国内"洋家乐"民宿经济发源地的浙江省德清县莫干山,其乡村民宿已经成为地区乡村旅游的重要支撑,也成为莫干山地区重要的文化产业资源。"裸心谷"作为"德清洋家乐"经营模式的典型代表,其成功对未来民宿行业的发展具有极大的借鉴意义(图4-15)。莫干山里的"裸心谷"以其独特的运营模式、市场定位吸引了大量中高端消费群体。

图4-15 莫干山裸心谷民宿

随着物质生活水平的大幅度提高,人们的消费需求也在不断改变。人们外出旅游正经历从观光旅游向度假旅游的转变,旅游民宿成为度假旅游中的组成部分,民宿行业在我国的快速发展是国民大众对旅途住宿环境追求舒适、个性化的必然结果。

随着旅游消费需求层次的多元化及其需求内涵的多样化,近年来,我国民宿产业已迈入了快车道,呈现高速发展态势,成为重要住宿业态。据《中国旅游民宿发展报告》显示:2018年全国的乡村旅游收入超过8 000亿元,截至2019年9月30日,中国民宿(客栈)数量达到16.98万家。2019年中国在线住宿市场规模达到200亿元;民宿市场营业收入209.4亿元。2019年我国休闲农业和乡村旅游从业人员900万人,接待游客超30亿人次,占国内游客接待人次的50%,收入超9 000亿元,带动700万户农民受益,已成为农村产业融合主体,可以归纳活化村庄、兴旺产业、富裕农民、融合城乡四大成效。

民宿行业如雨后春笋般"井喷式"增长，由此出现了一些乱象，有的地方大拆大建、一哄而上；现实中的民宿存在不少同质化现象；有的地区旅游季节性明显，难以形成可持续性发展；有的经营粗放，民宿软硬件与描述不符，游客体验不佳；有的管理混乱，房客损坏房屋设施、在屋内留下大量垃圾……这些被媒体曝光的负面事件严重影响了民宿行业的健康发展。

民宿的价格战在所难免，2018年冬天，莫干山一些民宿已经开始用3—4折的价格争抢客源，率先走在乡村旅游大道的浙江民宿也经历着起伏。经营者感叹道："当初太多人挤进这个行业，现在市场进入回归理性、洗牌的阶段。"

这些都说明，发展乡村旅游度假民宿绝不是简单的修修整整就开门迎客，应向特色化、品质化转型提升。发改委、工信部、财政部等14个部门联合发布《增进乡村旅游发展提质升级行动方法（2017年）》，当年就实际完成全国乡村旅游提质升级投资达到5 500亿元，带动效果明显。

例如，苏州吴中区横泾街道的民宿就曾因为同质化问题遭遇过发展瓶颈。找准问题之后，联手同程集团，借助"互联网＋"，瞄准"一站式乡野度假目的地"的定位，对所属林渡暖村进行全方位的升级改造。推出多样化、个性化的旅游产品，涵盖自然教育、生活美学、亲子、艺术文化等新业态，乡村民宿提质升级成为热点。

（二）民宿振兴的新趋势

中国乡村旅游起步较晚，尚处于发展成长过渡的阶段。在国家乡村振兴战略实施中，乡村旅游民宿的发展为各地带来了很好的社会经济效益，也满足了城市居民回归自然和体验传统生活方式的需求。

乡村民宿是乡村旅游的重头戏，被视为新时期居民休闲度假旅游消费的重要目的地，同时也肩负着促进农民增收、农业增效和农村经济社会全面发展的重任，在实施乡村振兴战略中发挥着不可或缺的独特作用。突如其来的新冠肺炎疫情，给休闲农业和乡村旅游按下了"暂停键"。经历艰苦抗疫后，各地重启乡村休闲旅游民宿市场，随着生产生活秩序逐步恢复，城乡居民被抑制的需求将持续释放，山清水秀、生态优美的乡村比以往任何时候都更具吸引力。目前不少地方乡村旅游开始有序恢复，但全面恢复还面临一些困难。乡村民宿经营水平普遍处于初级状态，民宿产业正进入开启政府主导发力的全新时期，亟待转型经营模式，提升服务品质，面临振兴的新趋势。

1. 现代乡村民宿市场潜力

乡村旅游已成旅游市场的"热点"，是中国居民的主要旅游方式之一。近些年，城郊或乡村成为都市人远离城市喧嚣，放松身心的选择，乡村旅游随之兴盛；同时，随着疫情防控态势的稳步好转，"低迷"的旅游市场逐渐"回暖"，中国国内旅游市场迎来复苏,由于国际疫情防控,民众出境旅游基本停滞,一定程度上助推了国内游特别是周边游市场。经历疫情后,游客更加看重安全、健康、舒适等体验,越来越倾向于慢节奏、短周期、近距离的出游方式。

随着生产生活秩序逐步恢复,城乡居民被抑制的需求将持续释放,乡村旅游成为新形势下人们外出游玩的首选方式。乡村旅游市场需求旺盛、富民效果突出、发展潜力巨大,作为乡村旅游中举足轻重的组成部分,休闲农业和乡村旅游民宿已经成为乡村社会生产、生活、生态同步改善,一二三产业深度融合的新业态,乡村旅游已成为全国乡村旅游重点村村民就业的主要渠道。

2. 互联网+旅游助力乡村民宿转型提升

互联网+旅游为民宿迎来了良好的发展契机,各大旅行社也纷纷开辟新的乡村旅游产品,农家乐、民俗村、古村落、乡村民宿、乡村度假村等特色产品层出不穷。乡村旅游产品的咨询量、预订量也在持续上升。在线旅游平台是乡村旅游民宿兴起的原因之一。2021年1—10月在线旅游平台服务乡村游客数量3.27亿人次。其中,乡村旅游目的地数量同比增长18.6%;目的地搜索次数同比增长177.3%;项目预订订单同比增长131.9%。

消费者首先要明确目的地才能进行搜索,很多消费者并不知道要去哪里玩,而传统的OTA平台,本质上还是货架模式。如今新媒体的带货能力越来越强,不管是公众号,还是小红书、抖音,这些平台都有可观的转化率,它们也都在引导着用户的消费认知。新媒体从原来的传播价值慢慢转变为渠道价值,这就产生了一种与货架模式完全不同的销售逻辑,由此也引发了民宿营销上的新趋势。

短视频、直播等社交媒体成为乡村旅游资讯获悉途径和宣传的重要窗口。民宿本质上是非标产品,很难通过货架的方式查找,民宿若要超越式发展,需要靠内容即民宿的特点来吸引用户,取决于信息技术、大数据、人工智能的发展与普及。所以,互联网新媒体内容平台与民宿更加契合,有利于助推民宿的发展。

例如,杭州市萧山区临浦镇最南端横一村启动了智慧乡村旅游建设。前来游览住宿的游客打开高德地图手机App,搜索"横一村"民宿,即可看到深度还原村内风貌的特色手绘地图。点击应用中的"横一数字乡村"入口,进入一键智慧游,便捷获取当地交通停车、必玩景点、民宿餐厅、特色店铺等信息,还能跟随语音导览在村内游玩。

3. 政府"强监管",促进民宿健康有序发展

国内的有关部门曾出台民宿行业标准,但是,地方性的民宿管理办法具有一定针对性,所以当前国内民宿行业的监管主要还是依靠地方。当民宿行业经历了一段野蛮生长期后,"民宿热"让其存在的隐患变得更为凸显,随着更加多元、个性、细分的消

费需求逐渐旺盛，必然要经历严格的监管。未来应从行业监管、开发管理、人才培养、平台搭建、品牌建设等方向着手，促进民宿行业的健康、有序发展，行业只有经受阵痛才能向着良性的方向发展。

国家层面的民宿政策和地方出台的规范化法规为民宿发展提供了保障。社会文化环境发生了新的变化，全域旅游的提出为民宿发展注入了强劲动力，形成了有利于民宿产业发展的良好土壤。

4. 民宿崛起，关键在满足游客的双重需求

现代游客在乡村旅游时更看重休闲度假和文化体验。要推动乡村旅游民宿转型升级，关键在于满足游客在现代休闲度假和传统文化体验上的双重需求，由此实现乡村民宿的崛起。

有关调查结果显示，近半数受访者平均每个月会到乡村去旅游一次，主要为了亲近自然、放松身心。随着生活水平的提高，人们越发追求精神享受，回归自然，这无疑会进一步促进乡村旅游民宿的发展。

当然，办好乡村民宿，绝不是背靠天然美景，建几栋小屋那么简单。对于游客而言，民宿只是配套设施，吸引游客前来的主要还是当地的景色、文化特色与体验等内容。未来中国民宿的发展和乡村振兴必然互为依托，相辅相成。

2021年11月，文化和旅游部推出《体验脱贫成就·助力乡村振兴 全国乡村旅游扶贫示范案例选编》，聚焦产业融合、创业就业等6个重点类型总结展示了乡村旅游助力乡村从"脱贫"到"振兴"的发展成果。文化和旅游部还联合国家发展改革委推出"体验脱贫成就·助力乡村振兴"乡村旅游学习体验线路300条。近些年，中国乡村旅游进入新时代，个性化休闲时代到来。乡村旅游产品已超越农家乐形式，向观光、休闲、度假复合型转变，乡村旅游产品进入创意化、精致化发展新阶段，自驾、短途、家庭亲子游成为乡村旅游市场新趋向。

> 据《2021上半年乡村民宿发展报告》显示，2021年上半年国内旅游人数11.68亿人次，各省区市客源倾向于周边游，随走随订演变成一种出行方式，自驾游和一个环境优美的民宿成为主流选择。
>
> 距离广州一个多小时车程的七溪地，是一个拥有上亿株野生植物的天然度假村。当地的民宿仿照托尔斯·金笔下霍比特人生活的袋底洞，把房屋造型改造成圆筒形（见图4-16），还有"香导"引领游客寻觅芳香植物，让游客在欣赏自然风光的同时，添加了不少乐趣。

图 4-16 七溪地袋筒房

雾灵山位于北京 2 小时车程的东端，民宿主在 600 米山脊上搭建了独立露台，又在露台上建了"泡泡屋"，借由这种方式让游客在露台上就能观赏到秀美山景。6 米直径的泡泡屋内部温馨又宽敞，床后面的区域是卫生间、浴室和洗漱台，私密又方便。除了 1.8 米的舒适大床，还有立式空调、贴近泡泡透明落地窗的座椅。住客可以坐在泡泡屋的落地窗前喝着民宿自制的冷泡茶看风景，也可以坐在私家露台上感受清风（见图 4-17）。

图 4-17 雾灵山"泡泡屋"

浮云牧场在中国 2019 年十大民宿品牌排行榜中是中国首个户外体验民宿，由位于 2 600 米海拔的西山村荒废部分改造而成。人们晚上可以睡在帐篷里紧贴着大地入眠，给人一种特别的安全感。这里还有着恒温泳池（见图 4-18）。晚上可以躺在草地上看星星，早上可以看草原上的日出。

图 4-18　浮云牧场民宿恒温泳池

现今乡村民宿的提升首先注重差异化，根据乡村的形态、特色等为其定制主题，然后在住宿、体验项目上对主题进行突出强化，以固定的板块如住宿、餐饮、体验项目等，构成乡村综合体的模型，做到"一村一特色"。

高田坑自然村是浙江衢州市开化县海拔最高、保存最完整的原生态古村落，坐落于海拔 600 多米的山上，是华东最佳观星地。每年有近 3 万游客自驾到高田坑看星星，但他们基本都自带食物和帐篷。显然高田坑有吸引游客前来的景色与体验，却缺少配套设施。如今在地方政府及多方合作下，高田坑"星宿高田"项目已经破土动工，将在保护古村落的前提下，重点改造 44 栋农房，建设以"星宿"为主题的一系列内容，同时会引进锦上云宿、过云山居和未迟三家品牌民宿。

显然，在中国广袤的土地上，还有许多像高田坑这样秀美的自然风光有待开发，乡村民宿的潜力还未被充分挖掘，民宿发展的下一个阶段，将迎来乡村民宿的大众消费时代，而乡村民宿更大的发展，正深刻地影响着越来越多的乡村社会变革，推进乡村振兴和社会发展。

5. 精准扶贫，帮扶民宿，振兴乡村

在全国精准扶贫乡村振兴战略实施中，各级各部门帮扶乡村建民宿农家乐的感人事迹层出不穷，中国石油乡村旅游扶贫示范项目就是一个。中国石油已累计投入扶贫资金 18 亿元，覆盖集团公司帮扶的 10 个定点扶贫县及所属企业帮扶的 1 175 个村，受益人口超 350 万人。截至 2021 年 2 月，中国石油在新疆、河南、江西、贵州等地定点帮扶的 10 个贫困县，全部实现脱贫摘帽向着乡村振兴出发。

中国石油通过以民宿为抓手，积极带动当地吸引餐饮、文创、游乐产业，为村民开展技能培训，使村民拥有更多适应新产业需要的技能。"授人以鱼不如授人以渔，不如授人以池塘"，也为贫困地区埋下了振兴的种子，这是为乡村振兴而扶贫，乡村民宿的发展最终与乡村社区的发展相融合。同时，吸引外出打工的年轻人回到家乡创业、就业，发展乡村经济，解决"空心村"问题。民宿行业在当前乡村振兴、精准扶贫、文旅融合、消费升级等背景下受到更多关注，在政策、技术、市场的支撑下发展迅速，一个良性循环发展的民宿产业生态正在形成，望得见山、看得见水、记得住乡愁的美丽乡村新画卷也将徐徐铺展开来。

 小结

  本章讲述了住宿企业的定义和住宿业的范畴与规模，并逐一分析了导致住宿企业差异的五个要素。同时，对住宿业按位置、所有权、价格、服务类型等进行分类，较全面地介绍了代表性的各类住宿业态，尤其集中地讲述了十多年间迅速崛起的民宿，为下一章住宿企业的经营服务作了必要的理论与知识准备。

 问题

1. 简述住宿业的定义。
2. 简述住宿业的规模与范畴。
3. 论述导致住宿企业差异的要素。
4. 按照服务类型说明住宿企业的基本分类。
5. 论述现代游客对乡村民宿的双重需求。

 案例

Ⅰ "金钥匙"服务组织

  "金钥匙"是一种委托代办（Concierge）的服务概念。"Concierge"一词最早起源于法国，指古代酒店的守门人，负责迎来送往和管理酒店的钥匙，但随着酒店业的发展，其工作范围不断扩大，在现代酒店业中，"Concierge"已成为为客人提供全方位服务的岗位，只要不违反道德和法律，任何事情"Concierge"都尽力办到，以满足客人的要求。其代表人物就是他们的首领"金钥匙"（Chief Concierge），他们见多识广、经验丰富、谦虚热情、彬彬有礼、善解人意。

"金钥匙"通常身着燕尾服，上面别着十字形金钥匙，这是委托代办的国际组织——国际金钥匙协会会员的标志，它如同万能的"金钥匙"一般，可以为客人解决一切难题。故"金钥匙"又被客人视为"万事通""万能博士"。

某日，南京金陵酒店的"金钥匙"打电话给广州白天鹅宾馆的"金钥匙"，称该店一名已赴广州的住客误拿了一位新加坡客人的行李，请求广州方面协助查寻。白天鹅宾馆的"金钥匙"获悉后，立即赶赴机场截回了被误拿的行李，但当他们回复金陵酒店"金钥匙"时，金陵酒店却说这名新加坡客人已飞赴香港。于是，他们又与香港"金钥匙"联系，香港"金钥匙"接报后，马上在香港机场找到新加坡客人，告之他的行李找到了，而这位客人因急于赶回国则要求他们将其行李从广州直接寄运至新加坡。根据这种情况，他们以特快专递将客人的行李发送新加坡，然后再次与新加坡的同行落实此事。几天后，新加坡"金钥匙"回电，这件几经周折的行李已完璧归赵，安全地送回客人手中。

"金钥匙"尽管不是无所不能，但一定要做到竭尽所能。这就是"金钥匙"的服务哲学。

国际"金钥匙"组织成立于1952年4月25日。这一天，在巴黎斯克拉酒店礼宾捷里特先生的倡导下，法国戛纳举行了第一届国际"金钥匙"组织会议，并在此会议上正式成立了国际"金钥匙"组织。捷里特先生也因此而被誉为"金钥匙"组织之父。

"金钥匙"在中国最早出现在广州白天鹅宾馆。1982年，在白天鹅宾馆建馆之初，在副董事长霍英东先生的倡导下，宾馆在前台设置了委托代办服务。此后，宾馆总经理意识到中国酒店业的发展必须与国际惯例和标准接轨。1990年4月，广州白天鹅宾馆派人参加了第一届亚洲"金钥匙"研讨会。宾馆委托代办负责人于1993年率先加入国际"金钥匙"组织，成为中国第一位国际"金钥匙"组织成员。1994年年初，白天鹅宾馆的"金钥匙"代表向国际"金钥匙"组织提出根据中国国情发展"金钥匙"的有关建议，为"金钥匙"在中国的发展奠定了基础。1995年，白天鹅宾馆又派人参加了在悉尼召开的国际"金钥匙"年会。同年11月，在全国主要五星级酒店的大力支持和响应下，中国第一届"金钥匙"研讨会在白天鹅宾馆召开。大会探索了一条既符合国际标准又具有中国特色的委托代办发展之路，同时决定筹建中国委托代办"金钥匙"协会。至此，中国酒店业委托代办的联系网络初步建立。现拥有会员4 950多人，包括300个大中城市，3 000多家高星级饭店、物业、景区等的服务协作，基于这一平台，实现资源共享及服务协作。

国际"金钥匙"组织是全球高端酒店业的顶尖级服务联盟，是世界现代服务业的标志性品牌。国际"金钥匙"组织（中国区）源自1994年，由中国首位有国际组织授予"金钥匙"的孙东先生等发起，建立中国"金钥匙"联盟，共有150余家高星级酒店组成，从而成为国内优质服务的代表品牌，2008年北京奥运会、2010年上海世博会和广州亚运会、2016年G20杭州峰会、2017年海南博鳌论坛、2022年北京冬奥会都出现了中国金钥匙服务团队的身影，展现中国服务的风采。奥运村住宿服务就委托由中国"金钥匙"负责服务。

Ⅱ 英国特色民宿

一、猪圈改造的自助式度假小屋

一个原来只是3只猪的住所（建于1860年），现在被改造一新，成为度假屋。外墙的石墙得到保留，内墙全部涂上了白色，还保留了石材的肌理感。

不论门板、橱柜还是天鹅绒沙发和椅子的边框都漆成了青蓝色，成了点缀房间的主色。卧室的床单采用灰粉色，柔化了墙面粗糙的木板、石材的坚硬感。院子里有为客人准备的木柴和BBQ，倒过来的花盆和一块石板就是一个室外的小桌。

二、旅行拖车改造的自助式度假小屋

一个颇具西部风格的自助式小屋，位于英国南部的康沃尔郡，用一个废弃的旅行拖车箱改造而成，里面有燃木壁炉和现代化供热设施、2个卧室，小屋南北是两个花园。

三、马厩改造的自助式度假小屋

17世纪的马厩在过去也用来放四轮马车，屋主把外墙漆成浪漫的粉色，一楼作为熟食店的作坊，上面的阁楼布置成法式乡村的风格，除了卫生间以外，全部开敞的布局，为客人提供一种不同寻常的度假体验。

四、谷仓改造的自助式度假小屋

剥去了老地板，清洁了木制墙体，放在房间中间的火炉，墙上挂满了当年的农机具，呈现了原生态的模样。

Ⅲ 中石油精准扶贫助建民宿

在全面奔小康的背景下，中国石油打造高质量乡村旅游扶贫示范项目，中国

石油这一脱贫攻坚、乡村振兴有机衔接的创新探索，符合当下乡村旅游的发展趋势。

2007年4月，根据国务院扶贫办的部署，中国石油开始定点帮扶河南省台前县，累计投入近6 000万元，援建了中医院、通村路、中学改造、光伏扶贫等20多个项目。随着脱贫攻坚的深入，中国石油深知，农村发展归根结底是让农民回到农村，实现脱贫攻坚与乡村振兴的有机结合，为贫困地区注入内生动力，打造起可持续发展的产业生态，才是长久之计。

2016年，中国石油以乡村旅游为抓手，联合中国扶贫基金会，以及河南省台前县、范县及贵州省习水县三地政府，在三地分别启动乡村旅游扶贫示范项目，累计投入7 200万元，助力当地产业发展。前期，中国石油邀请多家专业机构前往当地考察，分析自然环境、文化传承及周边消费群体分布情况，经过科学周密的规划，为当地量身定制乡村旅游发展方案。

大姜庄村紧靠黄河，有着独特的古道、古树、古渡口。据传，400年前姜子牙后裔中的一支到这里开荒扎根。20世纪60年代，黄河水泛滥，村民陆续搬离，100多座夯土房闲置。姜庄村虽景色优美，却是国家级贫困县里的深度贫困村，320户人家中有70户建档立卡贫困户，贫困发生率在20%以上。在项目建设过程中，姜庄村古村落原始风貌得以保留，房屋内部及部分结构经过改造，实用性、舒适性和美观性得以提升。中国石油投入1 500万元，建成了10套民宿、接待中心、活动中心、自然博物馆及旅游配套附属设施。

2019年7月，姜庄村民宿开始试营业。老屋"变废为宝"，沉寂的村庄焕发出了新活力，游客慕名而来。"这里很不一样，不仅因为高标准的硬件，更因为服务也很到位，和管家交谈中才知道她们曾经都是贫困户，民宿改变了她们和家人的命运。"北京游客刘某感叹。

王春香有了一个新身份——民宿管家。坐在枣花飘香的院子里，聊起脱贫后的日子，她喜笑颜开。她家曾是河南省台前县姜庄村的贫困户，丈夫虽会工匠活，但附近村子没什么大项目，挣不到钱，她要照看两个上学的孩子，没法外出打工。2016年，当定点帮扶台前县的中国石油将乡村旅游扶贫示范项目落地姜庄村后，她们一家的生活不一样了，她的丈夫在民宿项目工地上做起了技术工；民宿建成后，王春香做起了民宿管家。

她掰着手指头给前来研讨脱贫攻坚工作的中国石油集团公司董事长、党组书记戴厚良算了一笔账：民宿管家年收入2万多元，丈夫务工收入3万多元，光伏发电每年分红3 000元，义务教育费用全免、医疗报销90%以上，"在家看着孩儿，还能挣着钱脱贫。"王春香说。最开心的是她的儿子姜世宇,他说:"爸妈不用外出务工,我也不会成为留守儿童了。"从家步行10分钟,王春香就到了工作的地方,也就是姜庄村民宿"姜子牙的渡口"。密林深处一栋栋闲置夯土房被重新改造,变成了焕发时尚气息的精品民宿。王春香时常感叹,日子越来越好了。

通过房屋流转、劳动取酬、配股分红等方式,村民们的收入来源不再只是种地和外出务工,在家也有了稳定收入。在中国石油帮扶台前县的第13个年头,台前县成功脱贫"摘帽"。继姜庄村乡村旅游扶贫示范项目营运后,中国石油在范县援建的陈庄镇韩徐庄村乡村旅游扶贫示范项目于2018年开始运营。2019年,贵州省习水县田坝村援建的乡村旅游扶贫示范项目也于近期宣布正式投入运营。不止于此,自2019年起,中国石油还结合新疆维吾尔自治区发展需要,累计投入4 600万元在尼勒克、托里、吉木乃建设旅游接待设施和精品民宿,带动当地经济发展和乡村振兴。

思考题

1. 结合案例Ⅰ,分析"金钥匙"服务对于中国住宿业的意义。
2. 结合案例Ⅱ,说说住宿业的特色。
3. 结合案例Ⅲ,谈谈实施乡村振兴战略中办好民宿精准扶贫的意义。

第五章 住宿企业的经营服务

 学习目标

学完本章，你应该能够：
(1) 认识住宿企业的经营理念；
(2) 认识住宿企业的经营服务；
(3) 理解住宿服务产品线的要素；
(4) 掌握住宿企业必备的服务；
(5) 了解住宿企业的有选择服务；
(6) 认识民宿经营服务的文化特性。

 关键概念

经营理念　住宿服务产品线要素　住宿企业必备服务　住宿企业有选择服务　民宿经营服务的特殊性

第一节　住宿企业的经营理念与服务产品

一、住宿企业的经营理念

住宿设施要比餐饮设备复杂得多，而且计划投入的资金和时间也远比用于装修设施方面的多，这就说明了住宿企业的投资多为有一定规模的公司，极少个体人员独自参与，这也决定了住宿企业的经营理念。更为重要的是，住宿企业的一切人力、物力、财力都以经营理念为核心进行运作。

经营理念中最为明显的一个要素就是住宿企业的经营类型。对于住宿企业的建设与发展，企业的创始人或所有者以及经营者的头脑中都会有一个住宿企业的类型，有一种经营模式：是独立的度假酒店、连锁经济型酒店还是青年旅馆等。每个住宿企业都会表现出上一章所讨论的各种类型的某些特征，这样也就规定着经营服务中的所有努力都在体现着某种类型的住宿企业的某些服务品质。

在形成与实现住宿企业的理念中，法律、法规的因素是要充分考虑的，住宿企业涉及很多法律、法规，有国家法律、地方法律以及很多法规，还包括一些国际法，最常见的如《民法典》《食品卫生法》《环境保护法》《企业法》，以及涉及建筑、消防、卫生防疫、城市规划、出入境等多种法规。由于国家与地区的不同，很多法律与法规有一些差异。住宿企业在计划、设计和经营时，一定要充分了解、认真考虑，做到合法守规，必要时要向各类专业人士咨询，以便形成正确的理念，并切实有效地实施。

二、住宿企业的服务产品

在明确的理念指导下，每类住宿企业的服务产品有着很大的区别，每类住宿企业的服务产品都有其鲜明的特征，它是服务理念的具体化。这些服务产品一般都是一种组合，我们也可以借用零售业中常见的产品线一词，来说明住宿企业以经营理念为基础向顾客提供的一组服务产品。

住宿企业提供的服务产品线包括以下三大要素。

（一）客房设施

客房是住宿服务的产品线中最基本的要素。客房一般分为单间、套间以及其他就寝设施。许多住宿企业为客人提供专门化的客房服务，例如，经济型酒店以提供简洁的单间为主要特色，全套房酒店则以提供套房为特色，还有许多住宿企业提供包括各种类型、各种大小的单间、套房等范围广泛的客房设施。

（二）服务项目

客人可以享受到的服务项目也是住宿业服务产品线的基本要素。服务项目的性质和范围同样受到住宿业类型的制约。例如，娱乐、消遣等设施对于度假酒店的经营是很重要的，对于经济型酒店就没有必要，而会场、会议室、商务中心等设施对于会议酒店必不可少。

(三) 环境氛围

住宿企业提供的产品线中第三个基本要素是环境氛围。这种氛围是指一个住宿企业中一系列有形和无形的特征组合形成的与众不同的经营特点。当一个客人见到一家住宿企业，走进大门，穿过大堂，建筑、装饰、色彩、灯光照明、家具、地毯、壁纸、艺术品及其他设施带给他的感觉，一步步地加深对此住宿企业的印象。住宿企业的建筑装饰风格、职员着装、物品陈设、灯光照明、整洁程度、室内设施、墙上饰物、背景音乐以及所有其他促使顾客对此住宿企业形成良好印象的服务态度、礼节礼貌、举止言行等一切有形的和无形的特征，就构成了住宿企业的环境氛围。

许多住宿企业还为客人提供食物和酒水，但这毕竟不是住宿业最基本的服务产品要素，且有关餐饮产品在前两章中已讲述过，在此不再赘述。礼品店、时装精品店、珠宝店等并非住宿企业所必需，也不作讨论。在明确了住宿企业服务产品线的要素以后，我们就可以比较深入地讨论住宿企业的基本经营和服务了。

第二节　住宿企业的经营服务

为了便于更简明地了解各种不同住宿企业所需设施的不同和经营服务的特征，下面先介绍三个具体案例，然后加以分析说明。

Ⅰ 以注重经济实惠、方便简捷的人为服务对象的经济型酒店

爱迪速8酒店（简称速8酒店，图5-1）位于江苏省无锡市中心，拥有95间商务客房，是一家纯住宿的经济型连锁酒店。

酒店地处闹市，紧靠市内各大商场和电脑手机市场，距江南名园——锡惠公园仅千米之遥，距太湖风景名胜约8公里，优越的地理位置为客人提供了极大的便利。

图5-1　速8酒店总台

速8酒店作为世界最大的经济型酒店品牌，秉承"干净、友好、标准一致"的宗旨，装修设计简洁明快，内部设施合理实用，备有国际国内直拨电话、互联网端口，前台备有饮料售卖机，由邻近的日全食连锁快餐为客人提供餐饮和下午茶服务。

Ⅱ 以度假者为对象的较高级度假酒店

图5-2 巴比松庄园

巴比松度假庄园（图5-2）是一座集户外活动和会议、度假、食宿为一体的大型庄园，位于大奇山国家森林公园旁。它由浙江桐庐新恒基旅游开发有限公司投资兴建，聘请粤海（国际）酒店管理集团有限公司管理。巴比松庄园共有300多间客房，客房设施齐全，设有标准双人间、豪华双人客房、会所豪华复式套房等多种类型，更有美泉湖畔中餐厅可容纳200多人用餐，提供各种农家菜和特色砂锅、锅仔等美食，香芋园咖啡厅（有100多桌位）提供中西结合的餐饮。庄园还拥有足浴中心和完善的会议设施设备，能接待各类中小型会议。庄园设立了野外骑马、射箭、垂钓、篝火、山地车、划船、游泳等活动服务设施，是十分理想的旅游度假酒店。

庄园每年主要春、夏、秋三季接纳旅游度假者和部分商务活动团体，可以在庄园内参加丰富的户外活动，包括拓展运动。冬季为旅游度假的淡季，也有一些休闲和会议客人光临。

Ⅲ 为客人提供全面服务的城市豪华酒店

蓝海国际大酒店（图5-3）位于山东省东营市的行政中心与工业区的中间，为一流的五星级酒店，共有360间客房，由蓝海连锁公司直营，是其旗下的顶级酒店品牌，是为上层政要、商务人士提供全面的客房、餐饮、会议及康乐等服务的豪华酒店。

整个酒店建筑群呈"门"字形，左侧七层为功能完整的高级客房楼，提供简约高雅的行政客房、顶级舒适的商务客房和豪华典雅的总统套房。右侧为顶级美食岛和高级SPA及健身中心。美食岛内有特色饮食钟鼎楼、文化餐饮孔府宴、特色风味餐饮渔歌坊美食街和特色民族餐饮四季火锅。中间为会议中心，有可供1 000人开会的会议厅以及接待厅和众多中小会议厅。蓝海国际从极具高雅文化气息的建筑装饰到温馨、高质量的定制化、创新化、亲情化客房服务，再到道道精致的环球特色美食，无不让顾客获得超值体验。

图5-3　蓝海国际酒店大堂

以上三个住宿企业一个是经济型酒店，一个是度假酒店，一个是会议商务综合大酒店，有着较为明显的差异，但它们都有着住宿业经营所必备的基本设施：前台，即为顾客提供入住登记和退房结账的区域；客房，即供客人住宿的房间；以及贮藏床上用品、毛巾、制服和清洁用具的场所。

住宿企业的基本经营和服务有两大类：一是为所有住宿企业都必备的；二是只有某些住宿企业具备的。

上述案例中三个住宿企业的前台和客房就是几乎所有住宿企业都必须具备的。

一、住宿企业必备的服务

（一）前台

前台也称为总台，我国香港、台湾地区也称柜台。前厅指的就是住宿企业内前台所处的那一片区域。旅客到一家旅店，首先要找的就是前台。因为唯有前台才能提供他所需的服务信息，如欢迎问候、协助、登记、安排房间等。对客人来说，前台工作代表着酒店的经理，客人会根据在前厅所接受的服务好坏来判断这个不露面的经理工作的好坏。

前台一般来说位于大厅，必须看见大门，靠近客用电梯。因此，前台是旅店神经中枢的交汇点。前台肩负着客人与酒店间联络的主要任务，也是客人到达酒店后首先和酒店打交道的起点，住宿期间的联络中心以及客人离店时最后接触的终点。也就是说，前台人员首先望着客人进店，最后目送客人离去。如果一位客人由于前台亲切礼貌与热忱的服务而开始在愉快的心情中留宿，可能已奠定了对其他各服务部门良好服务同样满意的基础；反之，前台如对客人态度欠佳或漠不关心，甚至错误与延迟，则其影响也必将波及旅馆服务的各个部门。

前台的经营服务包括四个基本方面：入住、问询、退房、预订。

1. 入住

入住指的是成为住宿企业客人的过程。前台工作的职责一般包括：欢迎问候客人；为客人办理登记手续；为客人确定某种付款方式——信用卡、现金或直接结算（如凭证等）；分配可用客房，向客人发放钥匙或磁卡钥匙；告知客人有关情况，如客房位置和特殊设施，以及回答客人提出的相关问题；此外，如蓝海国际大酒店提供行李服务，前台负责安排行李员帮助客人提运行李，速8酒店等经济型酒店就不设此项服务。

目前整个住宿业的绝大部分企业都在前台使用计算机办理入住手续，并成为住宿业管理系统中最典型的部分。所有住宿企业办理入住程序都要记住两个最重要的基本目标，那就是为客人安排房间和确保客人付款。至于处理大量团体客人住店登记时，采用电脑系统就使操作大为简便而且迅速，如蓝海国际还在前台一侧专设一个团体登记休息区，便于领队集结团队，迅速带领其队员进入各个客房，减少对前台散客接待登记的影响。

2. 问询

前台是提供顾客问询服务的中心。事实上前台就如信息库，存有客人的相关信息及其他大量的信息。客人中大多数人不熟悉周围环境，需要指点和帮助。在许多酒店和旅馆，前台提供地图、指南和其他信息资料来帮助客人，客人有时要求客房接待员或其他雇员推荐餐馆，指点一些有意思的地方。例如，巴比松庄园就对旅游观光感兴趣的客人免费提供周围地区的地图。速8酒店向客人免费提供沿线的其他连锁旅馆的指南，并介绍附近风景区的情况。有时客人还会询问其他的服务，如餐厅、酒吧、游泳池或其他一些设施的营业时间以及相关规定，理发服务及旅行社等。关于酒店本身的设施和服务可以有不计其数的问题，客人希望前台接待员和其他雇员能向其迅速并有礼貌地提供各种信息。

3. 退房

退房是指客人终止其作为住宿企业的客人身份的过程。酒店、旅馆或其他住宿企业的经营者结账的目的就是完成这一过程。

退房的程序有几种不同的形式。在速8酒店，离店客人只需将磁卡钥匙交给前台，结算预付金，即可离开。前台人员目送客人离开，也知晓空出的房间可以打扫，做好下一批客人入住的准备。在巴比松庄园，所有客人都要在前台退房、交钥匙、结账，电脑刷新前台数据库并通知客房服务人员房间号,让他们为下一位客人准备好房间。在蓝海国际大酒店,客人可以采用先进的技术,通过客房内的电视屏幕查看账单、买单,在离开房间前就可退房,尽管每家企业的做法有所不同,但其目的是相同的,即完成退房的过程。

4. 预订

预订指的是住宿业经营者为未来某个时间将要到达的客人安排预留空房。预订行为主要有以下两个目的。

(1) 确保预期的客人在特定时间、特定价格下可以得到合适的房间。

(2) 确保每天入住房间数量最大化(房间收益最大化)。

假设客人打电话预订有合适的空房,价钱可以接受,时间也没有问题,接待人员必须马上记录下一些信息,通常包括客人姓名、地址、预订房间的日期、要求的房间类型、价格、预计到达的时间及想要付账的方式等。一些住宿企业还需要其他信息,比如电话号码,许多住宿企业都要求客人在确认预订之前交订金。团队或会议预订则一般签有协议。另一些住宿企业只为那些在预订时留下全国通用的信用卡号码的客户预留房间。预订服务要保证一天可以有最大数量的房间使用,并且保证这些房间的收益是最大化的。酒店最理想的情形是每个房间每晚都以最高的价格使用。这是收益最大化的方法。为了尽可能地接近这一理想状态,所有者或经理必须建立一个价格体系,来帮助预订人员尽可能多地订出房间。管理人员必须规定一个价格范围来吸引目标价格的顾客群。

近年来,许多酒店建立了一套收益管理预订体系。尽管每个连锁酒店采用的方式有所不同,但其目的是一致的——以最高的价格获取最大的入住量。

电话服务也是住宿企业必备的服务,在速8酒店这样的经济型酒店,值班的前台接待员除了其他工作外,还需接听电话。巴比松庄园的总机晚上仍由前台兼管;至于蓝海国际大酒店,电话服务是一个单独的部门,但还是属于前厅部管理。电话服务有一个很明确的目标,那就是为客人或雇员提供通话服务。另外,电话通信系统还可以为客人提供留言、叫醒、收发传真等服务。在有些住宿企业,随着客人要求的不断增加,房间内还设有与笔记本电脑的调制解调器配套的接入系统。大多数住宿企业的电话服务都是自动的。许多酒店和旅馆的客人可以直接拨打本地或长途电话,话费由电脑计费系统直接计算并自动计入客人账单。对于个人的电话叫醒服务,在一些大城市的酒店已不再由接线员提供,而是由电脑来完成。

(二) 客房管理

1. 设施与管理

客房是住宿企业最基本的设施,各种类型的住宿企业规定了其客房的布局与设计。

速8酒店作为经济型酒店，客房的面积大约为18平方米，每个房间有一个卫生间，两张单人床，一台彩电，两张圈椅，一个带镜梳妆台兼写字台，卫生间比较紧凑，不设浴缸，只有淋浴设施，房内装有互联网端口、国内国际直拨电话。

巴比松庄园的客房品种最多有六种，从标准双人间到高级客房、会所复式套房等。豪华复式套房内设施齐全，设计完美，融入自然，安逸之居，跃层式结构上下两层的独立空间，体验楼中楼的乐趣，会客、休息互不打扰，独立阳台采足自然光，亲近山水。标准间全部采用原木构筑，房间面积达22平方米，爬山虎装饰外墙，窗外眺望，蓝天碧水，白天鹅尽收眼底。两种客房在面积上有大小分别，在设施上各取所需，庄园以多种客房品种突出其个性。

蓝海集团的客房值得一提，各种房型有大有小，就连最简约的行政单间也有40多平方米，豪华商务行政房面积达50多平方米，房内卫生间宽大的弧形玻璃与卧房分隔，按摩浴缸、恒温坐便器、电视机等一应俱全。客房内地坪也有弧线划为地毯和大理石地面两个区域，地毯上是一张超大型床、两个床头柜、一个带镜梳妆台组成休息区，大理石上又分为休闲和写字两部分。大写字台上一边安置有联网的液晶电视，一套桌椅又形成休闲气氛，挂壁液晶电视机下侧外加一台等离子水蒸气交换器调节湿度。席草、鸭绒、木棉、药枕多套枕头任选，床头柜上水果、巧克力、西饼齐全，咖啡和茶选饮，处处体现高级行政房的舒适度，真可谓完美设施、至尊享受，尽显高级酒店的风范。

以上三种客房的服务管理目标是一致的，都是为客人提供住宿，每个住宿企业又都根据自己的目标顾客设计客房以满足客人的需求，从某种意义上说，速8、巴比松庄园和蓝海国际的总体目标是一致的，他们在客房设计和设施配备上所表现出来的不同之处则反映了三家住宿企业的顾客目标和经营目标的不同，其不同主要表现在客房面积、空间分配、家具装饰以及设施配置上。

2. 服务管理

客房管理非常繁杂，住宿企业与住宿企业之间，房间服务员的数量和工作方式都有很大差别。在一些住宿企业，客房服务员按小时付费；另外一些住宿企业则在七小时内分配一定工作量，规定必须完成一定数量的房间和床铺整理工作。还有一些住宿企业是按房间付钱的。整理房间的时间取决于服务员的数量以及房间的大小、床位的多少。当客人接连住几天时，服务员打扫这样的房间就要比打扫已退房房间花费的时间少。在豪华型的酒店，房间服务员的工作量要大一些。

第五章　住宿企业的经营服务

> 　　蓝海国际大酒店采用班组的形式来清理客房，清理一个豪华行政单间需要两个服务员共同工作半小时，也就是一个行政单间需要一个服务员一个小时的工作时间。这大约是其他酒店服务员打扫一个标间用时的 1.5 倍。巴比松庄园把房间分给每个服务员，每个服务员负责在 7 小时内打扫完 14 个房间。速 8 酒店是按房间付费，相当于每个服务员一个工作日要完成 17 个房间的整理工作才拿到标准薪酬，多做多得。

二、有选择提供的服务

大多数商业性酒店和其他类似的住宿企业除了基本服务之外，还根据客人的需要提供一些其他服务，这些服务项目名目繁多，很多服务内容不是所有住宿企业都需提供的，提供与否取决于每个住宿企业经营者的目标。这一类服务包含礼宾服务、餐饮服务、休闲或康乐、停车，以及其他个人服务。

这里提到的这些服务内容中大部分也是住宿企业提供最多的服务。当然，各个住宿企业为客人提供服务的范围有所不同。如速 8 酒店几乎不提供任何服务，只在前台旁放置一个自动销售饮料机，所有餐饮请邻近的日全食合作服务外包。巴比松庄园则主要提供各项休闲、康乐服务以及餐饮服务；蓝海国际这样的豪华酒店几乎提供全方位的服务。住宿企业选择提供有限服务中，最常见、最重要的服务和工作就是礼宾服务。

（一）礼宾服务

礼宾服务指的是住宿企业为客人提供各种帮助性的服务。主要包括在门前为客人拿行李、叫出租车、开门、陪同客人到前台办理入住手续，将客人行李拿到房间，客人开门有困难时帮客人开门，将报纸、邮件、包裹或电话留言送到客人房间，为客人提供观看演出、体育比赛、观光以及旅行订票或送票等各项服务。从事礼宾服务的人员通常都身着制服，包括服务员、门童、行李员、礼宾人员或礼宾领班。

（二）餐厅、宴会厅和酒吧

许多商业性酒店和类似的住宿企业都经营餐饮，通常向住宿的客人开放，也面向公众。这方面的设施包括正式和非正式的餐厅，特别是餐厅、宴会厅、咖啡店、小吃店、茶馆以及酒吧。许多豪华的酒店都以能提供最精美的食物和饮料为荣。如蓝海国际酒店拥有餐饮方面的专门人才,厨师长拥有绝佳厨艺,曾在中央电视台的"满汉全席擂台赛"上连连夺魁。酒店内高级宴会厅可同时接待近千人,承办各类喜庆宴席。

(三)自助餐厅

一些大酒店内还设有自助餐厅,为客人提供各式美食,尤其是自助早餐在比较高级的酒店和度假酒店中很普遍,受到客人的欢迎。巴比松庄园和蓝海国际酒店都有各种丰富的自助早餐,后者的早餐品质更是饮誉国内。这些早餐都是为住店客人免费提供的。

(四)客房送餐

大多数一流的豪华酒店都提供客房送餐服务,客人可以在房间里点菜和点酒水,并且在房间内用餐。一些酒店提供24小时客房送餐服务,但最受欢迎的还是早餐服务,客房送餐的菜单通常与普通菜单大致相同,但价格要高一些,因为提供客房送餐服务的人工费比公共餐厅服务所提供的要高得多。本章提到的这三家酒店中,蓝海国际是唯一提供客房送餐服务的一家,并且是24小时服务。

(五)休闲与康乐

休闲和康乐也是住宿企业吸引客人的重要因素之一,客人是否入住可能就取决于此。休闲和康乐的范围很广,包括大众熟知和喜爱的体育健身运动,如网球、滑雪、骑马、高尔夫球、游泳等。也包括一些简单的活动,比如在一些较小的家庭度假酒店,就有乒乓球和台球等。其他的休闲与康乐类型还包括夜总会以及有明星表演的演出场所,这种住宿企业主要是山区或海滨度假酒店,如海南三亚的一些大酒店。如果住宿业的经营者认为这样的活动会增加住宿企业的吸引力、增加住宿企业的利润,他们多半会提供这样的服务。巴比松庄园就提供了野外骑马、射箭、划船、游泳、垂钓等众多康乐服务设施。蓝海国际大酒店不但有演艺大厅、歌舞厅、健身中心,还有高级SPA、游泳池,有自助躺椅、大屏幕液晶彩电,加上周到的服务,成为其一大特色。

(六)停车

随着私家车的普及,自驾出游也流行起来,住宿企业的停车设施对客人和对企业都更重要了。蓝海国际大酒店和巴比松庄园都在建设中考虑设计停车场地,蓝海国际大酒店的停车场还有专人协助泊位并管理。爱迪速8酒店地处老城区中心,没有自建停车场,只能让客人的车辆停在附近的停车区。

(七) 其他个人服务

酒店和其他一些住宿企业还为客人提供一些个人服务，常见的有以下几类。

1. 银行服务

银行服务包括个人支票、旅行支票兑现、外币兑换等，蓝海国际大酒店就提供此项服务。

2. 洗衣服务

许多的酒店和其他一些住宿企业都为客人提供个人洗衣服务，客人可以将要洗的衬衫、内衣或其他衣服交给住宿企业，并约定洗好送还的时间，有些住宿企业当天即可洗好送还。另外一种做法是住宿企业提供洗衣机、甩干机、熨斗和熨衣板等设施，个人自助洗衣。一些住宿企业还提供干洗服务。客人可以将要干洗的套装、裤子、衬衫和其他衣服交给住宿企业，住宿企业洗干净、熨好后返还。和洗衣服务一样，一些住宿企业提供当天返还服务，蓝海国际大酒店就提供此类洗烫服务。

3. 办公室服务

越来越多的酒店和其他住宿企业都提供一系列的办公室服务，特别是为那些商务旅行者。他们可以提供复印机、传真机、电脑和打印机、调制解调器、打字机以及录音机等。还有一些住宿企业设有专门的办公室，配备以上的设备以及一些其他的小东西，如订书器、起钉器、曲别针等，供客人 24 小时使用。蓝海国际大酒店专设商务中心，还为客人提供宽带上网及电子邮件服务。

4. 商店

大城市的一些酒店和其他一些大的住宿企业还将住宿企业的一部分出租作商店，为客人及附近居民提供服务。住宿企业的大堂可看到旅行社、珠宝店、箱包店、服装店以及其他的许多商店。巴比松庄园就有租赁经营的食品小超市和旅行社。

(八) "金钥匙"服务

在一些高星级酒店中还有一种以委托代办形式体现的"金钥匙"服务。只要不违反当地的道德、观念和法律，任何事情都是"金钥匙"的服务范围。作为一种新兴的全球酒店业知名品牌，"金钥匙"服务强调为每一位需要帮助的宾客提供尽善尽美的个性化服务。"金钥匙"不单纯是一项服务内容，更是酒店形象和品牌的一种表化；不仅是个性化的标志，也是酒店服务工作特色的具体体现，因此，它具有浓郁的文化内涵，具有高度的人情化、感情化。

蓝海国际大酒店就有"金钥匙"服务。一位住客赴京参加会议中途入住蓝海国际大酒店，由于旅途劳累，肠胃不适。酒店"金钥匙"知晓情况，立即联系安排店内医师至客房诊治，并通知厨房煲制粥汤，送到病人身边，楼层服务员也进行周到护理。总经理前往表示慰问，每天两次到房问诊。这位住客病情很快得到控制，身体迅速好转。酒店"金钥匙"又根据客人按时进京赴会的要求，及时代购机票，准备好后送客人至机场，客人到京，酒店"金钥匙"又有电话问候。作为一种灵活机动的服务方式，"金钥匙"服务丰富了酒店的服务项目，弥补了酒店服务中存在的一些不足。"金钥匙"往往是客人眼中的万能王，哪里有"金钥匙"，客人就喜欢下榻到哪里。总体而言，"金钥匙"服务应该是提高服务质量的排头兵，是一家酒店高品位服务的象征，也是酒店档次高低的体现。它的意义就在于融合了酒店形象、客人需求和社会的赞誉。"金钥匙"服务理念是在给每一位宾客服务的过程中，找到自己的人生价值。

第三节　住宿业的无界趋向和文化现象

一、住宿业的无界趋向

如今人们外出旅行越来越追求比较个性化的独特体验，不少人来到一个陌生的地方，更愿意入住当地的民宿。

诸如民宿、公寓等住宿业出现的新业态都在触及传统住宿业的界限，甚至颠覆着住宿业经营服务的固有理念。

在传统观念中，住宿在旅游活动的吃、住、行、游、购、娱六大范畴中属于人们观光旅游的中介环节，是旅游的重要服务保障部分，并不是旅游的目的地。民宿的兴起，既是旅游消费新的需求，更成为旅游要素的新业态，已然是大众旅游的一种新生活方式，尤以乡村旅游民宿的崛起为代表（见图5-4）。

乡村旅游消费模式从以前拍照打卡观光式旅游过渡为度假式深度体验游，乡村游形式逐渐多样化。2015年11月19日，国务院办公厅发布《关于加快发展生活性服务业促进消费结构升级的指导意见》（国办发〔2015〕85号），首次点名"积极发展客栈民宿、短租公寓、长租公寓等细分业态"，并将其定性为生活性服务业，将在多维度给

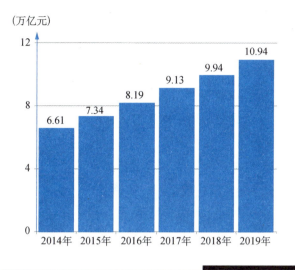

图 5-4　2014—2019 年旅游业对 GDP 的贡献

予政策支持。

受旅游人数不断增加和乡村旅游热情不断高涨等因素的影响，更加上还有精准扶贫乡村振兴的发力助推，我国休闲农业与乡村旅游收入不断增加，截至 2018 年年末，我国 30 亿乡村旅游游客共实现 8 000 亿元的旅游收入，已占国内旅游总收入的 13.4%。

在新冠肺炎疫情暴发后，乡村旅游发展有所放缓。但由于长途旅行的困难与风险越来越高，本地周末休闲度假游需求增多，农村旅游民宿承接本地及周边游客，符合当下旅游业发展的趋势。旅游民宿在助力乡村振兴中扮演着越来越积极的角色。2021 年 1—10 月，乡村旅游接待游客达 18.5 亿人次，同比增长 43.4%，乡村旅游民宿发展成果显著（见图 5-5）。

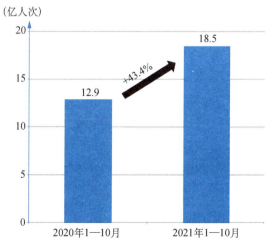

图 5-5　乡村旅游接待人数

经过 40 多年的城镇化之后，中国仍然有超过 5 亿多居民生活在农村，农村土地面积占到全国国土面积的 90% 以上，全国乡镇数量 3.2 万个。农村旅游资源分布广、类型丰富，自然条件优越、气候类型多样，自然景观、人文历史、民族风情、农村农业、特色饮食等应有尽有，可以满足更多游客不同类型的旅游诉求，提供差异化的体验。长时间生活在钢铁水泥建设成的城市中，许多人缺少与大自然接触的条件与机会，因此深入农村，亲近大自然，除了放松休闲之外，还可以获得探索世界的快乐。

在国家《关于进一步促进旅游投资和消费》政策指导下，我国积极推动休闲农业和乡村游的发展，至 2020 年我国建成全国旅游重点镇（乡）130 个、乡村旅游模范村达到 6 000 个，休闲农业和农村旅游特色村 10 万个以上，民宿农家乐 300 万家，带动 5 500 万个农民参与乡村旅游发展。如同原来标准化、管饱的、便宜的方便面，被更美好的食物、更多样性的、好吃的、方便的外卖取代了一样，我们也看到了在民宿推动下的，"旅行中，像当地人一样生活"这种非常有情怀和个性化住宿形态迅速崛起。

民宿的繁荣是社会经济发展的必然，浙江省已经用民宿引领旅游转型升级，以品质服务引领民宿发展，将民宿经济打造成为"诗画浙江"的金名片和金字招牌。这些也印证了马克思的文化形态学理论，当进入后工业社会，人就有了全面发展的需求。

总而言之，住宿业原本比较清晰的界限正随着中国全面进入小康社会，人们对美好生活日益增长的需求而变得模糊起来，不断延伸开去，甚至随着住宿业内涵的充实与转折，其经营服务的概念和内容面临着颠覆性的变革。

随着人们消费升级的提升及个性化需求的增加，我国乡村旅游逐渐向多样化、融合化和个性化方向发展。同时，民宿的外延也在不断变化。正如莫干山的一些高端民宿的运营和管理已经和非标精品主题酒店几无差别。与此同时，民宿这个谱系的另一端也在延伸。

> 住宿业需要打破边界，应试图改变目前的产品，重构产品、服务、体验环节，去迎合以客户为中心的体验和服务。未来的消费者需要什么？是不是还像过去那样做传统的业务？中国住宿业数一数二的华住集团在思考着住宿业的边界如何打破。
>
> 独居的生活是未来年轻人非常重要的住宿需求。合租一般属于一种过渡的生活状态，只要条件允许，年轻人更倾向于选择独居、独立、自由有品质的生活。这就是华住投资集中式公寓的原因——给年轻人创造更干净、安全，更有社交属性，更高生活品质的空间。
>
> 华住集团总裁、城家公寓董事长兼 CEO 金辉在"住宿业的边界"的主题演讲

中提出，住宿业的各种边界将逐步消失，随着新一代白领阶层的居住需求变化，非标住宿业务将逐渐崛起。以技术驱动、以服务连接的创新战略思路，强调以客户体验为核心的管理模式，将是住宿业未来的新形态。

标准化的酒店业务接近饱和，共享经济下的新住宿服务层出不穷。八个小时的住宿时间，消费者将何去何从？长租公寓能否真正跳脱传统住宿业的桎梏和边界，满足大量涌现的新需求？

2007年秋天，布莱恩·切斯基怀揣着1 000美元的存款，和好友兼大学室友乔·杰比亚到旧金山创业。他们遇到的第一个问题是如何支付1 200美元的房租。当时，旧金山正在举行国际设计大会，酒店一房难求。乔提议，他们可以在客厅放几张充气床垫，然后将床位出租出去，为前来参会的设计师们提供一个落脚之地，并向他们提供房内的无线网、书桌、床垫和早餐等服务。于是，他们建立了一个网站，给他们的充气床打广告，居然在周末成功地招徕了三个租客。这场遭遇创造了Airbnb。如今，Airbnb在超过191个国家和地区提供超过400万个房源，比世界前五大连锁酒店的总房源数还要多。2017年年初，全球就已有3亿人使用过他们的服务。

在国内，共享住宿还不属于官方认可的民宿范畴，但大家都自然而然地将共享住宿的体验归于民宿，很显然，从在地体验和主人文化两方面看，它都符合民宿的题中之义。在海外，日本已经正式认定了共享住宿的"民宿"地位。《日本住宿住宅事业法》规定，所有居住用住宅都可以在不取得旅馆业许可的情况下，向政府提出申请就可以运营民宿。

毫无疑问，人们热爱这种新的民宿。一方面，人们希望排解漫长差旅孤身一人的寂寞；另一方面，也想通过这种方式尽可能地接接城市的地气。国家信息中心的《中国共享住宿发展报告2018》显示，2017年我国共享住宿市场交易规模约145亿元；参与者人数约7 800万人，其中，房客约7 600万人；主要共享住宿平台的国内房源数量约300万套。

二、文化空间中的生活

随着人们消费升级的提升及个性化需求的增加，我国住宿业逐渐向多样化、融合化和个性化方向发展，乡村旅游已超越农家乐形式，向观光、休闲、度假复合型转变。

很多入住民宿体验乡居生活者认定：乡村之所以能够引起人们情感上普遍的共鸣，

既是基于对自然的向往,更是源自对故乡的怀念。故乡不只是一个确切的地理名词,更是一种能够唤起内心柔软记忆的情绪,是坚硬的都市里疲于奔命的现代人内心的渴望。乡村生活蕴含着一种体验,一种"新奢侈主义",如同法国政治和经济学者雅克·阿塔利在《21世纪词典》中所述:"奢侈不再是积累各种物品,而是表现在能够自由支配时间、回避他人、塞车和拥挤上。独处、断绝联系、拔掉插头、回归现实、体验生活、重返自我、返璞归真、自我设计将成为一种奢侈。"特色民宿直接成为人们旅游目的地,在这个目的地中体验。可以称之为文化空间中的生活,这也呈现出民宿的文化趋向。

"体验经济"这个概念是1999年美国学者派恩(B. Joseph Pine)和吉尔摩(James H. Gilmore)最先提出的。他们认为,人类社会的经济形态已经经历了产品经济、商品经济、服务经济,进入了体验经济阶段。在产品经济时代,人们出售大自然的造物,以满足生存需要。商品经济则对应着工业时代。区别于产品,商品与其原材料相比已经发生了本质的变化,能够做到标准化和规模化。在后工业时代,消费者在经历了规模化和标准化的物质繁荣之后,开始追求对个性化的需求,因而向人们提供无形的个性化的服务成为经济附加价值的焦点,服务经济因此繁荣。进入互联网时代后,消费者的信息渠道费用大幅降低,被动地接受服务已经不能满足他们的需求,他们迫不及待地要求自己参与到产品、商品以及服务的生产过程中,从这个过程中获得难忘的体验和记忆。

民宿营造了一个源于日常但是又高于日常的生活场景。真实的乡居生活中的那些硬件缺陷带来的不美好被修正,而那些迷人地方——自然之美和闲适的生活状态则被尽可能地浓缩与放大。更重要的原因是它是一个"活的村庄",人们在这里真实地生活。到清明、端午这样的传统节日,家家户户会自己做青团、包粽子。在这样的环境里,客人也会去开发乡村生活的趣味。

为了放大乡村的气息,很多民宿房子尽可能地和自然亲近,打造成通透的空间,尽管这不可避免地意味着可能有蚊虫,也给冬天的取暖、夏天纳凉制造了麻烦。但把本可以多盖一倍面积房间的房基留作了户外露台,于是,住在山上,早起第一件事就可以上露台看日出朝霞。眼前就是梯田,四季各有风景。晚间除了繁星,还有萤火虫的星星点点。

真正能够打动人的就是让客人体会一年四季的乡野和真实的乡村生活。民宿多在当地聘用了阿姨打理家务。她们每天会随手在山里田间采些花草或树枝来装扮客厅。荠菜、马兰头、草头,四季的滋味带上餐桌。除了看云海、赏梯田,如果客人愿意,阿姨们就带着他们一起到山上挖春笋、摘蘑菇、做青团,带着小朋友去田里摘当季的蔬菜。

在都市中的精品民宿也一样塑造文化的传承交流平台。

北京白塔寺旁的一家民宿，原来是胡同里的一个大杂院，经设计、改造，一改过去狭促昏暗的格局，室内干净亮堂，灰砖、槐树、露台空间，搭配出一种优雅的现代感，而门外就是烟火气十足的胡同生活。

3 000多平方米的大院子，只拿出不到一半的空间作为客房，其他的都是公共空间——园林、庭院，还有书房、厨房、酒吧等共享空间。这种"共享社区"的概念，打破了建筑的私密性，也打破了人与人私密的界限，构建了一种与别人交流的新的居住方式。"民宿"的概念跟"家"的概念有很密切的关系。中国40多年里城市快速发展，房子不断新建，人们搬家也越来越频繁，就很容易切断了原本关于家的概念和记忆，比如小时候厨房的味道。在工业化时代，我们身边的东西基本是可复制的工业产品，如手机、包、衣服、杯子等，容易替换、迭代。这个时候人越来越被无法替代的东西所吸引，更希望保留的是看不见的但是有记忆的，就如保留那种表面的符号性材料，如老的砖头、大杂院的老窗户、施工中挖出的石头，这些石头、砖、木头的窗框都是有记忆的，把这些东西结合在一起，也是对城市的历史和过去生活记忆的一个传承。有的胡同民宿除了保留比较多老的材料，还把原本可以做房间的空间改成咖啡厅，对周边的居民开放。

民宿有着洋房、胡同、古村、山居、汤屋等形式，从地理上，民宿可以简单地分成乡村民宿和城市民宿。但同样是乡村民宿，有的更希望延续城市里度假的方式，只是背景切换到了乡村，很多优质民宿做到了；也有不少客人只想远离城市，做一场"乡野美梦"，珍惜在民宿主人的生活空间中分享生活。客人实质上在分享民宿主人的生活空间和生活态度；而开民宿的主人，事实上又何尝不在分享客人们的人生。这样，在主客之间似乎形成了一种文化空间中的生活，有人称之为新民宿主义。

现代人年轻人更希望与自己爱的人一起度假，他们享受美食，喜欢新鲜的空气，喜欢户外，享受阳光和生活中赋予的一切美好，他们希望享受更好的生活品质。民宿在构想上更多体现着"新一代"对于时代的诠释和对于家庭的理解。

小结

本章讲述了住宿企业的经营理念和经营服务。在介绍了住宿企业服务产品的要素后，借用三个不同类型住宿企业案例作比照，全面讲述住宿企业的必备服务和选择服务。此外，主要以现代民宿为代表，介绍了住宿业无界趋向和文化特性对经营服务的影响。

问题

1. 住宿服务产品线的要素是什么?
2. 简述住宿业必备的基本服务。
3. 前台的基本经营服务包括哪四个方面?
4. 举例说明住宿企业有选择提供的服务。
5. 谈谈民宿经营服务的文化特性。

 案例

Ⅰ 乡村生活实验室

墟里是郑山村的一座民宿,墟里的团队成员为了研究怎么把村里那些稀疏平常的事情变成趣味的体验活动,于是组织头脑风暴,叫作"乡村生活实验室"。大家先实打实地自己过上乡村生活。当村里酿酒、晒红薯、做咸菜的时候,墟里的团队人员也会跟着做。一位墟里的管家找到创始人,说想尝试种地。于是,墟里就有了一个人的"农艺部",这位管家自称"实习农民"。在种地的过程中,陷入了土壤板结的困境,于是开始用挖鱼塘、养鸡、收集厨余垃圾等方法解决有机肥料,把生态农业的链条摸索了一遍。从真正的种地体验中,挖掘那些可以成为墟里客人的乡村体验。

Ⅱ 7天连锁酒店缔造业内第一电子商务平台

作为经济型酒店的领先品牌,7天连锁酒店(见图5-6)成功缔造了业内第一电子商务平台,建立了国内独家集互联网络、呼叫中心、短信、手机及店务管理为一体的系统。其中,通过"7天"网站http://www.7daysinn.cn进行网络预订的比例高达40%,为消费者提供最便捷的网络预订服务。"7天"CEO郑南雁在接受记者采访时表示,7天连锁酒店网站流量的大量飙升,在Alexa流量的排位大幅上升,得益于"7天"电子商务的强大优势。利用"鼠标+水泥"的模式,"7天"不仅大大降低了运营成本,还对消费者的观念进行了有效的引导。一方面,通过会员网络预订的方式,把传统的消费预订习惯提前了;另一方面,通过网站论坛的完全开放,让消费者把真实的消费感受在论坛上分享,使整个消费体验得以有效地延展。

资深酒店业人士表示，中国经济型酒店行业竞争激烈，现在比的不光是价格和服务，而是谁最先让消费者建立最强的依赖性。越来越多消费者都在体验网络预订和会员体系方便，养成了这种消费习惯，并形成依赖。可以预见，未来网络互动服务将成为消费者最关注的酒店服务内容之一，也将成为中国经济型酒店发展的新挑战。

图 5-6　7 天连锁酒店

Ⅲ　找到在地化运营服务体系的最佳平衡点

隐居乡里，是远方网旗下专注于高品质乡村度假服务的平台，旨在为城市中高端消费者提供精品短途度假服务，截至 2019 年，隐居乡里共有 100 座院子，可接待 400 多人。现有山楂小院、先生的院子、姥姥家、桃叶谷、黄栌花开、云上石屋、麻麻花的山坡、青籽树、牧马人、左岸花园、楼房沟精品民宿、杏花山上、五把椅子等一系列自主品牌的民宿产品，主要分布于北京、陕西留坝、成都青白江。

隐居乡里试图兼顾运营者、当地村民、当地政府三方的利益，打造出一种可以在农村复制的乡村度假模式。通过对乡野原有老宅的改造，充分融合中国乡土元素，提倡有节制的奢侈和有品质的节俭，尽可能满足现代都市人对居住舒适度的需求（见图 5-7）。所有院子都采用管家式包院服务，管家由深度了解当地风土人情的村民培训后担任，在地化的服务让人倍感亲切，宛若回到家一样。

图 5-7　隐居乡里民宿院子

山楂小院迅速走红

隐居乡里创始人陈长春认为，民宿需要个性化和非标的内容吸引消费者。大家要消费的就是不同乡村的差异化体验。隐居乡里开发的山楂小院、姥姥家等民宿产品通过与当地建立共生模式、推行在地化管理等举措,"把这些民宿做成一个目的地"。

山楂小院是隐居乡里的第一个民宿产品(见图5-8)。2015年年底开业迎来了一场大雪,大雪把山楂小院打扮得异常美丽,陈长春请来了民宿摄影师拍了一组美图:雪夜农宅里透出的橘黄色温暖的灯光(见图5-9),金灿灿的玉米垛,孩子在雪地里堆雪人、打雪仗尽情欢笑的场景,深深地打动了在钢筋水泥、雾霾严重的都市里忙于生活的人们。山楂小院迅速走红,网上预订一度爆棚。

图5-8 山楂小院

图5-9 山楂小院客房

"巧媳妇"当管家

把消费者吸引过来仅是第一步,如何通过内容将游客留下来,隐居乡里的实践值得借鉴。

隐居乡里不为找一片山清水秀,寄托自己的梦想;而是做好了商业模式的完整设计,用商业逻辑去活化乡村,在商业模式上对接市场。隐居乡里搭建了共享平台,建构了一个网状体系,给农民承诺,整个运营持续下去,要让农民赚到钱。

平台帮农民设计方案,将老宅子进行改造,在短短的两年时间复制出百余个院子。对农民进行培训和提升,让农民有主人的意识,自己做管家,把院子这线下产品做好。隐居乡里在自有自媒体和网络平台占70%左右,其余OTA和旅行社总共约占30%的营销渠道中把民宿院子卖出去,1个院子1年卖100个客人以上,农民作为业主和管家能分到利润的60%以上,农民有收益就能安心,积极性就非常大。而这样又倒逼隐居乡里必须做好营销。

隐居乡里经过不断实践,找到了在地化运营服务体系的最佳平衡点,先解决在地化就业和载体服务的问题。最契合实际的做法就是先用当地的中老年人,例如,在当地人中培养民宿管家,找当地的"巧媳妇"来做管家是隐居乡里的一大亮点，每个村子都会有自己的"巧媳妇"，热情好客，手脚麻利，干净整洁，做菜好吃，这些大妈大婶大多四五十岁，孩子进城上学或务工，自己在村子里守着家守着老人，请她们来进行管家服务，实际上是把这些农村妇女的边际劳动力释放了出来。

管家大妈是当地农民，很难培训他们做复杂的西餐牛排、烘焙糕点等。隐居乡里就结合当地风土人情设计服务体验，是去放大或者说是焕发她们原本就有的优点。比如打扫庭院、迎来送往、端茶做饭，让她自然地呈现出来就好，这样当地人操作起来难度不会太大，当这些服务受到客人称赞时，她们找回一种生活的自信和成就感。如推出的下午茶就是蒸红薯、蒸南瓜、当地水果、村妇们炸的米果等，客人吃着也很开心。

在民俗风物的展示上，有姥姥家的冬季，给大家复原了爸爸妈妈小时候那些有趣的事情。皮影戏、糖葫芦、棉花糖、古法爆米花还有就是管家大妈做的那些可爱花馍馍，这些场景和朴素的村庄庭院，能够唤起父母儿时幸福的回忆，也让孩子们体会到与都市迥然不同的乡村民俗体验。

离别的挥手

有客人说，临走时，山路已转过一道弯了，在车的后视镜里看到那个管家大姐还在挥手，觉得非常温暖，像回到小时候离家与母亲的离别一样。如果人与人的真情、礼节这些在中国乡村社会已消失很久的东西能在民宿服务中被找回来，这就是一种功德啊。很多东西先形式化之后，才会慢慢变成自发行为（见图5-10）。

"农民的终结"并不是"农业的终结"或"乡村生活的终结"，而是"小农的终结"（孟德拉斯：《农民的终结》）。看来，从"小农"到"休闲农业生产者"或"民宿主"的变迁是一场深广的社会革命。

图 5-10 隐居乡里的一位管家

思考题

1. 结合案例Ⅰ，以"乡村生活研究室"为例，说明如何做好乡村民宿的客人体验。

2. 结合案例Ⅱ，分析中国经济型酒店电子商务的发展趋势与特征。

3. 结合案例Ⅲ，谈谈乡村民宿如何找到在地方运营服务的平衡点。

第四篇

现代酒店经营管理

　　现代酒店企业的经营管理是本书的重点。本篇着重讲述相对微观的酒店企业管理，简要地介绍了代表性的经营管理理论、酒店组织结构和基本制度、酒店管理的四项基本职能、现代酒店管理的服务模式，以及酒店的主要领导方式。然后，从营销和人、财、物、信息这几方面逐一对酒店管理作专门的讲述。此外，针对现代酒店的特征，专项讨论了酒店的危机管理问题，从而形成一个既突出重点、注意时代新颖性，又比较全面地论述酒店企业经营管理的系统框架。学习本篇后，你将对酒店经营管理的基本概貌有所了解，更认识酒店营销、人力资源和后勤保障管理以及酒店危机管理一系列问题，对酒店资本管理、财务管理以及酒店进入数字化网络时代也有所理解。

第六章 现代酒店的经营管理

学习目标

学完本章,你应该能够:
(1) 了解主要代表性的经营管理理论;
(2) 了解酒店的组织结构与制度;
(3) 熟悉酒店管理的四项基本职能;
(4) 掌握酒店管理服务模式的核心原则;
(5) 了解酒店的主要领导方式。

关键概念

酒店管理基本职能　服务圈　关键时刻　员工授权

人们常用"酒店是一个小社会"这句话来形容酒店的丰富内涵,说明酒店管理是一个复杂的工程。现代酒店作为一个企业,其管理工作千头万绪,管理方法也千变万化。经营与管理是管理人员最基本的工作,管理好一家酒店确实是一件非常具有挑战性的工作。它既包括经营又包括管理,酒店经营和管理属于两个不同的概念,有不同的内涵,侧重点各不相同,经营是前提与基础,管理则是条件和保证,但在酒店中又密不可分。一般讲的酒店管理实际上是酒店经营管理的简称。

第一节　管理理论

数千年前,人们就开始探索人员管理和劳动管理的最佳方式。但直到19世纪英国工业革命和随后欧美国家的工业化之后,管理理论才得到系统的研究,不断产生一些管理理论家和形成多种管理理论学派,并在全球经济生活中产生巨大的影响。在讨论现代酒店管理时,有必要简要地介绍一下代表性的管理理论学派。为了便于相对集中的介绍,我们把这些管理理论分为经典管理理论和管理理论的发展两个部分。

一、经典管理理论

(一) 古典学派

古典学派的代表人物主要是美国的费雷德里克·W. 泰勒(1856—1915)和法国的亨利·法约尔(1841—1925)。他们分别致力于研究如何提高工人的工作效率、生产率和集中研究组织理论,确定管理者的责任和职能。

泰勒是美国费城米德维尔钢铁公司的经理,他运用科学的生产原则改革生产流程,为每一项工作找到最佳和最有效的工作方法。他认为,应训练工人只使用这种由管理部门制定的最佳方法,即工人应按其工作速度和质量领取报酬,采用差别计件付酬制。他把工人比作马,认为跑马是"一流"的马,但不适合拉煤;同样也有"一流"的人,他们比其他人更适合做某些工作,故应把这些工作交给他们去做。

泰勒的合作者亨利·甘特(1861—1919)在泰勒的思想上,发展设计出一种生产-计划控制系统,使管理者可以预先了解每位员工应该完成的工作量,并制成可以看到工作进度和完成工作的最终时间的甘特图,人们至今仍在使用。

法约尔是一位工程师,担任一家大型煤矿公司的经理,他通过研究总结出了管理的一些基本原则。他认为管理者的基本角色是控制者和整合者,利用组织的所有规章、结构和传统,并将其结合在一起共同工作。我们今天应用的不少基本管理理论,首次出现均在法约尔的14条管理原则中。

古典管理学派主要关注生产率,强调满足员工的经济需要(多劳多得)和生理需要(合理安排、不过分劳累),但忽视了员工受尊重和受认可的社会需要。虽然今天人们在酒店的操作标准以及管理职能中仍在使用某些古典学派的管理观点,但对于员工工作满意度的需要以及人的因素对提供优质服务产品的巨大作用都有了很多新的认识和做法。

(二) 行为学派

许多管理学者发现,古典管理方法存在严重的局限性,尤其在社会经济发展中,古典理论家所处的那种相对稳定和可预见的企业环境已不复存在,僵化的制度和规章已不像过去那样行之有效了,管理者必须具有更灵活和更具应变能力。尤其在服务业中，规章与正式程序可能会妨碍员工满足顾客的需要。此外，随着受教育程度的提高，员工希望尽可能地自己作决定。

于是，行为学派出现了。行为学派试图在古典管理学派提出的规章、制度和工资等手段之外，找出激励员工的新方法。

乔治·埃尔顿·梅奥（1880—1949）的研究是行为管理理论的里程碑。梅奥是哈佛商学院的教授，他在伊利诺伊州霍桑的西方电气公司工厂中进行历时九年的人类行为的研究（即霍桑研究），彻底改变了管理者对人际关系问题的看法。霍桑研究揭示，经理和主管激励员工的一个最重要方法是与员工建立良好的人际关系。这被称为霍桑效应。

亚伯拉罕·马斯洛（1908—1970）进一步发展了管理者应当注重激励员工的思想，提出人的需求层次理论，即由生理需要到安全需求到社会、归属和爱的需要，再有尊重的需要，最后是自我实现的需要五个逐步满足的需要。

麻省理工学院的心理学教授道格拉斯·麦格雷戈（1906—1964）则提出了XY理论。这是另一个人类激励理论。XY是关于人类本性和行为的两种假设，X理论假设代表了传统的指导和控制观点，认为一般人天生厌恶工作，情愿接受别人指挥，必须用强迫、控制和惩罚等方法，迫使他们做出努力；Y理论假设一般人不是先天厌恶工作的，员工在对目标负有责任的工作中能够实现自我指挥和自我控制。麦格雷戈相信，管理者如果不用正式的结构去控制员工，而采用鼓励和挑战的方法激励员工，就一定会获得成功。

二、管理理论的发展

当代社会经济不断发展，促进着各种管理思想的创新，管理理论也随之不断发展。其中，运筹学、控制论、系统思想、质量管理、顾客中心和再造理论等都对当代酒店的经营管理产生了很大的影响。

（一）数量学派

数量学派也称定量方法学派，该学派主要采用数学方法解答以前未曾解答的问题，其基础是运筹学（OR）和管理信息系统（MIS）。受过定量方法学派理论训练的管理者使用运筹学和管理信息系统。依据顾客调研结果制定的复杂数学决策模型，确定选择新餐馆位置的成功概率或者确定某一饭店位置的最佳客房数量。这样，管理者就可以确定建设成本、经营饭店所需的员工数量和业主的预期投资回报（ROI）。管理信息系统为饭店和餐馆经理提供决策所需的信息。例如，预订系统可以预测在未来某一时间段饭店的客房入住率和收入，这样，经理就可以适时调整营销计划，收益管理系统可以指导饭店经理制定最佳房价。

定量管理只注意短期目标，如压低成本或取得最高利润。这样做的结果常常是忽视了一些关键因素，如员工的士气、人员的流动，甚至忽视了顾客满意度这个最重要的因素。而且，人员培训和研究与发展（R&D）等重要活动也常常被搁置在一旁，因为这些活动对直接增加利润不具备明显的效果。虽然定量方法是一个重要的管理工具，但是只应该将其作为管理者的管理技巧武器库中的一种武器。

（二）系统方法学派

系统理论认为一个组织是一个复杂的整体。在组织机构内，人力作业与管理如同人体内神经、消化与循环一样是相互关联的，任何一部分的改变不可避免地影响其他部分。因此，一个组织如同一个有机体，是一个系统。

由系统的观点看，酒店是由多个相互联系的部门组成，同时又是外部大环境的一部分（外部大环境包括竞争对手公司、总体经济和社会价值等），能否取得成绩取决于内部其他管理者和外部的环境因素。例如，饭店餐饮总监作出的关于餐厅提供食品的种类和价格的决策，会影响饭店销售部吸引来店的团体客人的种类。同样，销售部销售给团体客人的房间数，会影响客务部销售给散客的房间数。所有这些决策都受外部环境的影响，例如，附近有多少家饭店？其房价如何？饭店之间的竞争程度如何？客人的需求如何？

持有这种观点的管理者不但要看到木，而且要看到林。他们深知，企业提供的服务的质量是其每项投入的结果，投入影响着最终的成果，这意味着，每位员工的工作都对最终成果产生影响。由此产生了质量和质量管理的重要概念。

（三）权变学派

权变理论认为没有一个在任何情况下都是最好的管理方法，同时也没有适合任何情况的计划、组织机构或领导方式。权变理论的主张是避免不经思考运用任何一种方案。要开放思想，灵活运用，选择最佳的介入方法，因时、因地、因人寻找最适宜的有效方案。权变理论可用图 6-1 说明。

图 6-1　权变理论

热衷于权变理论的管理者，通常特别善于管理有多种民族背景的员工群体，应该说对于日趋国际化、多元化结构的当今中国高档酒店具有一定的针对性。

（四）质量管理学派

质量管理学派又称质量中心学派。在 20 世纪 80 年代很流行，这次质量管理运动的历史发展是由三位美国质量管理专家领导的。他们分别是爱德华兹·戴明（1900—1993）、约瑟夫·朱兰（1904—2008）和菲利普·克罗斯比（1926—2001）。他们的贡献主要是应对美国和日本市场的变化以及企业生存的需求，提出全面质量管理理论以及质量管理实际措施。

戴明博士被视为日本质量革命之父，他强调管理者必须面向未来，致力于不断改进产品，打破员工和管理者之间的障碍。通过建立质量体系，可以节省发生在召回产品和失去顾客方面的成本。

约瑟夫·朱兰将质量定义为"可用性"。如果产品的功效满足了顾客的预期，顾客就认同其质量。朱兰认为产品的零缺陷是不现实的。因为在某种程度上，这样做的代价太高。

菲利普·克罗斯比则提出，质量是"免费的"。因为预防缺陷的成本将永远低于纠正错误和丢失顾客的成本。他认为管理者的期望值应该是优质产品。管理者可以通过提高工人参与改进工作流程的程度，增强其生产优质产品的责任感，达到无缺陷的目标。

质量中心学派在酒店的影响不小，丽思·卡尔顿酒店公司就在戴明、朱兰、克里斯比观点的影响下制订质量计划，并建立了要求员工使用的问题解决系统，发生了很多精心为客人服务的故事。

（五）顾客中心学派

质量管理学派理论的逻辑自然延伸，产生了顾客中心学派，他们认为企业应探索新的领域，重视与消费者之间的互动关系，不能注重向客人推销现有的产品和服务，而要提供真正适合客人生活方式的东西。

（六）再造理论

再造理论的创始人是美国的迈克尔·哈默和詹姆斯·钱培。1997 年，他们的畅销书《公司再造：企业革命宣言》在美国引起了轰动。再造的定义是，对业务流程进行根本的重新构思和彻底的重新设计，以对成本、质量、服务和速度等关键的、现行的绩效评估方法进行彻底改进。要产生真正的结果，企业必须实施显著的变革，而不是渐进式的变革。10%的变化是渐进式的变化，再造能使结果发生 40%以上的改变，这就是革命。其关键词是业务流程，也即再造的对象，重点在于对业务流程的再造。

酒店对于业务运作和经营服务运营流程的再造已有认真的探索，对于中国餐饮生产服务销售的现代化经营以及中国菜点制作工业化和服务管理流程的促进作用愈益明显。

第二节　酒店的组织与制度

酒店组织机构是酒店管理体制的核心，酒店的制度是酒店管理的基本保证。设置、建立合理的组织机构和制定完善酒店的各项基本制度，是酒店经营管理的前提条件和基础性工作，也是酒店企业文化的重要组成部分。

一、酒店组织设置的依据

酒店组织具有双重功能；一是合理组织和调配酒店的各种资源，组合成接待能力；二是形成酒店的高效运营体制和组织结构，以保证酒店的正常运行。

（一）投资结构

投资结构是酒店经济性质和产权关系的本质体现，它常常决定酒店的组织管理模式和组织结构形式。

（二）酒店规模

酒店规模是由客房数量、餐厅类型和座位多少、商场分割面积和经营种类、康娱服务项目和同一时段的接待能力等多种因素决定的。酒店规模直接决定酒店组织管理的层次、管理幅度、机构大小和部门设置、用人多少等各个方面，是酒店组织机构设置的又一重要依据。

（三）档次高低

酒店档次越高，设备越豪华，经营管理和服务质量的要求越高、越细致，用人也就相对多，必然加大酒店组织机构的规模。

（四）服务项目的多少

酒店服务项目的多少直接影响其综合性程度的高低。两家建筑面积相同的酒店，服务项目越多的，其综合性越强，其所设置的领班或主管人员必然增加，从而会扩大组织规模，增加员工数量和经营管理的难度。

二、酒店组织的结构类型

现代酒店组织的结构类型可分为以下几类。

（一）直线制组织结构

直线制是按直接垂直领导的组织形式。它的特点是组织中各个层次按垂直系统排列，酒店的命令和信息是从酒店的最高层到最底层垂直下达和传递，各级管理人员对所属下级拥有直接的一切职权，统一指挥兼顾各种业务。直线制组织结构或无职能部门，或设一两个职能部门，一个职能部门兼有多种管理职能。如办公室是一个职能部门，但它兼有行政、人事、保安、财务等几项职能。直线制组织结构比较适合规模小、业务较简单的酒店。

（二）直线职能制组织结构

目前，我国酒店大多采用直线职能制的组织结构。直线职能制适合有较齐全的旅居功能而无其他多种经营的酒店。直线职能制的特点是把酒店所有的部门分为两大类：一类是业务部门（也称直线部门），业务部门按直线的原则进行组织，实行垂直指挥，如酒店的前厅部、客房部、餐饮部、娱乐部等均属于业务部门；另一类是职能部门，职能部门按分工和专业化的原则执行某一类管理职能，酒店的办公室、人事部、财务部、工程部、保安部均属职能部门。直线部门管理者在自己的职责范围内有对业务的决定权，可以指挥和命令其所属下级，并负全部责任。职能部门的管理者只有对业务部门提供建议和相关管理职能的业务指导，不能指挥和命令业务部门。直线制和职能制的结合形成了直线职能制的组织结构。

酒店的直线职能制组织结构可以有多种形式，目前还有一种较常用的形式是总监制。总监制是指酒店的组织结构在总经理和部门经理之间加一个管理层次——总监。总监可以分管某一方面的业务工作，如客房总监、餐饮总监等，也可以分管几个部门的工作。

(三) 事业部制组织结构

事业部制组织结构又称为部门化组织形式，其特点是在酒店总经理的统一领导下，把酒店各经营部门划分成若干相对独立的经营单位，授予相应的权利，独立从事经营活动，是一种实行集中决策、分散经营的分权组织结构。目前，国外的大型企业普遍采用这种组织结构形式，我国也有一些酒店采取这种组织结构形式。

(四) 矩阵型组织结构

矩阵型组织结构是在组织图示上把职能部门按纵列排列，把产品项目部按横行排列，互相交叉，形成一个矩阵。这就形成纵、横两套管理系统。产品项目部设立经理，在总经理的直接领导下进行工作。职能部门设立经理，职能部门成员可参与各产品项目部的工作。目前，酒店采用矩阵型组织结构主要是一些酒店集团公司或输出管理的一些大型酒店。酒店的矩阵型组织结构是在原矩阵型组织结构的基础上作了适合酒店特点的改进。

三、酒店的基本制度

(一) 总经理负责制

总经理负责制是酒店组织管理中实行的领导制度，是酒店内部实行的最高管理组织形式。

总经理负责制是指总经理是酒店的法人代表，酒店建立以总经理为首的经营管理系统，总经理在酒店中处于中心地位，根据董事会或投资者的决策，全面负责酒店的经营和业务，并对酒店的发展负有全面责任的一种管理制度。总经理负责制是酒店管理体制的最基本制度。

(二) 酒店经济责任制

酒店经济责任制是酒店组织管理中的又一项重要的基本制度。是酒店各部门以酒店经济效益为目标，对自身的经营业务活动负责，实行责、权、利相结合，把酒店的经济责任以合同的形式固定下来的一种经营管理制度。酒店经济责任制是调动酒店、部门、员工积极性，实现酒店自我激励的重要手段。

酒店经济责任制包括酒店对投资者的经济责任制、酒店内部的经济责任制两个方面。

（三）酒店岗位责任制

岗位责任制是以岗位为单位，具体规定了每个岗位及该岗位人员的职责、工作内容、工作范围、作业标准、权限、工作量等的责任制度。岗位责任制使每个员工都明白自己所在的岗位要完成哪些工作并做好本职工作。酒店岗位责任制是一个完整的体系，它包括酒店领导人的责任制——总经理责任制；各部门主管和技术人员的岗位责任制；各生产、服务人员的岗位责任制。酒店服务人员的岗位责任制是酒店其他责任制的基础，也是岗位责任制的主要形式。

（四）员工手册

员工手册是酒店的一个基本制度，规定酒店员工共同拥有的权利和义务以及共同遵守的行为规范的文件。员工手册对每个酒店来说都是必备文件，人手一册，是酒店发放面最广的文件。员工手册与每个员工休戚相关，它是酒店带有普遍意义、运用最广泛的制度条文。

一般来说，员工手册的制定有以下三方面的依据。

（1）依据我国政府有关的人事劳动法规。

（2）依据酒店工作的特点。

（3）依据国际酒店业的惯例。

员工手册的内容丰富，包罗万象。条文规定简单明确，便于操作。

第三节　酒店管理的基本职能

虽然酒店管理理论来源于管理学的各种学说和原理，酒店企业在经营管理中系统地吸收了部分管理理论，更结合酒店接待服务的具体规律逐步形成了自己独特的管理体系和管理内容，酒店管理的基本职能主要有计划、组织、指导和控制。

一、计划

计划是各种管理中的基本职责。计划是制定企业目标并实现目标的适当方法的过渡。从广义上来说，计划就是努力描绘企业的将来，确定在未来的若干年内企业会是什么状况。在酒店业中，高层管理必须为未来制订计划，这些计划主要着眼于提供什么样的服务、酒店业扩大的程度，以及为保证酒店业的销售增长必须提高的水平及扩大经营融资的手段等。

> 我们以某酒店集团为例，来进一步说明酒店业管理中的计划。假设该集团的高层管理正在计划要扩大企业的经营，计划包括每年要使客人的数量增长15%，将企业从目前的地区性集团企业发展成全国性企业并走向世界。这就是一个高层管理者作出的长期的高层次的计划。
>
> 在中层管理中，计划倾向于更实际，更短期化。在该集团，中层管理人员就是高星级大酒店经理和地区经理。他们的计划是与其负责的酒店或地区的一些餐饮店的日常实际情况密切相关的。以蓝海国际大酒店的渔歌舫特色主题餐馆为例，经理制订每年的营销计划、年度预算，提交给公司总部。如果需要，还制订维修和局部改造计划，包括更新厨房设备以及购买计算机系统等。
>
> 对于基层的管理，也就是部门经理和主管，他们倾向于制订很短期的计划。部门经理必须为明天，为下周制订计划，主要是针对具体问题的计划，如每周、每月的工作安排，厨房食品的采购备料，接待服务的餐具及餐巾的补充、食谱菜单的更新等。

二、组织

组织主要体现为酒店管理的一种过程，即酒店为实现既定目标而制订计划之后，为了有效地付诸实施，管理者确定组织结构，对资源、人员及其他物质加以组合、调配并协调酒店各种业务活动的管理过程。组织职能是计划职能的自然延伸，以实现酒店计划的手段和途径。

酒店经营管理的组织协调贯穿于酒店管理的全过程，通过以下步骤实现。

（1）确定执行计划、实现目标需要做哪些工作。
（2）合理安排这些工作的方式和框架。如有必要，制定一些规章。
（3）将整体工作分成具体步骤。
（4）根据工作对资源加以分配。
（5）协调整体工作。
（6）对组织程序的结果加以评估。

> 以某花园酒店为例，假设厨师长已经制订好接下来一周的接待用餐的计划，组织程序的第一步就是确定为了实施计划必须做哪些事情。很显然，在这里就是要采购食品，制定员工工作表。第二步就是合理安排工作。厨师长就要决定哪些菜由厨房的哪一部分完成。如有必要，制定一些操作规程包括伙食卫生制度。第三步就是将菜单上的各道菜分别分配给不同的厨师。接下来，要告诉每位厨师需要准备的每道菜的数量，并且把菜谱给他们。另外，厨师长还需要将每道菜的用料备齐，接着，他需要协调所有人员的工作，使大家相互配合来完成预订的任务——按时完成菜单上的各个项目。随着工作的进行，他还需要不断地检查各项组织工作的结果，决定是否需要调整。组织程序一旦确定，就没有必要每天都重复这些步骤。如果组织工作顺利，这些工作就成为每天的例行公事。尽管这些固定程序还需要定期检查，但通常都不会有太大的变化，除非有了更有效、更经济的方法。如推行管理5S法（又称五常法），即整理（seiri）、整顿（seiton）、清扫（seiso）、清洁（seikeetsu）和素养（shitsuke）。

酒店管理的组织职能就是管理者通过一些方式对酒店组织的管理。一是设置合理的组织机构；二是接待业务的组织，即为达到管理目标，合理而有效地调配酒店的人、财、物、信息、时间等资源，形成接待能力，进行业务接待。

三、指导

一般工商企业的管理职能中强调指挥，也就是向下属发布命令和指示，指管理者凭借权力和权威根据计划的要求对所属指挥对象发出指令，进行领导和调度，使之服从管理者的意志，并付诸行动去实现预定目标。酒店管理通常把指挥与指导合称为督导，不但告诉下属做什么事，还要告诉下属应当如何做。加强指导即通过引领、教导、激发和监督下属实现目标的过程。指导职能是计划职能和组织职能的延伸和继续，它以计划为依据，由组织作保证。在督导这个管理层面上指导显得更加重要。管理人员尽管拥有绝对的权威，但要避免滥用权力向下属瞎指挥。酒店业与其他行业相比属于劳动密集型，也就意味着在监督的层面上有大批下属向经理负责。酒店业大部分雇员由厨师长、前厅部经理、餐厅经理以及其他职能经理管理负责。在酒店业服务中，职能经理管理的雇员包括服务员、前台接待员、厨师、预订员、洗碗工、客房服务员以及酒吧服务员等。这一类雇员占酒店业雇员的90%左右。管理者必须精通业务，熟悉情况，要接触一线，虚心听取下属意见，认真学习实际经验，从而示范员工、科学指导，对每位员工和每道工序通过示范指导，使广大员工做得更正确、更有效，保证工作和服务质量。

四、控制

控制指的是经理为了实现既定的目标，限制职工的不当行为，防止意外问题和纠正偏差的过程。控制包括管理者根据计划目标和预订标准，对酒店业务运转过程进行监督、调节、检查、分析、决策及采取相应措施等管理活动。在酒店竞争日趋激烈，市场变幻莫测的形势下，控制职能更显得重要。酒店通过实施控制职能，可有效地防止负面差异的出现，使实际结果与计划目标之间的差异减少到最低限度。一旦出现差异，控制职能又有助于管理者及时发现问题，采取相应措施进行调节从而避免更大的损失。所以，酒店在经营业务活动中，要衡量计划目标的完成程度、酒店的服务质量水平、员工的工作效率、计划与实际是否一致等，都离不开控制职能。控制职能的实质是对酒店业务的实际运行活动的反馈信息作出反应。控制程序一般包括以下四个步骤。

（1）建立工作标准和规范。
（2）培训员工执行工作标准和规程。
（3）监督员工的表现，将实际表现与制定的标准进行比较。
（4）采取适当措施，纠正实施过程中的偏差。

第四节　酒店服务管理模式

一、服务管理的意义

由于社会经济的发展，人们的生活方式在各方面发生着变化，包括工作方式、旅行需求、膳食习惯以及多元文化的发展。今天的酒店对客人来说已经不只是"家外之家"，酒店还成了商务客人的旅行办公室、会议客人的议事厅、休闲客人的运动场馆、迎宾节庆的庆祝场所、亲朋好友相聚的理想场所等。酒店服务已成为日常生活的一部分，而不是奢侈品。酒店服务产品的服务成分越来越多。

酒店在本质上是从事提供服务的企业，而不是提供商品的企业，酒店的最基本特征就是服务，所以，酒店的管理模式应该是服务管理模式。酒店的服务不是单纯销售客房、餐饮和娱乐，其质量是由消费者的体验来体现的，顾客首先注意到的是服务能否够得上职业标准，是否文明礼貌以及是否便捷，所以，服务管理理论对酒店的管理是非常适用的。

二、服务圈和关键时刻

（一）服务圈

酒店服务是一种行动或行为，通常是通过一系列步骤来加以实施，这些步骤构成了服务过程。顾客通过他在某一个酒店中从开始到结束所经历的整个服务过程得出对该酒店的印象。每个顾客对服务质量和水平都有一个期望值，如果达到或超过了这个期望值，顾客就会满意；否则，顾客就会不满意。实际上，服务质量的好坏在很大程度上决定着是否使某位顾客成为回头客。因此，服务质量是酒店业生存与发展的关键。卡尔·阿尔布莱奇在《为美国服务》一书中将顾客在接受服务中的一系列事件构成的过程称为服务圈，认为服务圈是存在于顾客头脑中的一种自然的无意识的模式。

（二）关键时刻

在顾客经历的这一服务圈中有着若干关键点，称为关键时刻。关键时刻指的是提供服务者与顾客进行面对面接触的时刻，也即顾客与酒店间的接触，并由此而产生的对酒店的印象和评判。每当顾客到酒店外，首次接触的是对酒店建筑外貌的第一印象，这是他/她对酒店的第一次关键时刻，门童的态度、举止行为或是工作完成的好与坏等就是顾客的第二个关键时刻。接着一个个关键时刻：与前台接待员的接触、与服务员的接触以及对电梯服务的印象和对房间的印象。更多的关键时刻来自在酒店居住期间的时时刻刻，到最终离开酒店，形成顾客对酒店的总体印象，以及据此得出的对酒店的种种评判：酒店经营的效率如何；是否以顾客为中心；员工的能力如何；在多大程度上满足了顾客的需求；酒店总体服务水平如何等。

餐馆同样存在着关键时刻。顾客在到达某一餐馆门口时就开始了他的关键时刻。如果餐馆的外观赏心悦目，或停车位充足，顾客就会产生良好的印象。走进餐馆时，顾客首先注意到的是餐馆的气氛——灯光如何、装饰风格如何、是否嘈杂以及他们是否能及时就座。接下来是对菜单的评价——菜的外观如何、价格如何、食材的数量品种如何以及是否引起顾客的食欲、侍者的行为举止和业务水平等。上菜的速度和饭菜的质量也是重要的关键时刻。

（三）关键时刻与服务圈

顾客将种种关键时刻融合到一起，就形成了一个服务圈，构成了对酒店企业及其服务质量的总体印象和认识：满意还是不满意。如果多数客人对这些关键时刻的评价是积极乐观的，就说明该酒店的声誉好；反之，该酒店的名声就会大跌，随之而来的就可能是营业额的下降。酒店业的产品就是服务，因此，其各项政策措施必须是顾客至上，服务第一。如果管理人员和服务接待人员都致力于为顾客提供良好的关键时刻，而政策和程序制度又具有足够的灵活性，以保证职员为顾客提供个性化的服务，其产生的服务圈必然是令人满意的。

三、服务质量管理

越来越多的酒店管理者开始认真对待关键时刻这一概念，并努力确保酒店给顾客提供积极肯定的关键时刻经验。为了达到这一目的，许多人开始转变其经营方式，采取全面质量管理的经营管理模式，也有人称其为服务质量管理。其核心原则之一就是提供以顾客为中心的服务，全员、全方位地为顾客全过程服务，而非一般标准化的服务，即一切服务于顾客和客人的需求。管理人员赋予这些人员及从事类似工作的人员一定的权力，使其在力所能及的情况下，不必得到上级主管领导的同意，根据自己的权力范围，可以直接去满足顾客的需求。用来描述这种管理方式的术语叫员工授权。如果职员有权力决定在某种具体情况下怎么做才能更好地满足客人的某些需求，就可以说是职员被赋予了处理权力。这样做的结果就是使职员有能力将顾客消极否定的关键时刻印象转化为积极肯定的关键时刻印象。当然，职员的处理权力并不是无限的，他并不能在任何情况下随心所欲地作出任何决定，如客房服务员可以根据客人的要求添加毛巾，但却无权决定是否应按客人的要求增大电视机的屏幕尺寸。

第五节　酒店的领导方式

酒店领导的类型可谓五花八门，本节选几种进行比较。

一、以领导作风分类

从领导作风与机制出发，可以将领导方式分为情绪领导和工作领导两种基本类型。

这种领导分类与"以职工为中心—以任务为中心"的领导分类法十分相似。

(一) 情绪领导

情绪领导是随和的、体贴人的,关心成员身体和个人情绪,并且都是以社会情绪和人际关系为导向。

(二) 工作领导

工作领导是坚定的、发号施令的、关心任务的,以实现工作目标为导向的。

二、以领导风格分类

(一) 专制式领导

专制式领导也称独裁式领导。这种领导者合作很少。团体的方针都是由领导决定,团体成员的分工都是由领导作出决定后通知各成员。领导不参与团体作业。领导根据个人的看法或喜恶来表扬或批评。

(二) 放任式领导

放任式领导也称"甩手掌柜"。团体的方针由团体或个人任意决定,领导者不参与。除了成员要求外,在一般情况下领导者对工作不发表意见,对工作成果也不作评价。不去面临问题,回避问题,或不熟悉专业,或缺乏信心,让下属自己去干就是,老不露面,不解决问题。

(三) 民主式领导

民主式领导指团体的方针由团体成员讨论决定,领导从旁予以协助与激励。工作分工由团体决定,工作同伴的选择由成员自己决定,领导与员工一起工作,领导根据情况表扬或批评职工。

作为一种领导方式,在千变万化的社会与工作环境中,很难说哪一种是最佳、最有效的,因为这受到许多客观条件和情景因素的影响,故而没有一成不变、普遍适应的原则。现实生活中找不到纯然民主或专制的领导。许多人总是介于两者之间,根据具体情况灵活掌握,宽严并济。只有适合实际的领导方式才是有效的。

三、以对员工宽严分类

（一）严字当头

有些管理者对员工非常严厉，甚至会使人觉得没有一点儿人情味。

（二）松字当头

有些管理者管得太松，以至于整个部门、整个酒店都显得松松垮垮。

（三）严爱结合

严爱相结合是一种高效而又富于人情味的管理。严格要求与关心相结合，严肃的评价与理解相结合、严明的奖罚与尊重相结合。这样，可能带出既雷厉风行、严守纪律又和颜悦色、具有魅力的酒店员工。

四、进取/育才型的领导

用对待工作和对待员工两方面结合评价领导，可以命名五种管理者。
(1) 维持/回避型。
(2) 维持/迁就型。
(3) 折中/调和型。
(4) 进取/独裁型。
(5) 进取/育才型。
要使酒店取得更好的社会效益和经济效益，必须实现三个"提高"。
(1) 提高服务质量。
(2) 提高管理水平。
(3) 提高人员素质。

最根本的是人员（特别是酒店管理人员）素质的提高。如果酒店管理者都是维持型管理者，酒店业一定会"江河日下"。如果酒店管理者都是折中型管理者，酒店业也不可能得到长足的发展。我们需要的是一大批有强烈的进取心和事业心的进取型管理者。只有进取型管理者才能使酒店业更加兴旺发达。提高酒店业的人员素质，就是要让酒店业的工作人员人人都成为"英雄"。我们不仅需要"英雄"，而且需要"能培养出英雄的英雄"。在以上不同类型的管理者当中，只有进取/育才型的管理者才是我们所需要的最优秀的酒店管理者。

小结

　　酒店企业经营管理的概述主要侧重于酒店企业的微观经营，从管理理论到企业组织结构、基本制度和酒店的领导方式逐一作了介绍。对于四项基本的管理职能则有侧重的讲述，尤其对酒店管理的服务模式，由基础理论到相关知识以及管理途径都作了讲述，为酒店企业经营服务管理其他相关内容的学习做了准备。

 问题

1. 简述管理理论的主要代表。
2. 比较酒店组织结构类型。
3. 酒店的基本制度有哪些？
4. 说明酒店管理的基本职能。
5. 谈谈服务圈和关键时刻在酒店服务中的重要性。

 案例

Ⅰ　用心管理，创造高绩效的团队文化

　　酒店要以热心细心服务宾客，也要用心管理，创造高绩效的团队文化。酒店企业应将用心管理作为一项重要内容，使管理者真正做到事事用心，处处用心。这里有几个方面的建议：

尊重之心

　　尊重是一切社会活动的基础，管理尤其如此。管理者应像尊重自己一样尊重员工，始终保持一个平等的心态，更多强调员工的重要性，更多强调员工的主体意识和作用，让员工感知到被尊重，让员工从心里愿意和你共事，愿意为酒店排忧解难，共谋发展。

期望之心

　　当管理者对员工表达期望并持续进行的时候，你的管理行为就能收到意想不到的效果，员工的潜能就能不断被激发出来，释放出巨大的能量，关键是要通过恰当的方式将你的期望合适地表达给员工，让员工知道你对他的期望，而且你要不停地去做。

合作之心

合作是你重新定义你和员工之间关系的必由之路。现代管理强调管理者和员工之间的绩效合作伙伴关系，管理者应把员工当成工作当中不可缺少的合作伙伴，强调员工的主动性和自我管理能力，和员工站在平等的地位，主动创建自己与员工的绩效合作伙伴关系，把员工培养成工作的盟友，共同致力于彼此绩效水平的提高。

沟通之心

沟通是管理的高境界，也是诸多管理问题的共同症结所在，沟通做好了将在很大程度上帮助你处理人际关系，完成工作任务，达成绩效目标；沟通不好，则可能会生出许多你意想不到的问题，管理混乱、效率低下、员工离职等都可能发生。

一旦你掌握了沟通的技巧并能熟练运用，你将会把工作当成一件快乐的事情，所以你要保持沟通之心，让沟通成为你和员工共同的工作方式。

服务之心

管理者是为员工提供服务的，所谓服务就是把员工当成自己的客户。管理者要做的就是充分利用手中的职权和资源为员工提供工作上的方便，为其清除障碍，致力于建设无障碍的工作环境，让员工体验到管理的高效率和办事的高速度，不断鼓舞员工的士气。

赏识之心

经验表明，当你赏识一个人的时候，你就可以激励他。作为管理者，你就是要不断用赏识的眼光对待你的员工，不断地在工作中表达你的赏识，使员工受到鼓舞和激励，尤其是在员工做得优秀的时候，要对员工说出你的赏识，让员工从你的表情和语言中感受你的真诚，激励员工的士气。

授权之心

授权赋能既是经理的职责所在，也是高效管理的必备条件。经理只有把应该授出的权力授予员工，员工才会愿意对工作负责，才会有把工作做得更好的动机。经理必须在授权上多用心，把授权工作做好，让授权成为解放自我、管理员工的法宝。

分享之心

分享是最好的学习态度，也是最好的管理方式。管理者就是要在工作当中不断地和员工分享知识、分享经验、分享目标、分享一切值得分享的东西。通过分享，管理者能很好地传达自己的理念，表达自己的想法，形成个人的影响力，用影响力和威信管理员工，使员工心情舒畅地工作，做更多的工作，效率更高。同时，通过分享，管理者也能不断从员工那里汲取更多有用的东西，形成管理者与员工之间的互动，互相学习，互相进步。

Ⅱ 运用再造理论，创建美食品牌

蓝海酒店集团企业的愿景是创全球美食酒店第一品牌。该酒店集团对中华餐饮文化进行重点挖掘，在传统生产工艺的继承再造上取得重大突破，成功实现了餐饮标准化，建成庞大且独一无二的菜品数据库，整体嵌入酒店，推出全球独创的美食酒店差异化经营模式，钟鼎楼孔府宴和渔歌坊美食街创出名牌，十二家连锁酒店餐饮经营屡创佳绩，在山东省餐饮业中排名第一。2001年起，就连续获中国餐饮业五十强称号；2008年，进入上海市场。此外，集团创建蓝海餐旅职业学校，在校生2 000多人。集团矢志不渝地探索酒店职工"保鲜"培训，倾力打造学习型团队，并与无锡城市职业技术学院、日照职业技术学院等院校合作，创新校企合作培养的教育模式。致力于构建蓝海集团的产业联动发展体系，逐步形成具有蓝海独特核心竞争力的酒店服务产业，争做全国美食酒店的领航者，彻底打破外资品牌百年来以住宿为核心的高星级酒店传统经营模式，释放出超强的市场生命力。蓝海酒店集团秉承"建设百年品牌，创造世纪经典"的企业宗旨，满怀振兴中华饮食文化的豪情，致力于民族复兴的这一项具体现实的任务，在中国乃至世界酒店餐饮业中迅速崛起。前程不可估量，对于建立具有中国特色的管理模式和传播中国饮食文化具有重大意义。

思考题

1. 结合案例Ⅰ，举例说明用心管理的意义和效果。
2. 结合案例Ⅱ，简述蓝海集团如何吸取再造理论的精华，促进企业经营发展？

第七章 酒店营销管理

 学习目标

学完本章，你应该能够：
(1) 认识酒店与市场的关系；
(2) 理解酒店营销的含义；
(3) 了解酒店市场营销的三种机会；
(4) 了解酒店市场细分和定位；
(5) 掌握酒店市场营销的要素。

 关键概念

酒店市场　酒店营销　酒店产品　酒店营销要素

第一节　酒店市场与酒店营销

酒店的生存与发展均有赖于客源市场，一个酒店如果没有客人光临，再好的经理也无法实现企业的经营目标。要保证餐饮业或住宿业的效益，就必须获得并保有一定数量的客户。

一、酒店市场

市场是人们进行商品交换的场所，这既是一个具体的概念，也是一个抽象的概念。所谓具体的概念，也就是说在实际的经济生活中，将一些商品集中在一个地方进行交易，这个交易的地方就是市场，如商品批发市场等；所谓抽象的概念，就是说买卖双方不需要到具体的市场去当面销售或买卖，他们的商品交换是经过一个无形、抽象的市场来进行的，酒店市场就是这一种市场。

酒店市场是酒店出售产品、客人购买产品的地方。酒店通过市场将信息传达给客户，客户根据得到的信息选择酒店的产品。酒店通过市场出售客房、餐饮、各种设施和服务，这些就是酒店的商品；客人通过到酒店消费，使用酒店的各种设施，享受酒店的各种服务，最终达到商品交换的目的。酒店通过市场进行营销活动，推广自己的产品，刺激客人的消费欲望，追求最佳的经济效益；客人通过市场了解产品，选购产品，然后购买消费，以满足自己的需求。同时，酒店可通过信息的反馈调整和更新产品。市场营销的作用就是沟通酒店与市场的供求关系，使酒店的产品更适应市场的需求。营销与市场紧密相连，没有市场也就没有营销。酒店的生存依靠市场，酒店的发展也依靠市场。

二、酒店营销

（一）酒店营销的含义

酒店营销就是一个系列过程，包括制订服务产品计划，确定合适的营业地点、价格和对产品进行促销，以吸引足够的消费者或客户，并通过交换使双方的需求都得到满足，从而实现酒店营销的目标。

（1）营销是加速商品交换的过程。酒店的营销是将酒店的产品通过市场尽快地销售给客人；客人购买了产品后，就要支付金钱，完成一个商品交换的过程。

（2）营销是卖方寻找买主的过程。

（3）营销是企业经营的一种方法。

（4）营销是企业经营的整个过程。

（二）酒店市场营销机会

酒店市场营销机会可分为三类：第一类是酒店在现有的经营范围内寻找机会，这种机会称作深度发展机会；第二类是酒店与营销系统内的供应商或销售商联营，这种机会叫作联营扩展机会;第三类是酒店与其他行业联营,这种机会叫作多种经营发展机会。

酒店利用现有的市场发展机会,进一步开发产品,提高产品质量,扩大市场份额,可以派生出以下三种机会。

1. 市场渗透机会

酒店积极进行营销活动,增加现有产品在市场上的销售额。具体做法有增加卖房数额,提高开房率;增加餐厅的就座率和翻台次数,提高餐饮营业额。有的酒店举办各种类型的食品节或美食节,推出颇具特色的风味菜,在电梯、大厅、门口等处做广告,吸引客人进店品尝。人们有换换口味的需求,酒店正好满足了客人的需求,迎合了客人的口味,使餐厅生意更加兴旺。有的酒店对入住同一酒店次数多的客人给予优惠待遇,或赠送礼品,或免费就餐,鼓励客人多回头,刺激客人的消费欲。

2. 联营扩展机会

酒店业是国际性的产业,酒店是一种外向型的经济实体。酒店业的发展必然是一种跨地区、跨国家的形式,从横向或纵向进行业务扩展,形成跨国公司或连锁集团,如美国的万豪国际集团和希尔顿集团、法国的雅高饭店公司、中国的锦江国际集团和华住酒店集团和北京首旅如家酒店集团,它们都是世界排名前十的酒店连锁集团。

3. 多种经营发展机会

第一,可以利用酒店现有的设施和服务技术的经营机会,比如洗衣公司或娱乐场。第二,酒店利用同一市场的经营机会,从事多种经营。第三,用其他行业来增加效益,在酒店业受影响时,跨行业经营的企业仍然能获利,起到互补的作用。

三、酒店市场细分与定位

酒店业面临的市场不是一个简单的同质市场,顾客的需求也不相同,它是由不同层次、不同需求的顾客所组成的异质市场,顾客对产品有多种多样的要求,其自身也具有多重性与复杂性。国际酒店业市场的状况就更为复杂,既包括了外国的客户,也包括了本国的客户。从留意酒店产品到对酒店设施和服务的评价,再到客人购买产品的方式,消费者在买卖过程中的每一步都受到文化背景的影响,客人通过自己的文化意识吸收信息,根据自己的文化传统和伦理准则及思维作出选择。市场营销人员要善于站在不同的客人的角度去分析和看待酒店产品,要理解客人在文化上、态度上、思维上的差异,还有客人消费的动机等。现代企业营销战略简称为STP,即市场细分化(segmenting)、目标化(targeting)和市场定位(postioning)。这是现代企业(包括酒店业）在确定目标市场的过程中，要经历的三个阶段：一是市场细分，二是选择目标市场，三是市场定位。这三个阶段是市场营销过程中互相联系、不可分割的环节，市场细分是选择目标市场和市场定位的基础与前提，目标市场选择和市场定位则是市场细分的继续与发展。

（一）酒店市场细分

酒店市场包括形形色色的消费者和购买者，如商务客人、度假客人、会议客人、探亲客人等，他们有不同的需求、不同的购买和消费行为和不同的文化价值观。另外，许多购买者只是购买酒店产品，但不是最终消费者，如旅游批发商、旅游代理商、航空公司、铁路公司、旅行社、旅游代理机构等。

酒店市场的客人具有多种多样的需求，形成一个异质市场，任何一家酒店都不能同时使酒店市场的每一个客人或购买者满意，只是通过市场细分划出几个目标市场作为营销对象。

酒店市场细分要回答如下 5 个问题（5W）。

（1）谁（who），酒店经营哪些客源市场？

（2）什么（what），客人需要什么样的产品？

（3）怎样（how），酒店如何进行营销活动满足客人的需求？

（4）哪里（where），酒店在哪里向客人推广自己的产品？

（5）何时（when），酒店何时促销自己的产品？

市场细分的方法有许多，常见的有以下 6 种。

（1）地理因素细分法。

（2）人口统计细分法。

（3）客人行为细分法。

（4）客人心理细分法。

（5）产品使用者细分法。

（6）分销渠道细分法。

（二）选择酒店目标市场

目标市场是细分市场中适于酒店营销和接待的客源市场。酒店的目标市场可能是一个，也可能是多个。选择目标市场是有助于酒店在市场营销时进行决策。选择目标市场分为如下几个步骤。

（1）明确酒店经营范围。酒店经营范围包括客房、餐厅、酒吧、咖啡厅、舞厅、卡拉 OK 厅、健身房、球场、会议设施等多种项目。每个经营项目在酒店所占的比例及营业收入都不相同。酒店将客房和餐饮作为主要经营项目，酒店营销人员要把重点放在客房和餐饮的市场促销方面，并把主要经营的项目市场细分，选择其目标市场。

（2）对细分市场进行定性和定量分析。对市场的性质进行分析，比如各细分市场客人的消费态度、价值观念、文化背景、消费能力等，还有细分市场的发展趋势、各种变化、未来预测等。确定各个细分市场的发展趋势和变化情况，再对细分市场进行定量分析，使用具体的数量标准来衡量和预测各细分市场的现实客量和潜在力。市场定量分析的因素包括市场的需求量、销售量、营业额、市场占有率、市场增长率等。

（3）评估细分市场，确定目标市场。

（三）酒店的市场定位

市场定位指企业为其产品确定市场地位。酒店市场定位指酒店为了使自己的产品和服务在目标市场的顾客心目中留有深刻的印象，占有深受欢迎的地位，通过宣传推广，塑造酒店品牌形象，为酒店的产品和服务在市场上确定适当的位置。比如，希尔顿代表了高档饭店，锦江之星则代表了经济型酒店。

酒店市场定位包括形象定位、产品定位、价格定位、消费群体定位、服务标准定位和销售渠道定位等方面，涉及的具体内容将在下节进行讨论。

第二节　酒店营销的四个要素

酒店无论大小，地点、产品、价格和促销都是其营销的重要组成部分，酒店需要制订切实的营销计划，有效地加以利用。

一、地点位置

酒店业营销的一个基本要素是地点。在酒店业中，地点和位置是同义词，地理位置对酒店业经营成功与否至关重要，正如"酒店之父"斯塔特勒所说，酒店成功的关键："第一是位置，第二是位置，第三还是位置"。当代很多住宿业和餐饮业以最适宜的位置创出最佳的经营业绩，从而成为新的经典案例。

（一）成功案例

德克士选择最佳店址

德克士炸鸡店进入中国的第一个店选择在中国的二线城市江苏省无锡市。为了选择一个最佳的店址，专业人员实地考察调研近一年。在无锡市中心的几个主要路段观察记录一年四季中每天上午、下午各代表性时段的过往人数。相关的基本信息包括性别、走向、交通、天气影响等，对一年中各季节以及每周中休息日、工作日等状况进行综合分析。最后选择了市中心的三阳广场东侧第一条斑马线南端的三阳南北货店二楼。1995年4月开张，大获成功，日均营业额十余万元。不到一年即收回全部投资，创造了引入快餐项目的成功纪录。如果这家炸鸡店不是选择在这个市民流量最多、最便捷的地点，绝不会有如此的成功。

（二）经典论述

英国著名酒店管理专家梅德利克认为，酒店有三种比较好的位置，即中心位置、城乡接合部和风景点。中心位置主要为商业中心、交通中心、文化中心等，尤以商业中心为最佳，这些对于商务、交际、购物等当然很理想。不过车辆较拥挤，环境较嘈杂，特别是地价成本很高，这些是不足之处；城乡接合部交通便利，更由于地价相对低，可以较宽裕地征用，便于理想的设计，客人车辆的出入也方便；在风景点附近建造饭店也是不错的选择，特别是度假休闲的饭店很适宜，当然也有缺陷，如景区一般较远，交通不太方便，如受天气影响，会直接波及客人数量，出现"风吹一半，雨下全无"的情况。还有一定的景区环境限制，2007年因有碍观赏和生态环保等，在我国著名风景区拆除了2 000余家酒店。

（三）新的选择

随着社会经济的变化，现今酒店选择位置又有了很多新趋势，例如，一些酒店利用高档空闲房争取到多种优惠，创建相对低成本的优质餐馆，这就是一种新实践。在城市交通设施的改造发展中，又给酒店的经营者创造了一系列机会，如地铁和轻轨的出入口、高速公路的休息处等。因此，除以上三种位置选择外，根据具体情况还有适当的位置选择，这主要由市场调研来确定客源情况以及根据相关趋势来抉择。

对于营销经理来说，位置是无法改变的既成事实。酒店餐馆、酒吧通常都不会轻易换位置，除非万不得已。如南京的江南春酒家，因店门前的马路拓展，整体往北移动 30 米左右，直接费用就花了数百万元。所以，营销的关键之一就是选择好的地理位置，更要在现有的位置上开发出合适的产品。

二、产品

（一）特色比较

酒店营销中另一个基本要素就是提供的服务或产品的特性。在住宿业中，各酒店的产品类型差异较大，豪华型酒店提供全方位服务和宜人的环境；经济型酒店提供简洁、舒适的酒店环境，其他附加服务几乎没有。酒店产品一般由硬件和软件两方面构成。新落成的高档饭店必然拥有设备齐全的健身中心、游泳池及 SPA 中心，其中，SPA 这一服务项目如今更被视为不可或缺。

> 万豪国际酒店集团 2008 年经营的目标之一就是每个新建酒店要有特色的 SPA。山东蓝海国际大酒店建有一座别致的 SPA 服务楼，大小各异的包房中，电动的高级躺椅、大屏幕液晶彩电、高保真环绕音响、各显特色的配方加器具、服务员的娴熟手艺、沁香的菜肴和中西菜点、时令水果，一座诱人的 SPA 楼让人难以忘怀；上海丽致酒店的 SPA 又是另一番景象，37 层楼中 7 层专设 SPA，各个包厢是特色纷呈的国际氛围，美国式、泰国式、日韩式、阿拉伯式，还有法式以及意大利式。当然，少不了中式的。各包厢中风格各异的躺椅、榻榻米、贵妃榻，还设有按摩床、餐具，装饰、灯光都与包厢十分相配，等于进入一个 SPA 大世界，供客人选择。

（二）特色经营

每个有特色的酒店都有一些自己的基本服务或产品类型，如住宿产品特性的本质提升——民宿，成为文化栖息的目的地。需要某种特殊服务或产品的消费者，就可以根据这些特点来选择可能提供该种服务或产品的酒店。至于餐饮产品的特点，那就更丰富多彩了，不少餐馆就是靠一套或一个特色产品，如比萨、汉堡、奥尔良鸡翅、北京烤鸭、火锅、狗不理包子等站住脚跟，不断发展壮大的。乡村基和海底捞在短短几年内上市，沙县小吃红遍了半个中国，都是极好的例子。

三、价格

酒店业营销的第三个要素是价格。酒店产品的价格主要包括餐厅的菜点价格和房价。

（一）价格的意义

首先，价格是酒店构成要素的第一层意义。其次，定价需要依据，需要与价格的相应产品来体现，即价值比。客人在酒店消费，最终是否价有所值是必然的反映。客人将依此作为一种选择，是否再来或宣传，也可能"永不再来"也兼为宣传。再次，酒店能做很多生意，但在总体上亏本的生意总不能做下去。这就决定了酒店价格的至关重要。价格太低了，酒店运营的成本都收不回，显然不可取；但价格太高了，客人不来，连酒店运营的固定成本也无法支付，更不可取。于是，盈亏平衡、保本营业额、边际利润、运营成本、费用率等一系列涉及价格的经营管理指标相伴而生。此外，浮动价、保本价、团队价、超值打折价等也相继出现，这就表明价格已经成为酒店在市场营销中的一项必不可少的杠杆功能，已经成为酒店经营管理的一项政策，有实力的酒店甚至有可能压价占领市场，竞相削价就是十多年来旅游酒店市场上较为突出的问题，也引发了业内议价、订最低保护价及反倾销等。

从上述几层意思可见，价格对于酒店实际上是一个集中体现经济规律的系统，又是一个经营策略的重大问题，从而决定了它在酒店营销中不可替代的重要地位。

（二）价格政策

价格的竞争正不断深化。从宏观上看，仅国家物价部门就有了大幅度的转变，已由以前狠抓暴利、高毛利率、擅自提价，转变为确定行业最低限价、不准擅自降价、反对压价竞争控制。从微观上看，各餐旅企业已逐步将价格立体化。即不仅仅由价格体现价值，更多地以组合优势优质与价格的综合来全面体现价值。

对消费者来说，看待价格也更加理性，已不仅仅为低价而心动，而是追求合理的性价比。

（三）制定价格

为酒店业制定价格体系是一个艰难的过程，也很难有一个简单的公式可循，制定者要考虑很多方面，大多数都是主观性的，如制定房价和菜点酒水的价格是最困难的部分。经营者需要考虑下面这些问题：产品成本，如菜点用料的成本、燃料成本，或房间用品包括低值易耗品的成本等；人力成本；企业行政管理费；房租，固定资产折旧；竞争对手的价格；价格在客户中的影响等。很显然，价格如果低于产品经营成本，酒店就无法经营。另外，经营成本还不限于产品成本，应包括一些其他因素，如企业管理费（房产税、电话、保险、取暖费），照明用电，清洗设备，环境保洁等成本。

四、促销

酒店营销的第四个要素是促销，将其放在最后是因为促销决策最好在产品、地点和价格决策之后作出。对酒店业经营者来说，促销是告知、影响并说服消费者购买其服务的全部活动。促销手段一般可分为人员促销、广告、营销推广、推销、公共关系等几大类。

（一）人员促销

人员促销是酒店吸引团体客户的主要手段。最典型的就是推销员和消费者能面对面地交流，当面提出和回答问题，或者利用个人魅力来说服消费者购买服务。在酒店，每个服务员都处在人员促销的位置上，服务员直接与顾客接触，为了增加销售，可向客人提出建议或建议性照应客人的问题。例如，无锡大饭店餐饮部的经营管理人员和服务员主动深入苏南地区的乡镇企业，逐步打开了周边农村新兴的产业集团这一巨大市场，促使酒店餐饮产品常年畅销，渐现品牌效应，收到了很好的效果。

（二）广告

广告是针对潜在的消费者进行的预先付费。绝大多数酒店都通过广告的方式来推销服务，也用来树立品牌。对酒店来说，因为客人很分散，小范围做广告起不到效果，大范围做广告一般酒店的成本不允许，因此，做广告是比较困难的选择，酒店广告一般要注意广告的目标、成本、传播的信息和内容、使用的媒介和效果预测。

（三）营业推广

营业推广是商家吸引消费者马上购买的活动。营业推广的目的在于说服消费者马上购买而不是等待。酒店业经营者经常用营业推广来增加生意。很多经济型酒店推出的日间廉价钟点房业务，充分利用客房在客人晚上到店前的空隙时间增加营业额。

酒店为吸引和留住客人的最重要的营业推广手段是常客奖励计划，对于前来光顾的客人每次都给予一定的积分,积分可换成各种优惠——免费住宿、餐饮、租车打折以及其他优惠或赠品,鼓励客人在需要时都选择同一家酒店。

(四) 推销

推销则指酒店在店内采取一些方法增加目前客人的消费。

售前要尽可能多地了解产品,熟悉客房及市场前景;关注客人的特点和对酒店的不同要求;并给客户一个精力充沛充满生机的精神面貌。

对客人适当地描述客房,突出客房能够满足客人需要的特点,从高到低报价。积极倾听,客户在讲什么,没有讲什么,以及想要说的却没说出来,需要你引导。察言观色,把客户当朋友,站在他们的角度考虑问题。

进行数据分析和总结,找出高价值的客户进行重点开发和维护。

(五) 公共关系

公共关系指意在提高企业形象、声誉、知名度,增进雇员、客户、供货商、股东等与企业关系重要的客人或企业关系而进行的活动。公共关系活动有许多形式,支持慈善事业或赞助等类似活动就是其中之一。如无锡艾迪花园酒店出资接待中西部实习生和发展中国家留学生(见图7-1),为四川汶川地震重建希望小学捐款;上海神旺大酒店为四川抗震捐赠500万元人民币。捐款赈灾在实际上提升了酒店的形象和荣誉度。

图 7-1 艾迪花园酒店员工与住店留学生合影

小结

营销活动是联结酒店与市场的生命线。营销活动的成败直接影响酒店的成败。本章从介绍酒店与市场的关系开始,讲述酒店营销概念、酒店营销机会、酒店市场细分与定位,重点介绍了酒店营销中地点、产品、价格、促销四个重要因素。

问题

1. 简述酒店营销的定义。
2. 酒店市场营销机会的分类有哪些?
3. 列举并描述酒店营销的四个要素。

案例

I 肯德基门店标识细微改变的启示

2007年,肯德基门店标识略作改进,为了这个新标识,肯德基召开了规模盛大的新闻发布会,策划了卫星拍摄巨型标识和"全城总动员,搜寻貌似肯德基上校者"的事件营销。

相对于这样的重视程度和营销力度,标识的小改动却并不那么显眼,甚至有些企业的老板说:"肯德基改那个有什么意义?"但真正站在顾客角度的内行管理者却不是这么看的。

图 7-2 肯德基两张标识

肯德基新标识的改变主要有三点。

(1) 线条更为圆润,笔画更为简洁,轮廓更为鲜明。

(2) 肯德基上校的服装主体由西服变为了厨师裙。

(3) 人物面部色调更自然，背景主色调由红色变为轻微的褐红色。

从顾客角度观察，上述改变的原因是以下几点。

(1) 清晰的人物轮廓更容易被记忆，也更有卡通画般的亲切感。

(2) 厨师装完全改变了过去穿西服的生意人模样，更具有亲和力。

(3) 以往的红色虽然醒目，但也令人感到刺激和不安，从色彩心理方面看，褐红色代表安稳、温顺与亲近。

新的标识在往更贴近顾客心理的方向走，尤其符合那些匆忙、紧张、孤独的现代女性的心理需求。由此可见，肯德基标识的改变不是一时的心血来潮搞噱头，更不是大刀阔斧能立竿见影的改革，而是对小处毫不松懈，于细处日臻完善。

Ⅱ 在线预订尤其是移动渠道预订已快速普及

全球在线酒店旅游市场已经非常成熟，据统计，有超过50%的酒店旅游预订是通过网络进行的。由于起步较晚，中国在线酒店旅游市场的份额相对还不是较高，但是已经迎来了高速发展的时机，尤其是近几年随着平板电脑、智能手机的普及，移动渠道预订作为一种新型的预订方式受到越来越多的人青睐。据Forrester Research统计，移动渠道的预订在2008年和2010年期间增长了四倍。目前，OTA（如携程、e龙等）、酒店集团（如开元等）都针对iOS系统和Android系统开发了酒店预订的移动终端应用软件，方便宾客随时随地预订酒店。随着移动终端支付平台的建设更加完善，移动渠道预订这种新的预订方式势必会被越来越多的人所采用。

思考题

1. 结合案例Ⅰ，谈谈肯德基门店标识改变的启示。
2. 结合案例Ⅱ，谈谈酒店如何迎接移动渠道预订高速发展的好时机。

第八章 酒店人力资源管理

学习目标

学完本章,你应该能够:
(1) 认识酒店人力资源管理的意义;
(2) 了解酒店劳工危机的状况与原因;
(3) 理解酒店人力资源工作的要点;
(4) 认识酒店职业机会和职业路径。

关键概念

人力资源　激励　工作目录　工作描述　职业路径

　　酒店业最核心的竞争是人才的竞争,人力资源成为决定酒店生存和发展的最重要的资本。从世界酒店业的现状来看,酒店人力资源的不足已成为生存和发展的关键,更成了酒店业可持续发展的瓶颈。因此,大力开发酒店人力资源,全面提高酒店员工的素质,加快酒店专业人才培养,调动酒店员工的积极性,对酒店业的发展具有突出的意义。针对当前社会发展和当今酒店业发展的现实,不断提升和完善酒店人力资源的管理与开发,已经成为每一家酒店紧迫的课题。

第一节　酒店人力资源管理

一、酒店人力资源的含义

　　经济学家将资源划分为四类,即人力资源、自然资源、资本资源和信息资源,其中最重要的是人力资源。人力资源是指一切能为社会制造财富，能为社会提供劳务的人及其所具有的能力，具体是指存在于人的体能、知识、技能、能力、个性行为特征等载体中的经济资源。

酒店业是劳动密集型行业，在全球成千上万的酒店中，需要数以亿计的各类工作人员。在酒店经营管理的人力、物资、资金、信息等所有资源中，人力资源无疑是最重要的资源，是各类资本要素中的第一要素，是酒店可持续发展的第一要素。

二、酒店人力资源管理的概念

现代酒店的人力资源管理，就是运用科学的方法，对酒店的人力资源进行有效地利用和开发，以提高酒店员工的素质，并使其得到最优的结合和积极性的最大限度发挥，从而不断地提高酒店的劳动效率和发展潜力。

酒店人力资源管理是酒店组织的一项基本管理职能，是为实现酒店的组织目标和管理目标而采取的各种计划及项目，吸引、激励、开发、鼓励和保留各类适用人才的一系列活动过程，是按照客观规律，依据科学的原理和方法，依靠酒店组织机构和组织手段，使每位管理者和员工正确认识自己在组织中应完成的任务和担负的责任，并设法最大限度地调动其工作积极性，发挥其才能和潜力，从而达到最大效益。

三、酒店普遍出现人才短缺

全球酒店业共同面临的最严重的问题都是人才的短缺和员工整体素质的欠缺。许多酒店的经营管理者面对的问题包括：缺少应聘者，尤其是合格的应聘者，很多工作岗位空缺时间长，离职率高（离职率指的是离开酒店职工的数量占全酒店所有员工的百分比）。对酒店业来说一年中出现人员离职率为100%也不足为奇。根据美国酒店业协会的统计，酒店业员工的年离职率为60%—300%，一般酒店中客房服务员、餐厅服务员和勤杂工的离职数最高，不少是在被雇佣后的两周内离职，其对酒店员工整体素质和服务质量的影响是可想而知的。人才短缺在中国酒店业表现更为突出，其原因是多方面的。

四、导致人才短缺的因素

导致酒店人才短缺的因素主要有以下几类。

（一）酒店如雨后春笋，人才难拔地而起

中国酒店业发展在全球酒店发展史中堪称空前绝后。40多年来，酒店增加了数百倍，人才供不应求，而酒店业的人才有其成长的规律性，不可能一蹴而就，于是供需矛盾更为突出。

中国社会正全面进入转型期，不少酒店从业人员耐不住寂寞，经不起历练，再加上现在大多年轻人多年在家中是长期被长辈宠爱的对象，服务意识较淡薄，成为酒店人力资源工作中又一棘手问题。

（二）酒店工作春风不再，渐失吸引

20世纪80年代，在酒店工作是令人羡慕的，良好的工作环境和优厚的薪酬成了最吸引人之处。也正是那个时候，无论是本地酒店还是外资或合资酒店，都网罗到了一批人才。

随着时间的推移，最近10多年，社会的变化已使得酒店业的就业优势削弱，无论是工作环境还是工资水平，酒店行业显然没有跟上这种进步。越来越多有能力的年轻人奔向外企和国内的IT、金融行业以及公务员的行列。酒店业人才因其本身的成长特殊性和工作的艰苦性，在人才的培养和招募管理中一系列的问题愈益严重。

（二）企业短期行为，轻视培养

对于人才危机，酒店自身也有不可推卸的责任。一些酒店急功近利，目光短浅，挖墙脚找人才，不认真选用合适员工，也不认真培训，就仓促安排新人上岗，致使新员工常感到失望。对员工缺少培训和监督，缺少人文关怀，以罚代教，更谈不上制定职业生涯和成长路径，提升机会有限。因此，酒店对人力资源管理的不重视加重了酒店人才危机。

第二节　人力资源规划与实施

不管面临多大的困难，酒店的人力资源工作要迎难而上，积极应对，化解难题，走出新路。

酒店人力资源管理首先要制订合理的人力资源计划。要根据酒店发展战略、经营

目标和环境的变化,科学地分析和预测人力资源需求和供给,及时制定和调整相应的人事政策,组织合理的员工队伍,更要创设良好的人才发展环境,以确保企业获得恰当的人选,造就一支优秀的员工队伍。

合理的人力资源规划,主要通过以下四个方面来切实实施。

一、以人为本,知人善任

酒店生产力诸要素中最积极的因素是人。酒店的实力大小、竞争力强弱,首先在于它是否拥有一流的人才和高素质员工群体。每一个酒店的员工都有着自身实际利益和人生的发展要求,酒店人力资源部正是上对酒店企业负责,下对酒店每一个员工负责的部门,必须出于公心,任人唯贤,要勤于观察,善于发现,合理使用,积极培养酒店所需的各种人才。此外,要营造有利人才成长与竞争的企业环境,使人尽其才,才尽其用。这就需要酒店领导和人力资源部门的管理者注意感情的投入,经常沟通交流,切实地关心员工的工作、生活等实际问题,真正体现以人为本的管理服务,逐渐培养起酒店员工的归属感,从而促使他们为酒店的发展而不断地努力工作。

二、明确职责,合理配置

(一) 明确岗位职责

酒店在聘用恰当的人员之前,必须明确岗位职责,对服务行业工作任务的分析往往比其他行业更复杂,因为在不同的工作场所,服务接待工作是不同的,独立饭店或者餐馆必须进行自己的工作任务分析,从而对岗位职责制定出包括工作目录、工作明细和工作描述等一系列文件,帮助员工了解工作内容。

1. 工作描述

工作目录只是某一岗位的员工必须完成的任务目录。工作目录是培训新员工的有效工具,也可以作为提示新员工工作的文件。工作目录是工作明细的基础,工作明细是完成一项任务所需的具体的、一步一步的程序,是完成这个任务必须要采用的一些步骤。这些步骤是员工的工作绩效标准。其他信息解释为什么要执行这项任务的每一个步骤,还可能包括执行这些步骤时所要求的态度、安全提示或者如何达到绩效标准的提示。工作明细既可以用于员工的绩效评估,也可以用于员工培训。某一项工作的工作目录和工作明细制定出来之后,就可以制定工作描述,工作描述应该概括以下内容。

(1) 与工作相符的头衔。

(2) 该员工向谁报告工作。

(3) 应该完成的工作（总体上）。
(4) 员工必须具备的学历和技术。
(5) 完成该项工作的身体要求。

工作描述的用途很广。工作描述可以作为招聘工具，告诉未来的员工这项工作的性质；工作描述是一个非常好的培训工具；工作描述可以作为对员工进行评估的标准；工作描述可以减轻员工的忧虑，因为它以书面形式明确了员工应该向谁报告工作及员工的工作职责。

2. 酒店职工配备

酒店职工配备是根据具体职务要求，为企业选择最合适的人选，谋求职工与职位的最佳匹配。人力资源配置成为酒店人事管理工作的主要内容，其着重于控制员工的工资费用，尽可能地合理安排劳动力，提高员工的工作效率，科学地配备职工，维护酒店职工的忠诚度，提高酒店的声誉和知名度。

（二）酒店人力资源的配置

酒店人力资源的配置，首先需要确定酒店人力资源需求的类型、数量和条件。据国外资料，一些国际性酒店已把员工比缩减到最低限度，即 1∶0.6，这个比例中 1 为客房数，0.6 为从业人数。

> 例如，某酒店有客房 400 间，它的员工应为 240 人，即 0.6×400＝240（人）。美国酒店经营的工资费用较高，酒店经营总费用的 27% 用来支付员工工资，另有 7% 用于员工医疗保险费、工资税、抚恤和社会福利金以及奖金等，两者相加占经营总费用的 34%。由此可见，美国员工工资费用比例非常高，所以，现代美国大多数酒店都在研究控制员工费用的方法，这已成为人力资源管理的关键工作。一般来说，在以中国为代表的亚洲地区，服务人员日工资并不高的酒店，客房与服务员配置比例可确定为 1∶1.2 或 1∶1.3。

从上述两类酒店控制人力成本可以看到，酒店对资源的控制并非比例越低越好，也不是用人越多越好，酒店作为一种人对人服务的接待产业，需要对客人热情周到地服务，提供这些服务首先得有相当数量的服务人员，而且这些服务人员应训练有素。各酒店正是按照自己的特点以满足顾客的需求为度，来制定客房与服务人员的比例，各国的劳动力成本的差异无疑对酒店人力成本的高低提出了不同的要求。

酒店餐饮部门的员工配置是相对复杂的，需要正确预测和分析营业量变化，科学地进行劳动组织和工作安排，合理制定劳动定额指标。为降低劳动力费用，提高酒店经营效益，酒店人力资源管理还要注意餐厅、客房等主要业务部门的营业规律，对服务人员做到合理安排和科学调配。例如，为了掌握餐厅的营业规律，知晓每天就餐高峰时的客人人数，可采用记录的方式来计算每小时客人就餐的人数，合理安排服务人员，提供令客人满意的服务。

> 国际旅游饭店餐饮管理的标准是，每次餐厅服务员每小时要负责 20 位客人的点菜服务，如果中午 11:30—13:00，下午 17:30—20:30 为高峰时期，客人就餐人数为 300 人左右，这样所需要的服务人员是 15 人；上午 8:00—11:00，下午 15:00—17:00 为就餐低峰期，就餐人数是 80—100 人，所需服务人员是 4—5 人。

三、持续培训，激励关心

（一）培训

培训是人力资源计划中最重要的部分之一。不少酒店因缺少时间和培训教员，培训工作经常被忽视或者暂时中止。

培训应该是面向所有在岗员工的一个持续不断的过程。对新员工，这个培训过程或者计划必须一切从头开始。培训的成本很高，正在参加学习的员工的工作效率不会太高。如果经理们认为员工不需要培训或者对新雇员进行在岗培训就足够了，这是为忽视培训的行为找借口。缺少培训会造成员工的高离职率和达不到标准的工作绩效。如果在组织内各个层次都不进行培训，就不可能有产品和服务的一致性。培训是向受训员工传授知识和技能的过程，使他们能够按照管理层制定的标准工作。培训还试图培养员工发自内心地为客人服务的积极态度。

培训过程的基本步骤一般如下。

（1）制定培训政策。

（2）确定培训需要。

（3）制订培训计划。

（4）员工做培训准备。

（5）进行培训。

（6）评估培训效果。

（7）培训后不断地进行指导。

培训应该连续不断地进行。实施积极培训计划的公司都对其员工表示出一种承诺。大多数培训都重视知识和技能，但是其他直接影响员工工作满意度和态度的问题也同样重要。如跨国连锁酒店集团中的多元文化交流，可以通过语言、中外文化等知识的交流，使不同种族、文化、性别、年龄的员工在酒店的工作气氛中都感到舒服，干得安心，做得开心。

(二) 激励

美国科学基金会在汇总了 300 个关于生产率、工资和工作满意度的研究报告后指出，提高生产率取决于两个因素。首先是激励，产生并保持有效工作的意愿，有生产率的员工，不是因为他们被强迫工作，而是因为他们愿意工作。其次才是奖励，在所有的有助于创造高度激励和高度满意员工的因素中，最主要的因素似乎是有效的工作绩效得到了承认和奖励，不论用什么方式，金钱、心理或者两者兼而有之，只要对员工有意义就可以。

激励可定义为影响人们的内在需要或动机，从而加强、引导和维持行为的一个反复的过程。激励可以简单理解为如何使人更愿意、更好地工作。

1. 激励的意义

激励有以下四个方面的意义。

(1) 激励有利于充分发掘员工的潜力。

(2) 激励能够提高劳动效率。

(3) 激励能够提高服务质量。

(4) 激励能够充分调动员工的工作积极性。

应用现代酒店管理的各种激励理论，提高酒店员工的工作积极性和创造性，已成为酒店人力资源管理中普遍应用的手段。在现代酒店的人力资源管理中，利用各种有限的但尽可能充分的条件激励员工，可以促使提高员工对酒店的参与和归属感，可以增加员工的群体意识，可以使他们保持充足的动力和高昂的士气，齐心协力地提高酒店的经济效益，为实现酒店目标而努力工作。

2. 激励方法

激励是激发员工行为动机的心理过程，在现代酒店的人力资源管理中具有非常重要的作用。酒店经常采用下面三种方法为员工创造自我激励的环境。

(1) 消除员工惧怕失败的心理。酒店工作繁忙，还往往有一定的压力，酒店必须给予员工良好的培训，确保员工工作的稳定性，尊重员工，让员工认识自己在酒店中的重要性，认同自己是酒店大家庭的一位，从而使员工不怕工作中的困难，不畏惧承担服务工作中的风险，尽最大努力做好工作。

(2) 支付合理的工资。每个员工每个月都有各种家庭支出和个人消费，他们关心自己的工资是理所当然的。员工要求提升到其他岗位也是为了提高工资。但酒店一些优秀服务员并不适合当一位好主管。有些酒店实行金牌服务员、首席服务师制度，采用"宽带薪酬制"，使服务员的高档工资可以超过其主管的起薪工资若干档次，这种做法使愿意继续做服务员的优秀员工也能拿到较高的工资。

（3）激励和奖励绩效。有些非物质的奖励同样可以打动酒店员工的心。很多酒店都设立最佳员工、服务标兵、月度服务冠军等称号，并把获奖的喜讯及时通知家人，让员工全家分享荣誉，同样取得了很好的效果。同时，增加沟通，让员工知情。公司和酒店采用店报、报告和员工沟通等方式，高层管理人员倾听一线员工的意见，了解员工的想法，到现场与员工交谈。如万豪酒店每年对所有员工进行态度调查，酒店总经理将其称为"经理的预警系统"。

四、探索社会化，校企一体化

中国酒店人力资源还在进行着社会化的探索。譬如，酒店人力资源的构成开始面向社会，进入多样化的阶段。酒店开始使用一定数量的钟点工，如招聘下岗中年女工强化培训，配置客房服务和清洁工。基于中国酒店人才资源和中国酒店人才培养这两方面的现实压力，旅游高职教育面临发展瓶颈，要积极探索，破解难题，切实研讨改革酒店高职人才的培养模式，努力实践，走出一条具有中国特色的创新之路。不少酒店都把职业学校的实习学生纳入酒店人力资源战略，在酒店全部人力资源中使用10%—20%，甚至超过25%。一部分富有远见的酒店正开始与相关的高中职院校实行订单式委托代培形式，如冠名班、代培班、师徒制班，并逐渐提升发展，如首旅集团、锦江集团、中旅集团、开元集团、君来集团、蓝海集团等都与大中专院校建立了产学结合、校企合作的教学联合体，直至联办君来酒店产业学院等高职院校，意图在本质上长远地解决酒店人才的供需问题。

第三节　酒店的职业机会

一、极好的就业机会

（一）职业机会

酒店业这一全球性的行业正持续发展壮大，在现代世界经济中焕发着蓬勃生机的酒店业有着大量的职业机会，等待着那些愿意全身心投入并奋发创新的人们。

> 在酒店业最发达的美国，直到二十余年前，酒店业中的管理人员还很少有大学毕业生，以前酒店的管理人员通常都是从低级服务开始干起，渐渐地升到管理层，这个过程要经过许多年。男职员通常从门童、接待员、电梯员或服务生做起；女职员通常从餐厅、客房服务员或预订生、收银员做起，然后向责任更重、工资水平更高的职位上升。

现在在酒店业中没有接受过专业正规教育逐渐升职到管理岗位的机会已经越来越少了。中国现代餐旅教育经过40多年的探索，2019年已经达到了1 641所大中专院校、77.38万名在校生的规模，其中的绝大多数是面向酒店行业培养的，每年有20多万名毕业生准备走向酒店的职业岗位。而每年仅高中端酒店就会提供30余万个职业岗位。至于其他住宿业企业和餐饮业企业，都需要新增从业人员。可以说酒店业就业岗位的大幅增加为旅游酒店专业的大中专院校毕业生提供了极好的就业机会和广阔的发展空间。

（二）求职评估

酒店业领域宽广，很难想象其他行业会像酒店那样有这么多不同种类的工作，有着很多的服务管理岗位，求职者肯定会选择喜欢或者适合的职业岗位，酒店也肯定会对求职者进行全面评估，因而选择提供的职业充满挑战性。每个岗位所提供的机会和要求各有其独特性。

酒店对从业资格有一定的要求，求职者的评估虽然各有侧重点，但一般都会注重下列因素：态度、就职记录、沟通能力、专业成绩、人际交往能力、兴趣爱好以及参加的组织团体等。在酒店业领域，守信、奉献、积极肯干、合作乐群，满足顾客的需求是成功的必备条件。

有人把酒店大多数基本技能归纳为处理数据的技能、人际关系技能以及处理事务的技能。每个人认真对照，可能会发现自己的技能比较集中在某一个或两个方面。这样就利于帮助求职者选择合适的职业岗位。

二、正确认识酒店工作

如果要把自己热爱的这个行业作为自己终身的职业，肯定要对这个行业的职业特性有一个比较明晰的认识，旅游酒店业属于文化类接待业，旅游业的服务受众是人，而且主要是流动的人，它不仅大大有别于物流、资金流、信息流，也区别于交通业中客运所接待的一般旅行客人，旅游客人属于非经济指向且具有文化意图的闲暇人流。游客所进行的旅游是相对纯粹的文化活动。由此可见，旅游酒店业属于一种文化事业，是与民生息息相关的最具文化特质的国民经济支柱产业。2009年国务院《关于加快发展旅游业的意见》和十七届六中全会《大力发展文化产业的决议》将旅游业确立为国民经济的支柱产业和重要的文化产业，极大地提升了旅游业的地位。目前，旅游业又处在由观光为主向休闲为主的明显转换之中，文化旅游兴起，更注重文化感受，更关切文化内涵，让游客享受文化过程。由此，旅游酒店职业人的社会文化职业人属性渐趋明确。

与其他产业相比，其文化类接待业的职业特性很鲜明。制造业接触物件，物流业接触物资，信息业面对虚拟世界，零售业面对购物客人，旅游酒店业则是面对以文化需求为主的客人。

对于酒店工作的优劣之处也要有个比较清楚的认识。虽然每个职业的有利与不利是相对的，但还是有必要做一下比较，以利于在从业前做好准备。

（一）酒店工作的优势

酒店业是一个"与人打交道"的行业，不管你是一线服务人员，还是主管、经理、总经理，每天的工作是让客人满意，是要自我激励，相互激励，服务好客人，还可能与供销人员等其他人谈判，很富挑战性。酒店工种多样，与多数行业相比，酒店业提供的职业选择更多。无论你喜欢什么类型的工作，无论能力如何，在酒店业中总能找到可以发挥个人聪明才智的岗位。酒店工作的时间不是从早上9点到下午5点。酒店内许多岗位的工作时间很灵活（也有不少人认为是缺点）。酒店有很多创新机会，可以设计出新的服务产品，满足客人的需要；还有长期职业发展的机会，有雄心壮志并且精力充沛的酒店服务生可以从初级工作开始不断提升。酒店业为各个年龄段的人们，尤其是年轻人，提供了广阔的就业升职机会。在酒店里有人从行李员、服务员或预订员提升到管理职位，或成功开办了自己的企业。

与有些行业比，酒店业的工作环境往往比较优越，一流豪华酒店和独具魅力的主题餐厅被认为是良好的工作场所，环境幽雅，对于一些人很有吸引力。条件好的酒店企业还会为员工提供良好的三餐。许多酒店工作都有额外的好处，如你成为一个度假饭店的经理，可与家人朋友在这里的餐厅用餐，使用娱乐设施。

（二）酒店工作的不利因素

尽管酒店工作有这么多的好处，但也有许多人不喜欢这个行业的工作。原因首先是工作时间长，新进入管理层的人员比起其他行业的管理人员，工作时间一般更长一些，每周50—60小时的工作时间是很正常的。酒店业服务于广大的客人，是一个与人为善的职业，几乎所有工作人员都要经常与客人打交道，接待各色各样的人，可能产生文化碰撞，如前台服务多有处理冲突等多种具有文化属性的服务工作，需要给客人以人文关怀、文明接待乃至文化交流、文化传承、跨文化传播。不过工作中常是与一些感兴趣的客人交谈。多数人对较长的工作时间毫无怨言。其次，酒店业工作并不是像一般单位朝九晚五传统的作息时间，当其他人休息时，酒店工作人员仍然在工作。再次，酒店工作压力大，尤其在酒店生意繁忙时，从经理到员工都在巨大压力下进行工作。最后，酒店新员工刚进入酒店需要接受管理培训，他们起点工资一般低于其他行业新员工的工资。

三、职业路径

职业路径也称为职业道路、职业阶梯，图8-1是两张职业路径实例，分别说明酒店专业毕业生在住宿业和餐饮业见习工作晋升过程中承担的一系列工作岗位。图8-2是酒店行业内的职业发展道路。

酒店业

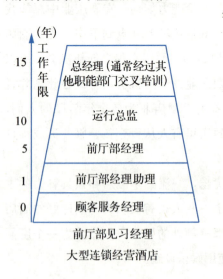

大型连锁经营酒店

中等规模/经济型(只有客房)的酒店公司

* 假设已经有前厅工作的经验。

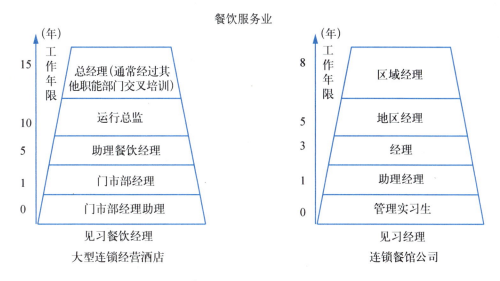

图 8-1　职业阶梯实例

资料来源：饭店、餐馆和教育学院理事会：《烹饪、饭店和旅游课程指南（第六版）》，纽约威利出版社 1999 年版。

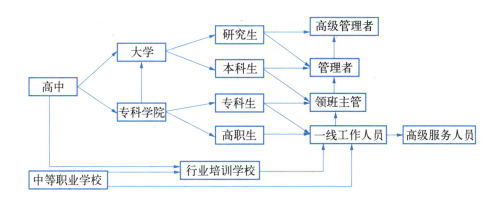

图 8-2　酒店行业内的职业发展道路

小结

　　酒店人力资源管理已成为当今酒店业的发展关键，与每个准备进入酒店餐旅类专业学生息息相关。正确地认识酒店职业，了解酒店人力资源管理的定义和内容，参照酒店职业发展路径，设想规划职业生涯，有助于专业思想的形成和职业素质的提高。

问题

1. 简述导致酒店人力资源危机的因素。
2. 举例说明酒店人力资源的合理配置。
3. 简要说明工作目录和工作描述。
4. 激励有哪些意义？
5. 为什么说酒店提供了较好的就业机会？

 案例

Ⅰ 万豪人才培育的优势

现属万豪旗下的喜来登是第一家进驻中国的国际品牌酒店。早在1983年，北京喜来登长城饭店便首次亮相，这时大多数国际酒店还在中国的大门外观望，踟蹰不定。

万豪国际集团（纽约证券交易所代号：MAR）是全球首屈一指的国际酒店管理公司，2016年收购喜达屋后，旗下酒店品牌万豪（Marriott）、JW万豪（JW Marriott）、丽思·卡尔顿（Ritz-Carlton）、万丽（Renaissance）、万怡（Courtyard）、Residence Inn、TownePlace Suites、Fairfield Inn、SpringHill Suites以及Bulgari等30个。2021年2月23日，万豪在133国拥有7 600多家酒店，140多万间客房，雇员约30万，酒店规模空前庞大。2011财年的财报收入就超过120亿美元。2021年10月，入选福布斯2021全球最佳雇主榜，排名第71位。

面对如此蓬勃的发展势头，各家酒店比拼的一个重点就是人才，这不单是如何招募足够的合适人手，更重要的是如何培育他们，发挥员工的个人潜能，同时保留优秀人才，不让他们轻易流失，在这些方面万豪优势明显。

作为《财富》杂志评为酒店业最值得敬仰的企业和最理想工作的企业之一，万豪在人才培育方面有其特点。例如每家万豪都需要拨款支持公司的国际培训基金，万豪要求其酒店每年为每名经理最少投入750美元作为其培训费用。在每一家万豪酒店，每天有15分钟是用于培训其所有员工，这是万豪国际人才辈出的原因。万豪始终认为，只要公司很好地照顾员工，他们就会很好地对待客人，客人便会不断地光顾万豪。

除了拥有深厚的人才培育传统，万豪保留优秀员工的另一个优势是网络庞大，其在中国管理 100 多家酒店，而且正不断增加，成为中国规模最大的酒店管理集团之一，这为志向高远的员工提供广泛的事业发展机会，只要他们努力工作，在万豪便能找到发展机遇，不需假诸外求，人员流动率自然而然便会降低（图 8-3）。

图 8-3　广州中国大饭店，1998 年由万豪接管，并重新装修

来源：万豪官网

全球酒店行业权威媒体美国 *HOTELS* 杂志公布 2020 年"全球酒店 325"排行榜（HOTELS annual 325 ranking）。在"全球酒店集团 300 强"中，万豪集团、锦江国际集团蝉联前两名。

Ⅱ　"产教融合、人才养成"结硕果

十多年来，无锡艾迪花园酒店与无锡城市职业技术学院和江苏食品药品职业技术学院等联合办学，成立艾迪酒店分院，实施了"产教融合、系统养成"的酒店人才培养模式，所培养的一千多名高职生热爱酒店业、扎根酒店业、深受酒店欢迎。在 2012 年 12 月中国职教协会主办的"全国旅游职业教育校企合作论坛"和 2018 年 4 月底国家文化和旅游部主办的"全国旅游职业教育示范基地建设研讨班"上，艾迪花园酒店董事长、总经理陈善军都作为酒店业唯一代表介绍成功经验（见图 8-4）。

人才困境推进校企深度合作

酒店人才困境的现状，促使无锡城院和艾迪校企双方紧密合作，首创"在酒店办大学"，学校到酒店设立"店中校"，酒店助学校建立"校中店"，实现产教高度融合，形成校企合作育人的有效机制。实施入学即入行、酒店即学校、现场即

图8-4 "全国旅游职业教育 校企合作论坛"

课堂、学生即员工的全过程、开放式专业教育教学模式,学生在完全真实的职业环境与氛围中养成职业意识、职业习惯与情感态度,锻炼职业技能、培养职业素养,使学生具备过硬的酒店服务技能和基层管理能力,具有发展后劲,成长为未来的酒店职业经理人。

合作育人提升人才培养质量

由于学生认同专业培养目标,在学校与酒店系统地学习、实践、感受和培育熏陶,较快地熟悉和了解酒店实务,掌握酒店服务与管理的综合技能,加速了学生的岗位成才与职业发展。"艾迪"班学生在各类专业技能大赛中屡获大奖。毕业生在高星级酒店高端服务岗位就业率逐年提升,很多学生一毕业即升任领班、主管,为酒店培养、储备了优秀的人才,实现了酒店人才培养的高效率、高质量和高满意度。

在推进学生教学实践中,依托酒店的先进设施,率先在全省开展酒店前厅职业技能鉴定,同时无锡城院与享誉全球的国际职业资格证书鉴定机构——英国伦敦城市行业协会(City & Guilds)开展国际认证项目——酒店前厅接待服务、酒店客房服务、酒店餐饮运营与服务证书,为酒店培训前厅高级服务员。

改善各项条件保障人才培养

为更好地培养酒店人才,艾迪校区加大投入,改善合作教学环境,酒店教学硬件设施功能布局合理,投资86寸交互式一体机;建设7间专用多媒体和计算机教室,其中两间教室还配有可与学校进行远程视频教学的系统;投入设备90多万元建设了专门用于烹调实践教学的场地;2020年5月投资60万重新设计改造学生餐厅。酒店提供给学徒制学员入住公寓，装有安全消防系统，由专门人员24小时管理，配备无线网络、独立空调、卫生间和淋浴房，24小时供应热水。2021年7—8月投资195万元装修学生宿舍，新添洗衣机、烘干机、空调、饮水机、大衣柜、桌椅等设备。另外，酒店还建立了图书阅览室、乒乓球室、桌球室、健身房、形体房等文体活动场所，满足学员的文体活动需求。酒店与当地政府协调，共同投资270多万元建了一座过路天桥，解决学员宿舍过马路的安全问题。

酒店配备2名中国烹饪大师为首的35名师傅，以师带徒，提供了专业师资保障。

品牌意识成为校企共同追求

成功的育人经验，良好的社会口碑，优质的服务质量，使无锡城院（国家酒店示范专业群建设院校）、江苏食品药品职业技术学院（国家烹饪示范专业群建设院校）与无锡艾迪花园酒店（首批"全国旅游职业教育校企合作示范基地"）成为酒店职业教育"校企合一、系统养成"人才培养模式的示范与典型，2013年荣获江苏省高等教育教学成果一等奖。毕业生的职业素养与职业能力获得社会普遍认可，走出了一条学校、企业和学生三方共同受益的人才共育养成之路，2017年12月艾迪和无锡城院双双入选首批50家"全国旅游职业教育校企合作示范基地"。

产教融合推进酒店经营服务

艾迪酒店从领导到基层员工人人参与学徒制人才培养。酒店每年设立200多万元的经费预算，用于酒店学徒的教学和实习补贴。酒店制定学员管理手册，对参与学徒培养成绩突出的员工和优秀的学徒制学员进行奖励。

人才的有力保障促进艾迪经营管理成效显著，连续8年荣获惠山经济开发区国控企业优秀经营奖，并先后获得了2015世界厨王上海争霸赛团体赛亚军、2017全国蒸菜金牌宴席、2016—2017年中国酒店业最佳卓越服务酒店、2017江苏省餐饮业十佳婚庆酒店、非物质文化遗产老式面制作技艺单位、2018中国锡菜十大名店、2018中国金牌非遗美食、旅游行业企业文化展示金奖、2019年荣获首届"百味中国"之特色旅游小吃以及中国大运河饮食文化传承基地等数十项国家、省级荣誉。2021年年底又获无锡市非物质文化遗产保护基地。

思考题

1. 结合案例Ⅰ，说说面临酒店人才困境，万豪集团的做法对酒店企业的人力资源工作有何启示？

2. 结合案例Ⅱ，谈谈产教融合、人才培养的现实意义。

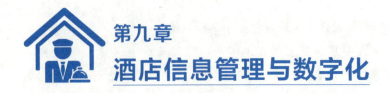

第九章 酒店信息管理与数字化

 学习目标

学完本章，你应该能够：
(1) 了解酒店信息管理的应用情况；
(2) 知晓酒店信息管理的特点；
(3) 熟悉酒店信息管理系统的主要构成；
(4) 认识酒店的数字化转型；
(5) 理解酒店宾客数字化体验的远、中、近、后场场景。

 关键概念

酒店信息管理系统　网络营销　OTA营销渠道　数据应用　CDP

第一节　酒店信息管理

一、酒店进入信息时代

目前，计算机系统对于酒店管理者的作用日益重要，酒店经营者在很大程度上依赖于计算机系统，计算机可以提供所有者和经营者需要的有助于高效经营的各类信息和控制手段。酒店业是我国服务业中最早对外开放的行业。20世纪80年代初，很多酒店就开始应用计算机网络技术进行内部信息管理和业务操作。信息技术早已广泛用于前厅接待、收银、问询、预订、销售、餐饮、保安、报表、门锁等各个方面。从1978年我国当代酒店业起步算起，40多年来，酒店管理信息系统已经经历了专用系统时代、商用机系统时代、网络结构系统时代等时期。酒店业信息技术应用的不断攀升，既是社会发展、技术变革的结果；也是酒店业自我调整，适应环境的必然选择。信息技术的广泛运用和不断更新将推动着旅游酒店管理向更广、更深层次的发展。

二、酒店信息管理的特点

计算机和网络技术的应用极大地提高了酒店处理常规性信息的能力和效率，从各个方面影响着并在根本上改变了酒店经营管理的运作模式，从而提高了酒店的经营管理水平和参与市场竞争的能力。酒店是社会窗口行业，用户覆盖面广，遍及世界各地，每天24小时不间断营业，提供的服务种类繁杂，酒店经营管理实质上是对酒店经营过程中人流、物流、资金流、信息流的管理。所有这些都决定了酒店业的计算机应用具有鲜明的特色。

（一）实用性

酒店宾客发生的费用需立即计入系统，所以，高效准确地办理结算业务对于酒店的服务而言非常重要。如果由于系统反应迟缓而耽误了宾客宝贵的时间，将会给宾客和酒店双方带来经济损失。能够反映包括最新的宾客住店情况、宾客消费情况、宾客的预订情况等当前的经营状态和变化趋势，是一个好的酒店信息系统的基本要求。

（二）技术密集

酒店各工程系统需要以计算机为核心，将多种系统协调为统一的整体，从而保证酒店中诸如暖空、供水、供电以及电子门锁、电话交换机系统、商用POS、银行POS、信用卡消费、电视监控等大量高新技术在酒店中都能得到应用。

（三）综合协调性

酒店内，部门与部门之间、员工与员工之间、员工与部门之间的工作应协调一致，信息是管理者协调各部门工作的依据，如酒店的信息系统必须将当天预计要到达的预订宾客和团体信息及时地通知接待部门，做好接待准备工作，并同时通知其他有关部门做好接机、餐饮等的准备工作，保证酒店向住店宾客提供满意的服务。

（四）容量大

酒店的经营管理除了需要宾客的消费信息、客源市场构成信息、社会的消费趋向信息外，还要求这些信息不但能够反映当前的状况，还要对回头客进行预测，更应记录过去的状况和变化过程。信息种类繁多、数量庞大、处理复杂。以 VIP 宾客信息为例，就要记录宾客的消费历史、爱好、习惯等相关情况。

（五）网络化

酒店内的信息流通渠道是一个纵横交错的网络，既有部门与部门之间协调工作的报表、报告、单据等的交流，如厨房在食品加工设备发生故障时应向工程部提交工作单等；也有上下级之间决策及其反馈等信息的上传和下达，如每天早晨由财务部的夜间稽核人员向总经理和主要营业部门经理提交的前一日营业日报表、客房销售日报表等；更有与集团公司、与银行 POS 系统、全球客房预付系统、订房系统等多种网络系统的链接。网络信息流动的畅通程度决定了酒店整体的工作效率。

（六）安全性

大型酒店一天要面对上千人次的入住和结算。在任何时候系统出现故障，都会给酒店带来很大的经济损失和不利的社会影响，因而对酒店信息系统的硬件质量、系统软件和数据备份方案都提出了较高的要求。

酒店与用户在享受信息网络带来的快速与便捷的同时，也承担着数据泄露等难以规避的风险。有数据统计，全球每年大约有 20 个国家的 9.78 亿人会遭受网络攻击，经济损失高达 1 720 亿美元，而且这个数字仍呈上升趋势。对此，酒店的系统安全问题应该得到重视，并给予有力的安全保障。

三、酒店管理的信息系统

（一）酒店管理信息系统

酒店是经营服务的企业，服务产品的特殊性决定了酒店的企业经营管理也应具备一些特殊的手段和方法。酒店管理信息系统是一个由人、计算机等组成的进行酒店经营管理信息的收集、传递、储存、整理、加工、维护和使用的系统，能实际反映酒店的运行情况，利用过去的数据预测未来，辅助酒店企业进行决策，控制酒店企业的行为，帮助酒店实现规划目标。酒店管理信息系统（Hotel Management Information System，HMIS）依靠先进的科学技术手段，通过对客史资源等数据的分析和挖掘，创造服务优势，提高酒店的科学管理水平。酒店管理信息系统为酒店的经营决策和服务提供了翔实的基础材料，使酒店的经营活动能够有的放矢，避免许多不必要的时间、精力、资金的浪费。

酒店经营管理活动是很复杂的，包括对外经营和对内管理，涉及预订、接待、询问、客服、餐饮、康乐、电话、人事、工资、财务、库房、设备管理等众多环节。

1. 前台计算机管理系统

酒店管理信息系统分为对外经营服务和对内管理控制两方面。直接对客服务系统又称前台计算机管理系统。以客账收入管理系统为代表，包括收银系统、预订接待系统、客房管理系统、商务中心系统、电话计费系统、餐饮娱乐收银系统、保安监视系统、收费视频点播系统、智能门锁系统、客房保险箱系统等。此外，对客服务管理信息系统还有有关服务项目和信息咨询系统。

2. 后台管理系统

与对客接待服务管理系统相对应的是酒店的职能管理系统，也称后台管理系统，它以财务系统为主完成酒店全部业务的核算和管理工作，包括酒店总账、往来账和财务报表系统、职员和仓库物品管理系统、酒店设备管理系统、人力资源管理工资管理系统以及总经理查询系统，还包括计划管理、成本控制等，构成酒店内部控制系统。此外，还有管理信息收集和营销信息处理系统等组成的酒店营销分析系统，以及计算机维护系统等。

（二）常见知名酒店信息系统软件

1. 常见国外酒店信息系统

常见的国外酒店信息系统软件很多，以下简单介绍几种国际上著名的、在国内使用较多的软件系统。

（1）美国 ECI 公司最早使酒店前台业务实现了计算机管理，ECI 酒店系统是美国易可电脑公司最早于 1969 年开始开发的酒店管理电脑系统，主要包括预订、排房、结账、客史资料、餐厅、查询、夜审及市场分析等功能，被全世界公认为酒店电脑系统的翘楚。

（2）HIS 酒店系统酒店业资讯系统有限公司（Hotel Information Systems，HIS）于 1977 年成立，总部位于美国洛杉矶，目前是美国上市公司 MAI Systems Corporaion 的全资公司。

（3）Fidelio 酒店系统（Fidelio Software GmbH）于 1987 年 10 月在德国慕尼黑成立。成立 4 年即成为欧洲领先的酒店软件产品，成立 6 年跃居世界酒店管理供应商之首，后来该公司合并入美国 Micros System Inc. 公司。

（4）OPERA 系统，该系统是 Fidelio 的升级版。

2. 常见国产酒店信息系统软件

（1）华仪软件，华仪公司成立于 1987 年，是国内第一家专业从事酒店计算机管理系统设计、开发、安装培训、维护服务的软件公司，其酒店管理软件研发始于1979年，至今已研发7代酒店信息管理软件，2018年位列国内PMS综合实力排名第八。创始人金国芬被誉为"中国酒店信息化的开拓者"。

（2）石基西软。石基旗下的西湖软件，简称西软，创建于1993年，研发Foxhis系统，是国内最大的酒店信息系统公司之一。2006年与北京中长石基公司合并，2007年以石基信息名称上市。石基信息是世界上极少数专业从事酒店信息管理系统开发与销售、系统集成、技术支持与服务的上市公司，在经验年限、客户数量、客户质量、产品矩阵、国际布局等方面都享有绝对优势，国内四五星级酒店市场占有率超过80%，稳居国内市场占有率第一。作为OPERA在中国的唯一代理商，石基垄断着中国高端酒店的酒店管理系统。2020年，石基西软全面升级云XMS平台，运用云计算、移动互联等新技术，集成了PMS、POS、移动产品、ITF等模块，使线下线上信息系统融为一体，广泛适用于单店、集团用户。

（3）金天鹅。金天鹅有近20年行业积淀，核心业务为酒店提供数字化管理整体解决方案。国内首倡"7×24"小时售后服务体系，功能齐全操作简单的PMS系统为金天鹅积累了10万＋酒店投资人的口碑，占据中小酒店市场份额80%以上。金天鹅软件性价比高，简单便捷，服务到位，近几年认可度和知名度显著提升，2021年成为上市公司同程艺龙全资控股子公司。公司定位中小酒店软件市场，封杀酒店管理漏洞，保障财务安全。2020年，金天鹅整合PMS系统到云平台，自主开发核心产品——2号店长，打造酒店商业数据化服务解决方案，涵盖IT、供应链和运营三大板块，解决酒店降本增收的难题。"北有西软，南有天鹅"，如今金天鹅已经成为酒店首选的SaaS软件之一。

（4）中软好泰。中软好泰是携程集团旗下全资子公司，中软好泰针对不同类型酒店精心打造的PMS系列产品，专业版、企业版、国际版的系统划分满足国内外不同类型酒店管理所需，包括传统C/S架构产品及基于云技术的慧云酒店管理系统，目前正在为全世界数千家酒店提供管理支持，是酒店实现管理和电子化营销的制胜之选。

（5）简单点（佳驰）和众荟，同属携程系。长沙佳驰软件有限公司成立于2007年，主要从事酒店管理软件自主研发与销售，旗下简单点酒店管理系统采用PMS信息管理云计算服务体系、简单点酒店营销平台、酒店自助开房机、简单点云PMS，多次获得业界荣誉，成为酒店管理软件行业中不可忽视的一股力量，与超过50 000家酒店建立了合作关系。

2018年7月，众荟将PMS（酒店管理系统）拆分为独立公司，并入携程业务范围。众荟从数据智能服务平台切入到PMS里，其本身就有一定的资源沉淀。PMS面世以来，以其友好的界面、便捷的操作而受到市场青睐。

（6）住哲和云掌柜，同在艺龙旗下。住哲是同程艺龙旗下的酒店 PMS 服务商，其核心酒店管理系统是基于云计算的住哲连锁酒店管理系统（适用于连锁酒店）、住哲客房管家（适用于中小酒店），以及中央管理系统、移动办公 PMS，另有微信订房、微信自助入住系统、手机 App 订房、Wap 网订房等酒店网络营销产品。

云掌柜是艺龙旗下的酒店 PMS 服务商，是一家致力于提高民宿运营和管理效率的一站式服务商，成立于 2012 年，总部设在上海。

（7）绿云，基于云计算技术和 B/S 架构自主研发、运营的 iHotel 酒店信息化平台已经形成绿云 PMS、数据平台、电商平台四大业务集群，以客史及会员数据为依托，用大数据技术重构线上线下一体化的酒店营销体系。

（8）别样红，2018 年被美团全资收购的别样红，一直以新锐的互联网思维和产品为行业熟知。旗下云 PMS 产品是业内真正基于互联网云端架构的酒店云管理系统，为酒店提供了一整套成熟的管理思想和管理体系。2019 年，别样红宣布推出新的酒店收益管理产品（RMS），同样引起了广泛关注。

（9）罗盘，基于云计算技术的酒店管理系统，优点在于：支持 48 小时断网操作，这个功能成功实现了酒管系统—中央预订系统—酒店网站的对接。使用系统时不需要购置服务器、硬件、软件，系统支持永久在线升级，节省系统升级和系统维护人员的成本。界面干净，操作简单，前台在 2—3 天内能完全掌握如何操作。最近几年发展很快。

（10）订单来了，成立于 2017 年，是当之无愧的后起之秀，被称为最具互联网气质的 PMS 厂商。2020 年，完成了两轮近 7 000 万元的融资，侧重服务旅游目的地的营地、民宿、农庄、景区等。

3. 国内酒店 PMS 四大主流派系

受新冠肺炎疫情的影响，酒店管理行业受到了前所未有的重创，OTA 渠道掌握着酒店管理系统的命脉，很大一部分酒店管理系统最后都成为 OTA 的附属。OTA 渠道在酒店行业的话语权与日俱增，许多 PMS 企业已经开始站队，或直接被收编。目前，可以将酒店管理系统划分为 OTA 系和独立系两个阵列。其中，OTA 阵列又细分为阿里系、携程系、美团系，根据相关数据统计，目前 OTA 市场占有率达 80% 以上。

我国酒店 PMS 行业格局目前分为四大主流派系，主要包括阿里系的石基，携程系的佳驰、云掌柜、住哲、中软好泰、客满满、好栈友，美团系的别样红、番茄来了，独立派系的绿云、金天鹅、罗盘等（见图 9-1）。

阿里系、携程系、美团系及独立派系，在 2020 年十大酒店管理系统（PMS）中，

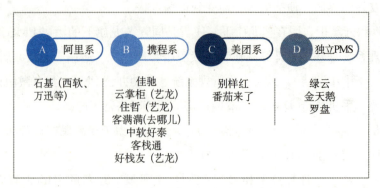

图 9-1　我国酒店 PMS 行业格局：四大主流派系

均有品牌上榜，其中，阿里系的西软、独立派系的金天鹅以及携程系的中软好泰，分别以 85.41、81.84、76.18 的综合评分位居前三（见表 9-1）。

表 9-1　2020 年十大酒店管理系统（PMS）

排名	品牌名称	品牌指数	排名	品牌名称	品牌指数
1	西软	85.41	6	别样红	71.95
2	金天鹅	81.84	7	罗盘	68.29
3	中软好泰	76.18	8	住哲	67.93
4	众芸	73.78	9	简单点	65.89
5	绿云	72.69	10	云掌柜	53.27

随着云 PMS、大数据、酒店私域流量等新产品和新理念的普及，以及私域流量、短视频平台对 OTA 的冲击，市场占有率正慢慢地发生着变化，相信在不久的将来，酒店管理行业也将逐渐摆脱 OTA 的束缚。已经有不少专业人士预测，相对独立的 PMS 品牌更受到酒店投资人的青睐。近些年，西软与金天鹅称得上南北双雄；民宿领域的细分市场也有新生力量默默崛起。

在云 PMS 方面，各大厂商都站在同一起跑线，一些前瞻性的品牌也不再局限于软件，各种人性化服务也跟上了步伐。可以说，机会与压力并存，风险与未来同在，优胜劣汰更有利于行业的良性发展。

酒店管理系统行业也正积极地拥抱物联网，随着 5G 的应用，"智慧酒店管理系统"也将成为酒店管理系统弯道超车的机会，其中包括：泛微、欧溢来、厚润达等一众智慧酒店系统，作为智慧酒店管理系统开疆拓土的排头兵，为酒店管理系统带来新的生机（见表 9-2）。

表 9-2 国内酒店 PMS 行业竞争格局

		石基信息	众芸信息	别样红	绿云科技
成立时间		1998 年	2015 年	2013 年	2010 年
主要产品		PMS/POS/CRS/CRM	PMS/CRM	PMS/RSM	PMS/POS/CRS
服务酒店数量		74 000+	30 000+	20 000+	180 000+
客户案例		万豪、洲际、凯悦等	碧桂园、亚朵、开元等	八方、法菲亚、容锦等	锦江之星、君澜、绿地等
目标客户	本土中低	√	√	√	√
	本土中高	√	√	√	√
	国际中高	√			
云产品		√		√	√

资料来源：公开资料。

四、酒店信息技术的实践

1999 年，比尔·盖茨曾说过："在接下来的十年中，成功的公司将是那些能运用数字工具来为它们的经营活动开创出具有创新性经营方式的公司。这些公司将能快速地作出决策，有效地采取行动，并能通过有效的途径和它们的顾客进行直接的接触。"今天我们看到有效运用信息技术的酒店成为能最出色地改善对外部顾客（如客户）和内部顾客（如员工、股东）服务的公司。一流的企业创造性地利用信息技术提高效率和服务质量，支持服务补救的例子数不胜数。

（一）提高效率和服务质量，支持服务补救

酒店建立中心数据库，通过电话或与网络建立链接呼叫酒店内各个部门，如纽约皇家酒店、芭尔森酒店开发酒店专家软件（Hotel Expert）。数据库系统的主要客户是客房部和维修部。数据库系统能自动地将各种任务分配给员工，通过利用"提醒"装置在 15 分钟内将所要传递的任务传送给员工，使酒店能提供有效的、高质量的服务。

在很多时候，新技术应用的价值与各方达成共识很重要。推广运用数字工具过程中会遇到很多价值共识的问题。首先需要对技术应用的目标达成共识，是更节约成本，还是提升收入，或是提升宾客体验。

例如，2019 年洲际集团大中华区在运用数字工具 IHGRStudio 推广过程中，普遍的价值分歧在于"移动时代还有多少宾客会打开客房的电视，对电视这样的场景进行优化的价值在哪里？""首先统一认为电视至少在未来 5 年应该依然是酒店的标配。对

于洲际来说，如何在既定投入的基础上，发挥其最大的价值。其次，该工具为宾客增加了很多功能性、互动性选择，提供了丰富且更高质量的节目内容，希望它能够成为触动客人打开电视的动因，从而增强宾客的数字化参与感和体验感。"也就是说，数字化最终还是需要落实在可看见的绩效提升或者成本集约方面，才能可持续。

（二）客史档案活动推进出租率

芭尔森大饭店位置于偏远的北新汉普郡，为赢得高比例的回头客，管理层选择开展一项客史档案活动，以尽可能地为每位顾客提供量身定做的特色服务。该活动通过使用人工智能为不同的用户提供服务，努力收集每一位顾客及每位曾咨询过本酒店相关情况的个人信息。顾客的任何特殊需求或偏好都能够被准确而全面地记录在该系统当中。如顾客以前在本旅馆逗留期内的相关信息，住过的客房类型和房间号（包括特殊要求），顾客所支付的房价，为该顾客服务过的客房服务员，顾客对餐厅、餐饮品种的选择，某些特别活动如喝茶或滑雪等。

（三）电脑服务员促进对客服务

芝加哥丽思·卡尔顿酒店在前厅设立的电脑服务员广受顾客的好评。电脑服务员设在接近酒店商务中心的礼宾服务员办公桌旁，工作时间为周一到周五的上午9点到下午6点。顾客对电脑服务的需求很快从每天2次提高到每天5次。同时，酒店内礼宾服务员、商务中心员工及管理信息系统员工的士气也得到了显著提高。

（四）浩瀚数据支持经营预订战略

万豪酒店开发内部网络信息资源，完善收益管理系统，建立数据库，完善程序，以确保系统和技术能支持酒店的经营战略。万豪连锁酒店的预订系统掌控全球超过400 000间客房，在其常客程序中存有1 200万消费者的个人简况（可能是酒店业最大的数据库）。这些信息使万豪酒店有可能把消费者的个人资料与他们对服务产品的偏好相互参照，使酒店的营销具有很明确的定位，员工也能主动提供针对性的服务。

我国7天经济型酒店连锁公司网络预订也有明显成效，网上预订高达40%，7天依托中国最大酒店集团——锦江集团的雄厚资源，为品牌营销赋能，大数据监控为运行提供支撑，线上线下连接用户，以数据驱动营销决策，经过15年的不断努力创新，现拥有1.5亿会员，拥有370多城市和国外10多个城市2 000余家连锁店。

酒店信息化为现代酒店管理实现个性化服务插上了科技的翅膀。由信息技术帮助建立的酒店数据库使酒店前台服务员能够提供丰富的宾客背景资料，从而实现周到细致的个性化服务。创造性的应用信息技术给酒店带来了方便，酒店应做好信息管理，即认识到信息技术在酒店中何时何地能起什么作用，并切实地利用好信息技术工具。

第二节　酒店的数字化转型

一、信息化、数字化和数字化转型

（一）信息化与数字化

信息化主要是单个部门的应用，其价值主要体现在效率提升方面，缺少跨部门的整合与集成。

数字化破除部门墙、数据墙，打通企业内部业务流程，实现跨部门的系统互通、数据互联和融合，为业务赋能，为决策提供精准洞察。

（二）数字化和数字化转型

数字化转型是通过数字化的方式来重塑品牌、产品、服务与用户之间的关系，实现以客户为中心的价值主张。重构研发、生产、销售和服务的底层逻辑和价值链，重新定位生态圈的组成和自身在生态圈中的位置。

数字化本身是一个过程。最初的数据平台仅仅是为了解决业务部门的报表需求。数字化的过程也是企业不同业务模块逐渐线上化的过程，其本质是提升效率，让流程更加顺畅，数据访问更为便捷、安全和可靠。酒店业一直没有停止过在数字化方面的探索，尽可能地在营销、服务、管理等方面不断叠加工具和技术的使用，后来渐渐发现这并不是长久之计，直到真正感受到数字化转型已经上升到行业战略级别，数字化转型是一项以客户为中心的价值主张。

在数字化时代，酒店产品体验价值凸显，传统服务业转型拐点已至。

数字化转型致力于通过客户价值提升而发展，酒店业依然追求与用户建立更长久的客户关系。这是数字化转型的核心，也是未来行业进行探索的重要方向。最终带来客户忠诚度的提升、收入和利润的提升以及资产价值的提升。

数字化转型需要服务于企业的核心战略。对于酒店管理集团来说，无论是通过数字化的方式实现集约化管理和效能的提升，还是用户全生命周期价值的提升，其最终目标就是实现资产的增值。

所有中高端酒店都将"为客户提供一致和高质量的体验"作为接下来的首要目标，

成为酒店和酒店管理集团未来规划的重要组成部分，开始集中进行人力、物力和财力投入来打造这一核心竞争力。

二、酒店数字化转型的阶段及状况

（一）酒店数字化转型各阶段的特征

近十年来，酒店全面进入数字化转型，酒店数字化转型一般有以下五个不同的阶段，并各具特点。

(1) 朦胧期。酒店内部几乎没有信息化软件，外部也查询不到企业营销信息。

(2) 反应期。开始使用信息化系统，并拥有面向消费者的多媒体渠道。

(3) 进展期。云计算普及，移动化、数字化特点开始呈现。酒店线上线下全渠道数字化，可充分利用数据作决策，并有专门的数字化人才推动数字化进程。

(4) 沉浸期。能够为客户提供个性化体验，酒店形成全新的组织架构。

(5) 成熟期。酒店内部形成数据驱动文化，取得显著的效率提升。

（二）中国酒店业数字化转型发展的现状

从目前中国酒店业数字化转型发展的现状来看，中国酒店业整体依然处于反应期的阶段，一些领先的国内酒店管理集团已经进入沉浸期。

(1) 反应期的基本特征是酒店企业已经具备了初步的数字化基础，主要集中体现在营销数字化方面，以及线上营销渗透率的持续增加。

(2) 部分领军企业已经进入沉浸期，已经完成了业务数据中台和产品数据中台的搭建，能够为客户提供个性化体验，并由此形成全新的组织架构。

（三）数字化转型的迫切性与价值

1. 数字化转型的迫切性

在疫情的影响下，酒店对于数字化转型的需求更加迫切。经过疫情的大考，酒店住宿企业普遍提高了对数字化转型的认识与自觉性，更多企业坚定地推进数字化转型，这是酒店住宿业数字化由点状试点示范转向全面数字化发展的契机。

对于酒店住宿业来说，数字化不仅为企业降本增效，也将成为住宿业发展的分水岭。在物联网、云计算、大数据、人工智能等新技术快速发展的时代背景下，各个年龄层次的消费群体对于数字化体验的需求不断增加，大众的数字化消费习惯正在逐步形成。在消费需求倒逼下，酒店住宿业已进入数字化发展新时期。

从某种意义上说，数据就是效益，数据就是竞争力。酒店数字化转型的迫切性，首先体现在数据上，积累酒店自己的数据资产，推动数据的应用，以数据驱动转型增长。

除了线索收集，线索自身质量评估，营销部门还应考虑如何把线索运营起来，如何通过数字手段赋能营销；酒店行业的营销不仅是品牌广告的效率提升，除了OTV、开屏等形式，还要考虑面对消费者如何有更灵活、更深入的互动，如何利用抖音、快手、小红书等新社交媒体？如何将线上卖货和私域营销进行有机结合，提升互动频率，等等。类似的情况还存在于近几年风靡行业的用户全生命周期管理和触点管理理论的应用。

2. 数字化转型彰显价值

数字化转型对酒店行业带来的价值包括：

（1）应对风险。面对突如其来且不可预见的危机，渠道和客户线上化将帮助企业抵消一部分危机带来的损害，让品牌能够保持时刻在线。

（2）更具洞察力。依托数据形成决策流程的闭环，对外部市场和内部运营的变化作出更快速的反应和调整。

（3）更高效。用数字化的方式重塑运营流程和人员管理模式，为宾客、员工和业主创造更多价值。

（4）更灵活。在快速变化的竞争市场，让企业能够更加敏捷地捕捉到新的增长机会。

（四）技术系统由 OTA 转向 CDP 和 CRM

根据2017年《全球客户价值体验报告》，81%的企业认为数字化客户体验将成为未来差异化竞争力的核心，但只有13%的企业认为自己在这方面的表现能够达到9分以上或超越了竞争对手。

酒店管理集团现在和未来十年技术计划的核心系统可能会发生转移，由原来的OTA 及 CRS 系统转向 CDP 和 CRM 系统。

1. OTA

OTA 的全称是 Online Travel Agency，是旅游电子商务行业的专业词语。OTA 指旅游消费者通过网络向旅游服务提供商预订旅游产品或服务，并通过网上支付或者线下付费，即各旅游主体可以通过网络进行产品营销或产品销售。

国内知名OTA主要有携程、美团旅行、去哪儿、马蜂窝、驴妈妈、同程艺龙、途牛等，国外的有爱彼迎、缤客等。

2. CRS

CRS(Common Reporting Standard)即共同申报准则。2014年,经合组织(OECD)发布了《金融账户信息自动交换标准》,旨在打击跨境逃税,标准中包含CRS。

3. KOL 和 KOC

最近几年,中国的直播行业正在重塑人们使用移动互联网的方式,成为中国最新的互联网创业热潮。这一现象也催生了KOL的出现。KOL是Key Opinion Leader的简称,意思是关键意见领袖,通俗地讲就是大V。

它被视为一种比较新的营销手段,发挥了社交媒体在覆盖面和影响力方面的优势。KOL是某个领域的专家,他们有自己的拥趸,品牌营销是KOL背书,用户信的是专家,而且KOL的粉丝黏性很强,用户在价值观各方面都很认同他们。

对应的还有一类人群KOC,全称为Key Opinion Consumer,即关键意见消费者的意思,在垂直用户中拥有较大的决策影响力,在某些平台带货能力强。可以理解为粉丝量较小的KOL,通俗点讲就是某领域的发烧友、素人。KOC自己就是消费者,分享的内容多为亲身体验;他们的短视频更受信任,他们距离消费者更近,更注重和粉丝的互动,由此KOC和粉丝之间形成了更加信任的关系。KOC不同于KOL长期创作某一垂直领域的内容从而获得垂直营销力,KOC甚至不能称之为意见领袖,但却在垂直用户群体拥有较大的决策影响力,能够带动其他潜在消费者的购买行为。

KOC传播离用户更近,与普通用户联系得更加紧密。在发布内容时更能够通过同理心来影响其他用户。而KOL有时因为商业合作的原因,发布的信息并不受用户信任。

KOC所分享的内容通常并不聚焦,且富有生活化、兴趣化,以一个普通用户的身份来为品牌"打call",而不是作为专家形象进行产品推介。比如社群中最活跃的那群人,作为一个用户在群里推荐商品,大家更容易去接受,更具有传播爆发力。

KOL与KOC的区分并不非常明晰,KOL是关键意见领袖,位于金字塔的顶部,可以快速地打造知名度、引爆产品。KOL通常被认为是拥有更多、更准确的产品信息,且为相关群体所接受或信任,并对该群体的购买行为有较大影响力的人。就是在某个领域拥有一定影响力的人。

4. CRM

CRM(Customer Relationship Management)即客户关系管理,是企业为发展与客户之间的长期合作关系、让企业以客户为中心而采用的一系列理论、方法、技术、能力和软件的总和。

CRM有利于提高企业的盈利能力,降低企业的经营风险,为企业创造竞争优势,是提高企业交易效率的重要途径。

CRM 系统是一种基于信息技术的软件，可以合理地提高企业的盈利能力、客户满意度和员工工作效率。这也是公司与现有和潜在客户互动的一种方式。满足客户的需求，提高客户的满意度，增加销售额，扩大销售市场，并大大提高公司的盈利能力和市场竞争力。

5. 客户数据平台

（1）客户数据平台（Customer Data Platform，CDP）也称消费者数据管理平台。CDP 是获取、管理、应用企业一方全域消费者数据的系统，主要应用于企业的后链路营销和运营。其目标是汇集所有客户数据并将数据存储在统一的、可多部门访问的数据平台中，让企业各个部门都可以轻松使用。

具体来说，CDP 就是针对离散客户数据系统问题的解决方案，能对在适当时间、为适当人员、提供适当互动，以及为市场营销、销售、服务等各环节的每个客户接触点打造个性化体验。

（2）CDP 的价值。CDP 的价值是帮助企业构建和管理消费者数据资产，然后将数据应用于后链路的深度运营中，以此实现以消费者数据驱动的全链路营销。可以说，CDP 是承载企业全链路营销和运营策略的核心。CDP 的核心价值是数据应用，CDP 可以将细分人群数据输出给营销自动化工具和机构，做针对性的、个性化的消费者触达、沟通和互动，帮助企业以数据驱动全链路营销和运营。

（3）CDP 是一个管理体系，而不是一个营销工具，其扮演了三个角色：消费者的数据资产积累、数据应用的使能器、私域运营的数据中枢。更具体地讲，包含四个核心应用场景：数据管理、消费者洞察、后链路运营和前链路投放。CDP 显著提升企业在全链路的营销价值。CDP 被认为是近十年，营销科技领域少有的变革，十分有发展前景。

私域运营可以分为浅层次运营和深度运营，前者的核心目标在于一次性快速转化，通过裂变引导加群；后者的目标则是消费者长期的价值，需要更深度、更持续的运营，而这个深度的运营往往需要数据的支撑。

三、转型的差异性、阻碍与探索

（一）数字化转型的差异性

《2020 年酒店业数字化营销策略报告》为数字营销渠道给出了明确的定义。数字营销渠道包括社交媒体、手机端（如信息流广告）、付费搜索（SEO/SEM）、视频、私有交易市场、程序化购买和 OTA。

不同地区之间数字化营销渠道的生态体系呈现差异性。对于酒店行业来说，疫情本身加速了线上渗透，就如上面所述，KOL 与 KOC 通过短视频、直播等各种线上玩法层出不穷，极大程度地丰富了酒店营销渠道。

我们可以看到不同地区之间数字化营销渠道生态体系的差异性。美洲和欧洲等其他区域的广告投放主要在社交媒体和付费搜索等数字化营销渠道。而整个亚太地区与其他区域就有着显著的区别：亚太地区酒店营销主要的预算都投放在 OTA 渠道；然而，酒店业数字营销生态的构建尚不完善。这些差异性的背后，反映的是有诸多障碍的现实。

（二）数字化转型面临的阻碍

酒店数字化由此出现了相对困惑的局面（见图 9-2）。
（1）数字营销策略成中国酒店业未来趋势，数字广告投放依然以 OTA 为主；
（2）云计算成大势所趋，而中国酒店 PMS 云化率仅为 35%；
（3）数字化宾客体验是未来核心差异化竞争力，但很少有企业认为自己在这方面表现出色；
（4）酒店进场数字化转型新赛道，被旧的人才体系和组织架构拖累；
（5）弯道超车害怕改变固有的理念、制度、组织、流程等。

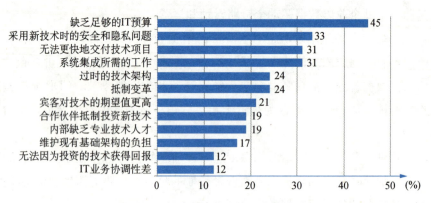

图 9-2　酒店数字化实施面临的阻碍

（三）传统酒店管理普遍存在的诸多痛点

对酒店数字化实施面临的阻碍分析后，不难看到传统酒店管理普遍存在的诸多痛点：
（1）效率低、流程复杂、靠人为驱动；
（2）无数据支撑决策，缺乏精准完善的数据分析；
（3）信息不透明，部门之间、连锁公司的各分店之间执行力差；

(4)决策不能长期、有效执行;

(5)不够了解顾客需求。

数字化能有效解决传统酒店的这些痛点,酒店企业数字化的本质是从传统工具到智能工具、从经验决策到"数据+算法决策"乃至企业组织结构经营理念的革新。

要想在行业中全面推行落实数字化,并不是靠购买相关的软件就可以解决的。数字化转型并不仅仅是技术转型,而是一种认知的提升和实践。数字化的目的是要让企业看清事物的本质、掌握事物运行的规律,关键是对于从事的酒店行业是否专业,需要怎样的数据以及如何应用数据决策、实施落地,它是组织形态、企业文化、领导力的全方位变革与升级,需要的是技术与服务的生态集成。

(四)数字化转型的探索

在一个消费者占据主导权的数字连接世界里,一种规则的改变使原有营销经验失灵,酒店开始探索新的合适的方法,消除实施数字化的阻碍,摆脱数字化困境。

1. 探索面临的三个变化

(1)话语权:话语权从少数媒体渠道变为每一个人,消费者逐渐有了话语权。

(2)连接:从过去前端、后端割裂到如今从前端到后端的营销运营化;从过去基于产品、渠道,到品牌与消费者直连。

(3)数据:数字化转型的基础是数据转型,重点不再是数据分析,而是应用,于是,着力于以第一方消费者数据为核心的管理和应用的 CDP 兴起。

2. 数字化转型三个方法

(1)前链路精细化:要利用数字世界里的事件、话题、内容等获取精准流量;要建立多种与消费者直接联系的数字触点,包括过去的网站,和今天被称为新触点的小程序、H5 等,以及新媒体如抖音、快手、小红书、B 站等。

(2)营销运营化,重视后链路:建立直接连接消费者的触点只是起点,主要工作是运营,包括优化触点上消费者体验、策划内容、引导消费者参与活动、直播等,而最终都是指向后链路的转化,比如在小程序内的转化,在电商平台和品牌自有电商的转化。

(3)发挥数据、技术的更大价值:通过数据和营销自动化、智能算法等技术,以自动化和智能化的方式优化营销和运营。

3. CDP 承载全链路营销和运营策略的核心

CDP 消费者数据管理平台,帮助企业构建和管理消费者数据资产,将数据应用于后链路的深度运营中,以此实现以消费者数据驱动的全链路营销。可以说,CDP 是承载企业全链路营销和运营策略的核心。

营销数字化转型不再是把电视广告搬到视频平台，把几组创意投放给不同人群，在小红书、抖音、B站官方账号发视频，把货品搬到电商平台。营销全链路的数字化，对人的理解的数字化，对人的影响和沟通的数字化，乃至企业整体经营的数字化成了重头戏。更为重要的是酒店住宿业数字化转型是改变传统住宿业管理方法、提升管理效率的必经之路。这些不再停留在策略研究和探讨，而是具体要怎么做，怎么做更有用，聚焦的核心都是宾客。

四、酒店迈入 5G 智慧时代

（一）宾客体验场景的全方位渗透

数字化转型的核心是宾客体验，大部分中高端酒店都会将"为客户提供一致和高质量的体验"作为首要目标，也是行业进行探索的重要方向。建立更长久客户关系的核心在于场景的连接，打造服务的闭环，从而为宾客提供更友好顺畅的数字化体验。

对于酒店行业来说，实现消费者的数字化管理应该贯穿于远场、近场、中场、零距离几个阶段。

（1）远场："种草"、激发需求，计划旅游—酒店推广、架道策略、舆情/评管理。

（2）中场：预订后，入住前，酒店服务与情感互动。

（3）近场：办理入住——PMS、智能设备应用零距离，住店体验——酒店服务，科技便利性和友好性。

（4）后场：退房之后，宾客关怀。

从这几个场景来看，应该说酒店业对于近场和零距离场景下的宾客数字化体验相对比较重视；远场、中场和后场的用户管理虽然愈来愈重视，运营状况也有所改善，但总体水平有待提升。近年来，万物互联理念与智慧酒店的实践以及5G新科技的运用正为酒店以客人体验为核心的提升转型赋能，在酒店服务管理远场、中场、近场及后场全方位渗透，可以期待酒店数字化转型将进入新阶段。

酒店最需要强化的环节依然是"住中"环节，"住中"环节是酒店最需要思考的环节。目前，很多酒店"住中"场景的价值还没有完全得到激发，住店期间，与客人之间的交互太少，交互少意味着很难引起客人的共鸣，用来激发"Wow"时刻的点也会少。应该期待能够在住店期间运用技术手段进一步提升宾客的参与度，让他们对品牌产生黏性和信任。

通过增长试验驱动酒店直销预订增长，通过数据穿透和分析来形成决策洞察能力的进一步提高。找好各利益相关方的平衡点。数字化无非出于两个目标：一是提高效率，节约成本；二是扩展渠道，增加收入。围绕这两个目标找到着力点，云架构平台将能够实现与多种数字化应用的对接，数字化转型云化落地的工作就会变得相对顺畅一些。

在数字化转型中，还牵涉数字化创新，它不是一项改造性工作，而是从无到有的一项创造性工作，数字化创新是酒店在与当前核心业务及既往运营模式上具有较少相关性的领域，要找到全新的商业模式和运营模式，坚定不移地走数字化转型实践之路。

(二) 5G 催生智慧酒店

随着 5G 技术的迅猛发展，为酒店数字化转型插上了智慧的翅膀已成为时代热词，并转化为酒店业加速数字化转型发展的重要途径。酒店行业纷纷开始向智慧酒店转型升级。

1. 人性化设计，智慧生活体验

通过 5G 智慧酒店系统，我们可以远程控制温湿度、体验 VR 游戏、进行人性化的简单操作……结合了尖端科技与人性化设计的智能生活，正在从创意概念一步步转化为现实，给酒店行业带来新的发展机遇，也注入了创新活力。

2. 5GDIS 创造更安全的智慧生活

酒店特别高端酒店的 VIP 客户多、客户体验要求极高，而且服务管理系统数字化升级一旦实施，交付周期短、施工环境要求高，对网络部署和运维都带来了极大的挑战。5GDIS 产品基于自研芯片、一体化设计、高集成度天线等科技，达到了性能领先、规格领先、技术领先。

在智慧酒店的建设中，华为 5GDIS 系统优势明显。一方面，非常容易进行安装。从部署方式来说，华为 5GDIS 基于 5GLampSite，安装方式像换灯泡一样简单，并且不会影响或者损害当前已经存在的室内系统，支持多制式、多频率，可以保护运营商投资。另一方面，对于豪华酒店来说，不需要很长时间就能够部署或者改造现有的系统，降低了成本。

从实践的角度来看，5G 智慧使酒店的挑战和机遇并存，打造出真正经得起考验的 5G 网络仍面临着诸多难题，任重道远，当然，5G 已来，前景向好。

小结

信息技术作为当代高新科技的代表已全面进入酒店,正极大地影响着酒店经营管理的各个方面。尤其随着网络时代的到来,数字化浪潮汹涌,由 OTA 到 CDP,不断推进着酒店业的转型发展,以持续提升宾客体验为核心目标,酒店数字化转型任重道远。

问题

1. 酒店信息管理的主要特点有哪些?
2. 简述酒店信息管理系统的构成。
3. 简述酒店数字化与数字化转型。
4. 简述酒店 OTA 和 CDP。

案例

Ⅰ 智能厨房系统和无人餐厅

长虹研发炒菜机器人,以川菜为切入点,成立了菜谱研究所,还专门建立了自己的净菜车间……

长虹通过信息技术把消费者、厨房机器人、供需交易平台等系统及设备连接在一起,开启厨房机器人餐厅。消费者可以通过手机点餐下单、支付,这些数据将会被上传到云端,食材供应商会在第一时间接收到信息,将所需食材按时、按量、按质送到长虹的一个净菜车间。通过净菜车间对食材进行清洗、加工以及分类,再按照需要配送到终端厨房,厨房炒菜机器人进行烹饪。

厨房机器人后台系统可以将能源消耗、食材品质、食客反馈等数据实时反向提供给食材供应商、农场、后厨等环节,最后形成一个数据闭环。从菜品研发、净菜到烹饪,长虹建立了一条完整的生态链。

这款智慧厨房系统能够通过数据打通农场种养、净菜加工、冷链配送、智能烹饪到手机点餐、食材溯源等全流程。建成的净菜生产中心,其自动化程度超过70%。长虹研发的这款炒菜机器人,可以实现自动投料、自动炒菜、自动清洁等流程,5 台设备只需一人操作便可完成,大大节省了人工。经测算,在成都一个原本 15 人的后厨团队,预计一年可省人工成本 19.82 万元。

最近这几年,多个行业的巨头都开始跨界进军餐饮。从阿里巴巴、京东,到万科和碧桂园,甚至永辉超市等传统商超,大家似乎都看中了餐饮这门生意。从盒马鲜生、盒小马、盒马F2,再到未来餐厅、筷马热食,阿里巴巴一步步地规划自己的餐饮版图。京东不仅布局了7FRESH、无人餐厅等直接针对C端消费者的线下店,而且还开始布局餐饮供应链,针对B端市场,为餐饮商家提供一站式购齐方案。

2022年北京冬奥会实行闭环管理,无人餐厅惊艳亮相,成为上千奥运健儿光顾的热点,赞誉不绝。

毫无疑问,对整个餐饮行业来说,从没有一个时代会有如此翻天覆地的变化,尤其是在餐饮智能化方面,跨出大步,推动酒店餐饮行业更繁荣,更具有想象空间。

Ⅱ 5G智慧酒店

2019年4月16日,广东深圳华侨城洲际大酒店、深圳电信、华为签署5G智慧酒店战略合作协议,联合启动全球首个5G智慧酒店建设,将5G网络、终端、云应用首次端到端地引入酒店商用场景。

华侨城洲际大酒店是国内首家以西班牙醉人风情为主题的商务度假型酒店,是深圳乃至全球各大活动、赛事的重量级合作伙伴,也是深圳电信重点保障的口碑场景。

此次,三方强强联手,以全新的服务理念共同打造高科技智慧酒店新产品,为旅客提供极致创新体验,也为酒店行业数字化转型开启了科技之门。传统酒店同智能高科技相结合,使得5G酒店从愿景走向现实。

懂你所想,5G让酒店更智慧

深圳电信采用华为5G网络设备在华侨城洲际大酒店实现5G室内室外连片覆盖,人们可以通过5G手机、CPE等终端,体验5G酒店创新应用。活动期间,体验区凭借全球移动下载速率最快、通信娱乐业务最丰富的设置,为商务旅客提供便捷商务办公环境,为度假旅客提供高端、浸润式文娱体验。

在酒店大厅,用户可以使用自己的手机通过CPE接入5G网络,体验5G下载、上传的高速率;当你办好手续,迎宾机器人便会指引你一路前行,到达你的房间。除此之外,还能体验5G智能机器人提供的信息查询、目的地指引、机器人送货等服务。这一流畅的智能交互,既提升了酒店的服务效率,更让旅客感受到"懂你所想"的贴心默契。同时,覆盖了5G网络的总统套房还为住客提供了云VR划船机、云游戏、4K电影等5G酒店服务。总统套房内设有5G云电脑设备,旅客只要将携带的华为手机连接至显示器,便可畅游云端办公,甚至运行超大型软件,为旅客带来绝佳的便携商务办公环境。在5G超大带宽与低延时的加持下,旅客能在套房内畅玩云串流游戏,纵览4K高清电影。

通过5G智慧酒店系统，旅客可以远程控制温湿度、体验VR游戏、进行人性化的简单操作……结合了尖端科技与人性化设计的智能生活正在从创意概念一步步转化为现实，给酒店行业带来新的发展机遇，也注入了创新活力。

化解难题，5GDIS让智慧更可靠

从实践的角度来看，5G智慧使酒店的挑战和机遇并存，华侨城洲际大酒店VIP客户多、客户体验要求极高、交付周期短、施工环境要求高，对网络部署和运维都带来了极大的挑战。

打造出真正经得起考验的5G网络仍面临着诸多难题。华为室内数字系统（DIS）易安装、易维护，可以同时支持4G和5G，化解了5G智慧酒店部署的难题，短时间、高效地部署一张极简5G网络，在客户体验方面有了很大的改善。

近年来，华为在5GDIS部署方面频频发力。5GDIS产品基于自研芯片、一体化设计、高集成度天线等科技，达到了性能领先、规格领先、技术领先。

在智慧酒店的建设中，华为5GDIS系统优势明显。一方面，非常容易进行安装。从部署方式来说，华为5GDIS基于5GLampSite，安装方式像换灯泡一样简单，并且不会影响或者损害当前已经存在的室内系统，支持多制式、多频率，可以保护运营商的投资。另一方面，对于高端酒店来说，不需要很长时间就能够部署或者改造现有的系统，降低了成本。

与此同时，华为5GDIS系统不仅仅支持酒店的设备，在其他的楼宇（如购物中心、火车站以及机场等）都可以进行部署。

未来，基于华为5GDIS技术，运营商可以提供AR/VR、精准定位导航等无处不在的连接服务，也将使智能化数字平台（如店铺管理、分流管理、广告精准投放等领域）的运行管理不断提升。

5G已来，前景向好

从2019年春晚的4K回传直播应用，到今天酒店总统套房的5G娱乐、办公业务，作为数字经济的新引擎，5G将逐步渗透智能商务办公、现代娱乐体验、AI智能应用等多个领域。

5G已然到来，但还只是5G技术的起点。由于终端、生态系统、应用以及行业的全面参与，5G的部署速度会比4G更快。

对于5G而言，室内数字系统非常重要。在未来，高清视频、虚拟现实以及娱乐系统等室内相关的应用会推动整个生态系统的发展。

这次合作中，联合深圳电信提供了5G室内数字系统，以及适配酒店场景的5GCloud X应用，这是双方5G设备端到端商用领先能力的展现。华为坚持在5G技术上持续投入，透明开放，打造5G可信的ICT基础设施。华为非常乐于邀请产业伙伴投入5G的产业圈，合作打造在数字化转型中5G健康生态。

Ⅲ 疫情防控常态化推进酒店数字化无接触式服务

酒店住宿业是受新冠肺炎疫情影响较为严重的行业之一。在疫情防控常态化之下，酒店住宿业数字化升级和无接触式服务是大势所趋。为减少疫情造成的损失，酒店住宿企业积极创新，通过网上办理入住、刷脸开门、网上结算等线上服务，用科技手段降低企业人力成本、提升客人入住体验。业界分析认为，疫情加快了企业的数字化转型速度，数字化正在重构酒店住宿业的管理、运营、工作模式，无接触式服务的酒店会越来越多。

目前，可以实现无接触式服务的智慧酒店正日益受到消费者的欢迎，更多的酒店正在加入智慧酒店行列。

在杭州西溪君亭酒店，游客在酒店的自助机上就能办理入住手续，从登记身份信息、体温监测、健康码认证到拿到房卡，全程不到1分钟。据该酒店工作人员介绍，该智慧酒店入住设备兼具身份识别、人脸识别、红外线体温检测、健康码认证等功能，智慧酒店给客人带来新体验。

值得一提的是，还有一些酒店在疫情期间启用了智能机器人实现无接触式服务，部分酒店甚至在办理入住、退房、客房服务等各个场景均采用数字化智能设备，在提升客户体验的同时，也可根据客人的消费行为和住店喜好对酒店日后的运营管理及营销策略提供更加精准的参考。以东呈"呈闪住"为例，酒店可实现三秒快速刷脸入住或退房，全程无接触。

在疫情防控常态化之下，酒店住宿业数字化升级和无接触式服务是大势所趋。很多酒店集团都已展开行动，让客人的入住更加便捷、体验更加个性化。例如喜达屋酒店旗下的W酒店、雅乐轩酒店和元素酒店的客人可享受无钥匙入住服务，客户下载App，注册并接受无钥匙服务后，会在入住前24小时收到房号和蓝牙钥匙。

思考题

1. 结合案例Ⅰ，谈谈酒店数字化转型中的创新和落地。
2. 结合案例Ⅱ，谈谈如何在数字化转型中引入5G创建智慧酒店。
3. 结合案例Ⅲ，简述疫情防控常态化如何推进酒店数字化。

第十章 酒店财务与资产管理

学习目标

学完本章,你应该能够:
(1) 掌握酒店财务控制的相关概念、公式;
(2) 了解酒店资产负债表和损益表;
(3) 明白酒店预算和成本控制的意义;
(4) 理解酒店资产管理的环节和阶段;
(5) 认识新常态下酒店投资所面临的挑战。

关键概念

财务会计　资产负债表　损益表　预算　成本控制　投资回报率
资产管理环节

第一节 酒店财务与预算

一、财务管理简介

会计被称为"商业的语言",财务会计问题是经营管理的关键问题。会计是对企业财务状况的财务信息进行分析、记录、分类解释的过程。财务制度就是会计业公认的对财务信息进行分析、记录、分类、汇总和解释的规则。

酒店财务管理是指酒店利用货币形式对经济信息进行确立、衡量及交流，以便信息的使用者作出充分的判断和决策。它包括财务、会计、预算、成本控制等方面。它是酒店经营活动的重要组成部分，是一种按照资金活动规律进行的全面管理活动。酒店业的经理人应当非常了解财务制度，必须充分地利用会计信息，以便作出经营管理的重大决策。所以，酒店业管理的课程中至少要包括一门财务会计课程。当然，财务管理对酒店成功经营管理的重要性是远非一两本教科书所能描述的。在上一章酒店信息管理系统中，可以清晰地看到酒店接待服务系统的多个子系统无不与财务紧密相连。酒店职能管理系统又是主要以财务系统为主完成对酒店计划预算、购进、生产、服务、销售以及薪酬分配全部业务流程的成本核算和钱、财、物管理。

随着信息化时代的到来，酒店财务管理也开始全面步入酒店财务信息化、网络化、数字化时代，如会计电算化，收费方式的多样性，如信用卡、微信支付宝和财务软件的运用，以及客房、餐饮信息化管理中酒店预订系统的运用，酒店电子商务网上预订、支付结算逐步推广。然而，不管信息化数字化怎样深入酒店财务的方方面面，财务对于酒店预算和整个业务流程的监控作用不但没有减弱，反而因技术手段的现代化而得以扩大和加强，如大部分酒店将前厅部夜间审计员和出纳员的工作职责划归到财务部统一管理，以实现对酒店营业收入的及时掌控全程监管以及对酒店运行状况作即时分析。

二、酒店财务报表

酒店财务会计主要涉及酒店日常事务的分析、记录、分类和总结。分析是指对要记录的数据进行准备工作；记录指的是将数据计入企业的正式账本；分类则是将数据按类别分开，以便更好地解释数据；总结是将信息汇总报告形成报表。由此可见，会计记录数据入账只是会计工作中最基本的一个要素。最后要将汇总的数据变成财务报告（称为报表）递呈经理、所有者及送给其他相关人员。会计编制的两个最重要的报表是资产负债表和损益表。

（一）资产负债表

资产负债表是说明企业在某一时期内资产状况的财务报表，其中列出了资产、负债及所有者权益。

1. 资产

资产是任何有价物品。任何属于企业的资产都会列入资产负债表中，其包括现金、食品、酒水、家具、汽车等。资产分为流动资产和固定资产。

流动资产是延续不超过一年的资产。流动资产在资产负债表中按流动性排列。流动性指的是变现能力。现金是所有资产中最具流动性的，所以排在第一位。应收账款排在第二位。

固定资产指的是会延续一年以上的资产。资产负债表中某些固定资产的价值是不断减少的，称为折旧。折旧是一个账面数字，表示某些资产从开始使用之日起价值减少的理论数量。而固定资产的实际价值也就是市场价值，可能比资产负债表上的要高，也可能低。

2. 负债

负债指的是对他人的金融债务。通俗点说，负债指企业欠别人的钱。负债一般分为短期负债和长期负债。

3. 所有者权益

所有者权益就是指企业扣除负债后，由所有者享有的剩余权益。

（二）损益表

损益表是显示企业一段时间内销售（或收入）和支出的状况。

销售和收入指的都是企业经营的收益。支出指的是经营的成本。损益表中有一栏为销售成本，总销售收入减去成本就是毛利润。

损益表中的支出一般可以分经营成本（可控制成本）和固定成本。固定成本有时也称为固定费用。经营成本或可控制成本是经营者可以控制或改变的支出，为直接费用，随着营业额的增减而增减。这种费用包括工资、洗衣费、清洁用品及办公用品等。固定费用是经营者在近期内无法改变的费用，它包括租金、按揭及房产税，这些费用即使没有销售收入也必须支付的。

损益表中列出的每一类金额合计都可以和预期或预算金额加以比较。如果实际工资额比预算高，所有者就会弄清原因。

在损益表中，如果收入超过成本，就是盈利。如果成本超过了收入，就是亏损。会计信息中的某些具体数字，只要花一点时间计算一下，可以得到一些其他的有用信息。一般来说主要有各种比率、平均值和其他一些数字，可以用来分析企业的经营状况。

三、预算

（一）预算的作用

预算就是未来一段时间内的财务计划，它给管理者确定一个所要达到的销售额标准，并且能帮助他们计算和测定酒店的盈利率，有助于加强酒店管理者对酒店运营成本的控制。

酒店各项预算中最重要的是经营预算，它是一家酒店财务管理必不可少的内容之一。经营预算是未来一段时间，在一定的支出水平下，为实现一定数量的收入而制订的财务计划，准确的预算被认为是营利性酒店进行经营的一个根本。经营预算一经确定，经营者和相关人员在购买物品和雇佣人员时就有了依据，会提醒所有者和经营者警惕不必要的巨额开支和应对可能面临的收入不平衡，甚至亏空。如果没有预算，经营者评估经营是否成功或财务目标是否可以实现的手段就会显得很有限。

（二）获取预算数据

获得可靠的预算数据并不容易。酒店一般根据最近经营时段内的损益表，将过去一段时间的状况视作未来状况的参照表。同时，可信的预算的构筑还需要获取市场和行业可靠的相关统计数据，直至建立一个涵盖整个行业的可靠的统计数据库，并且这个数据库能根据最新的经济信息和财务信息定期地更新。于是，这些数据可以被用来对行业形成一个短期的展望，以今天的市场状况预测明天的变化和趋势。

（三）几项比率、平均值

1. 比率

比率是一个数字与另一个数字相比所得的值。酒店业通常用比率来评估财务状况，常用的比率有成本销售比率（成本百分比）、人力成本销售比率以及入住率、上座率、存货周转率、利润率等。

（1）成本销售比率。成本销售比率的计算公式如下。

$$成本销售比率（或成本百分比）＝成本/销售$$

例如，食品成本销售比＝食品成本/食品销售额。

（2）人力成本销售比率。人力成本销售比率的计算公式如下。

$$人力成本销售比率（或人力成本百分比）＝人力成本/总销售$$

经营者可以将人力成本百分比与计划相比较或与同行业平均值比较。

（3）其他经营比率。

① 入住率。入住率指的是已入住的房间占全部可销售房间的比率，计算如下。

$$入住率＝入住房间/全部可销售房间$$

② 上座率。上座率指的是在某一时间段餐厅就餐客人的数量与可供就餐的座位数

量之比。换句话说，上座率指的是某一时间段每个座位就餐客人数量的平均值，计算如下。

$$上座率＝就餐客人数量/可供就餐座位数量$$

餐饮部经理会记下每天的上座率，以便与其他日子、相关餐厅比较。

③ 存货周转率。存货周转率衡量的是在某一经营时段存货使用和补充的比率，计算如下。

$$存货周转率＝售出货物成本/平均存货成本$$

④ 利润率。利润率衡量的是企业的效率，这一比率对投资者和经营者都非常重要，因为它显示了管理的质量。利润率的计算如下。

$$利润率＝利润/销售$$

企业可以将当年的利润率同以往加以比较，也可以与同行业的平均值比较。

2. 平均值

除了比率，餐饮业和住宿业的所有者和经营者还使用平均值来评估企业的经营。酒店经营中的两个最常用的平均值为酒店顾客人均销售额和入住客房平均房价。

（1）顾客人均销售额。顾客人均销售额的计算方法是用某一时段的销售总额除以顾客数量，计算如下。

$$顾客人均销售额＝销售总额/顾客数量$$

（2）入住客房平均房价。入住客房平均房价的计算方法是某一时段内客房收入除以该时段内入住客房数量，计算如下。

$$入住客房平均房价＝客房总收入/入住客房数量$$

四、成本控制

（一）成本控制的含义

酒店成本指酒店在一定时期内接待经营过程中为客人提供劳务所发生各项费用的总和，包括物化劳动和活劳动。成本控制就是规范成本管理，防止过度支出。

（二）成本控制的意义

成本控制对酒店业经营非常重要。

酒店在确立一个客房或某一食品价格之前，需要了解它的基本成本，要分析各项成本的构成，许多经营者都花费大量时间制定各项制度，用来规范各种成本费用，并在经营中监督这些制度的执行。

酒店的采购很能说明成本控制的重要与必要。采购是一项极其复杂的活动，它既要维持酒店的正常运营，在物质供给上保障服务水准，又要考虑尽可能地控制成本。例如，包含食品、酒水和各类存货在内的原料成本，经常占餐饮成本的 35%—50%。因此，采购员有计划地谨慎采购以降低成本是非常必要的。若酒店能以低于竞争对手的价格购买到经营所需的各种商品，则酒店就能极大地提升自身在行业中的竞争地位。如一家火锅连锁店通过集团采购方式在全国签订到购买湖鲜合同，可以在原料成本中每份降低 1.7 元，这样就可能以低于其竞争对手 3 元多的价格出售产品，无疑在行业竞争中处于非常有利的地位，可见酒店控制成本，采购到高质量或时尚的相对低价的原料，对酒店的经营将是十分有力的支持。

第二节 酒店投资与资产管理

一、酒店投资与资产管理的基本环节

（一）酒店投资与资产管理的五环节和三阶段

1. 投资回报率

对于酒店业主来说，酒店资产的管理、增值、退出主要判断是看一家酒店的盈利情况，其精准衡量指标是投资回报率。在资产管理过程中，运营期的风控、年度预算与目标管理、成本精细化管控，都是不断优化运营期资产管理、提升投资回报的重要手段。

资产管理的主要目标就是达到投资回报的最大化。为了更清晰地从资产角度看待酒店回报率，可以分子分母来比喻，分母是开发和购买酒店的成本，分子是现金流。要让投资回报率居于高位，分母不能过大，分子不能过小。

2. 酒店资产管理的五个环节

酒店资产管理包括选（投）、融、建、管、退五个环节，其中的任何一个环节没有处理好都会影响酒店投资的最终投资结果，因此，酒店业主应当关注酒店资产管理的相关环节。

3. 酒店资产管理的三个阶段

酒店资产管理还需抓住节点，也可分为开发阶段、运营阶段和退出阶段。一些业主对于资产管理存在几点误解：不少业主认为酒店在开业后的运营阶段才需要资产管

理；甚至有业主认为，酒店是在运营中出了问题才进行资产管理。事实上，资产管理从开发阶段就至关重要，直接关系到分母的大小。

在酒店资产管理的三个阶段中，运营阶段是一个比较长的阶段，有的酒店有几十年的经营周期，因此，资产管理在这个阶段发挥着较大的效用。

（二）酒店运营阶段的四个时期

酒店资产的运营阶段分为培育期、成长期、成熟期和衰退期，在每个时期，资产管理的作用不同。

1. 培育期

酒店的试营业到开业第一年，资产管理者的主要目标是开拓市场和内部团队的融合、磨合。

2. 成长期

酒店在第二或者第三个运营年份，应收款项和用户体验可能攀上一个高峰时，资产管理者的重点应为巩固市场定位，以提升收益为主。

3. 成熟期

酒店的收益位于较高的稳定期，也是实现资产价值最大化的时期，这个时期资产管理者应监控资产价值，为资产退出寻找最佳时间点。成熟期大多数酒店都会拥有收益大幅提升的机会，包括出租率和平均房价。如果这个时期的酒店收益没有爬到一个高点，未来再上升就很难了，因此，在这个阶段酒店不仅要提升以毛利润率为主要出发点的经营业绩，还要进行合理的费用控制。

4. 衰退期

居安思危对于资产管理者来说是相当重要的，在进入衰退期前，他们就应该开始考虑资产的调整。在改造的时候给予酒店新的机会去优化空间战略规划，通过空间的战略规划提升经营效益，酒店要对目标客源进行分析，追求、迎合新的市场需求而改造。当然对改造最佳时间点的判断和运营的维护保养也十分重要。

（三）品牌对酒店资产增值的价值影响

谈到品牌对酒店资产的价值影响，必然会涉及一个关键性的问题，拓宽品牌思路：对于业主来说，究竟是将品牌委托国际品牌管理更有优势还是自主管理或跟本土品牌合作可以让资产增值更快？

国际品牌的酒店管理公司最大的优势是有全球分销系统和庞大的会员体系支撑，尤其在一线城市，它对酒店市场的占有率有很大帮助。

但是到了三四线城市，这些国际品牌的效应、优势就不太大了，反过来，酒店可能会因为他们的进驻而抬高运营成本。这个时候自主品牌的优势就显现了出来，比如在三四线城市，国际品牌和本地品牌的品牌效应差别不大，更多在于酒店本身的位置、产品定位以及整体服务的水平，因此，自主品牌只要把这三个方面做好，就可以为酒店节省大量的运营成本，从而给业主公司带来更多回报。在当前国家经济双循环，以内循环为主的形势下，这又有特别的现实意义。

（四）退出，资产必经之路

对于中国的酒店资产退出来说，目前处于一个较为初级的阶段，很多酒店资产并非在市场高点退出，而是在资金无法周转时被迫退出。被迫退出是一个糟糕的资产管理时间点，资产估值肯定会很低。较成熟的资产管理会在酒店资产达到最高值的时候主动寻求退出，或者将酒店打包为资产包重新进行资产配置。

在做资产交易的时候，通常会综合考虑包括IPO（首次公开发行股票）、资产出售或并购在内的各种不同途径，为客户设计退出方案。但最后选择什么样的途径是一个综合考量的结果，其中一个非常重要的考量因素是控制权。

很多持有者，特别是一个公司的发起人和创立人，在做资本交易时不希望失去对业务、资产的控制权，在这种时候IPO对于他们来说是一个不错选择。当然也可以在资产出售或并购交易时，做少量的股权交易。但仅从估值的角度讲，出售或并购交易会帮助客户实现一个更优的估值。

此外，对于一些拥有重资产的酒店集团来说，在通过IPO途径退出方面还有一种值得考虑的方式，即通过房地产信托基金。房地产信托作为一个酒店资产持有的平台，给了发起人在运营管理权方面一个非常有效的运营杠杆。在房地产信托的结构下，发起人不需要持有、控制大于51%的股权，在新加坡和中国香港地区上市的房地产信托里，大部分发起人的持股比例只有20%—30%，他们可以通过控制房地产信托管理人来实现对资产运营和未来发展的控制。

二、疫情后的酒店投资

中国酒店业资产规模庞大，但整体运营效率呈现下降趋势，投资盈利能力和抗风险能力相对较差，直接影响资产价值。突如其来的新冠肺炎疫情给酒店投资市场带来不小的影响。一方面，需求的强烈波动使许多中小型酒店难以为继，大量酒店业主急于脱手物业；另一方面，经济增长放缓、全球贸易局势紧张、国际政治局势不确定等因素使得整体市场投资放缓。与此同时，海量的酒店投资占用了大量土地、银行信贷等资源，低效投资造成了巨大的资产不良潜在风险，中国房地产"三条红线"政策的出台更让众多大型酒店业主迫切希望盘活酒店资产，遵循酒店资产投融管退基本规律，追求酒店的合理投资回报，以缓解偿债压力，提升现金流动性。在这样的市场背景之下，中国酒店业进入"资管时代"是大势所趋。

（一）新常态，酒店投资者所面临的挑战

大量酒店资产在 2020 年或主动或被迫进入交易市场，各类机构投资者与非常规业主出于资产配置的需求也积极选择收购标的。但由于整体市场标价仍处于高位，投资决策速度较慢等原因，实质交易并未出现提升。随着 2021 年中国疫情发展逐渐明朗，最好的并购时机可能正在到来。在经过 2020 年新冠肺炎疫情引发的全国停摆、逐步开放、疫情反复等多个阶段后，酒店投资者逐渐从最初的惶恐不安过渡到如今的处事不惊。随着这些不确定性逐渐转变为新常态，酒店投资者所面临的挑战就变成了：后疫情时代酒店投资的新风口在何处？应该如何优化当下的酒店资产配置，以更好地平衡回报与风险？资产管理最紧急的任务是什么？

（二）资产管理最为看好的市场

2020 年，中国酒店业不仅经历了新冠肺炎疫情的洗礼，也迎来了房地产"三条红线"的风险评估政策。在此情景下，市场对于资金量需求巨大的新酒店投资持续保持谨慎态度，但对于酒店交易市场则抱有相对乐观的预期。虽然疫情在短期内为市场带来不确定性，但中国休闲旅游及商旅出行长期向好的发展态势使得投资者对核心资产及潜力物业的投资兴趣提升。

整体看来，存量物业改造依然是大家最为看好的市场，超过一半的受访者认为存量物业改造在未来将更加活跃。疫情叠加中国经济进入新常态可能促使一大批设施老旧、竞争力低下的酒店进入更新改造周期，力求通过产品更新使资产开启新一轮的生命周期并显著提升资产价值。

（三）酒店投资偏好趋势

1. 一线/新一线城市重新成为最受关注的酒店投资市场

投资者在市场动荡变革期更加偏好风险更为可控的成熟市场。一线/新一线城市虽然受国际交流停滞的影响最大，但由于其多元化的客源结构、丰富的市场层级及深度的房价因素，业主更为认可一线/新一线市场物业的长期持有价值。

2. 投资者对于城市地块的关注度明显高于度假地块

相对远程度假酒店，近郊度假酒店受假期制度及交通条件限制较少，更符合中国家庭的度假习惯，其近年来的投资态势一直保持着稳健的上升趋势。

3. 存量物业加速更新

存量物业改造再次被市场集体看好，一方面，中国大量老旧物业已无法满足市场需求，存在价值提升空间；另一方面，随着疫情影响逐渐稳定，业主可能会加快存量物业改造的步伐，为疫情后的市场复苏做好准备。

4. 华东地区酒店投资活跃度引领全国

无论是新酒店开发还是存量物业改造，酒店投资者的目光都不约而同地投向了华东地区。华东地区整体经济富足、区域内互动频繁、政府管控理念先进的正面形象一次次加强着投资者对于华东地区的信心。华东地区不仅有强大产业集群所带动的商务旅行市场，也是当下中国近郊度假酒店最活跃的需求高地，投资机会丰富。相较之下，东北地区的整体投资期望位列末位。

（四）投管并重，聚焦收入

2021年"投"与"管"仍是各酒店事业部的两大核心任务。如何利用精准的标杆数据对比进行精细化的资产管理是酒店经营者广泛关注的重点。疫情之下，收入端的增长明显要比成本管控来得更为重要。如何通过多种产品形式、多渠道获客也成为资管经理的首要目标。

整体看来，虽然多数资产管理经理在疫情过后都变得更加谨慎，但对整体市场表现依然保有相对乐观的预期。各酒店均在积极地根据市场需求变化进行运营策略调整以及产品更新升级，以为疫情后的市场复苏做好准备。

据天眼查的信息，中国目前有80万家住宿企业，1 000万家餐饮企业，26万家旅行社及相关公司，这些企业超过85％都是个体工商户等中小企业；疫情冲击最大的正是这些中小企业。据清华大学和北京大学前段时间的联合调研，60％的中小企业2020年收入下降20％以上；85％的企业现金流最多维持3个月，这也是一个面临的实际问题。

（五）理性投资，地点为王

市场的波动总会使酒店投资趋于谨慎，而房地产管控的加强也使得酒店开发越发理性。核心地段的优质物业将更加受到追捧，投资额度与回报周期更可控的中高端酒店将迎来开发小高潮。

（六）谨慎乐观，未来可期

疫情后休闲需求的快速反弹提醒着大家，人民对于美好生活的向往是大势所趋，不会轻易被疫情这个"黑天鹅"事件所改变。虽然前路充满挑战，但只要快速响应，积极寻找应变之策,在保持理性思考的同时敢于突破边界,未来依旧令人期待!

 小结

  财务作为酒店经济组织的一条主线,贯穿于酒店投资、生产、服务、销售的经营管理全过程,反映着酒店运营的状况和质量。而酒店投资与资产管理围绕选(投)、融、建、管、退五个基本环节始终关注投资回报率,在疫情新常态下,酒店投资者与经营者又面临新的挑战。

 问题

1. 简要介绍酒店资产负债表和损益表。
2. 简述酒店预算的作用。
3. 举例说明成本控制的意义。
4. 简介酒店资产管理选(投)、融、建、管、退五个环节。
5. 简述中国经济进入新常态,酒店投资者面临的挑战。

 案例

Ⅰ 某美食廊馄饨成本比率计算

  某美食廊菜单中有一款是荠菜鲜猪肉馅的馄饨,馄饨 10 元/碗,一碗馄饨需要猪腿肉、荠菜、馄饨皮各 50 g。主要的原料价格是鲜猪腿肉 20 元/500 g,荠菜 9 元/500 g、馄饨皮 6 元/500 g。这样,每 50 克猪肉的成本为 2 元,每 50 克荠菜的成本是 0.9 元,每 50 克馄饨皮的成本是 0.6 元。每碗馄饨的基本成本为:猪肉 2 元,荠菜 0.9 元,馄饨皮 0.6 元。加上所有调料是 1 元,总成本就是 4.5 元。

$$成本比率=食品成本/售价=4.5/10=45\%$$

  如果及时地以适当的价格,如以 17.5 元/500 g 采购到鲜猪腿肉,成本比率就是 42.5%。

Ⅱ 市场趋于理性,中高档酒店"C"位出道

  不论在新酒店开发(占 37%)还是存量物业改造(占 38%)方面,中高档酒店都是投资者的重点关注对象。与 2019 年调查结果不同,2020 年投资者对于高档

酒店的物业改造热度明显降低,从关注度首位降至次位。中高档无论是新项目投资还是存量改造,其通过产品特色打造更容易实现相对稳健的投资回报,因此,在投资决策时更容易作出决定。但高档酒店无论是新建还是改造,其自身的现金流投资回报并不理想,且投资金额大,因此,在投资决策时往往需要更长的时间作出决定。

Ⅲ 高端酒店投资的"金鸡湖现象"

在中国高端酒店投资中出现了一个"金鸡湖现象",引起酒店业的关注。金鸡湖随着苏州工业园区的开发建设,开始了从养鱼塘向度假村的转变,如今金鸡湖不但成为了5A级景区,还成为全国唯一具有商务旅游特质的同级别景区。金鸡湖所依托的苏州工业园区飞速发展,除文旅之外,还带来了商务、会议会展的配套升级,金鸡湖畔的国际酒店也在这样的基础之上崛起。

苏州尼盛万丽酒店于2006年开启了金鸡湖的高端奢华酒店之路,随后,凯宾斯基、洲际、凯悦、W、香格里拉……几乎每隔两三年,金鸡湖畔便会又伫立起一座新建筑。金鸡湖东西两侧的生活圈内,已开业与待开业的高端酒店达十余家,而未来,仍有一批酒店排队等待进入。

在目前苏州已经开业的105家五星(钻)级酒店中,有17家在金鸡湖畔,其中14家为国际品牌(见表10-1)。在整个苏州区域,金鸡湖的高端国际品牌酒店密集度最高,超过了苏州传统的商业中心观前街。

表10-1 金鸡湖部分高端酒店

年份	酒店	年份	酒店
2006	苏州尼盛万丽酒店	2015	苏州希尔顿酒店(园区)
2008	苏州金鸡湖凯宾斯基大酒店	2017	苏州W酒店
2009	中茵皇冠假日酒店	2019	苏州园区香格里拉酒店
2010	苏州洲际酒店	2020	苏州柏悦酒店
2012	苏州托尼洛·兰博基尼书苑酒店	2021	苏州尼依格罗酒店
2014	苏州凯悦酒店		
待定	四季酒店 嘉佩乐酒店 丽思卡尔顿酒店 华尔道夫酒店 英迪格酒店		

深入查看金鸡湖畔的高端酒店,会发现这些酒店中,不乏首店。譬如2014年开业的凯悦、2017年开业的W、2020年开业的柏悦,以及未开业的四季、嘉佩乐,都是江苏首家。可见国际酒店集团对于金鸡湖这一区域正雄心勃勃。

高端酒店投资布阵与"2万亿俱乐部"

国际高端酒店在"出走"一线城市后,常常在中国市场中寻找更多可能。如果说西北的广袤大地更侧重于旅游机会,那么金鸡湖畔则更是看重以经济实力为导向的商业机会。

首先是金鸡湖所处的苏州,正演绎出与传统江南水乡并行不悖的现代经济实力。《2020年城市GDP百强榜》显示,苏州成为第6个突破2万亿的城市,仅次于上海、北京、深圳、广州、重庆。

加入"2万亿俱乐部",与苏州金鸡湖一带工业园区的崛起有着密切联系。2011年,园区商业规模不断增长,全年社会零售总额达204.46亿元,同比增长20.5%,增幅位居全市第一。商业巨鳄闻声而来,姑苏老城东望,不断推高的苏州天际线,成为了酒店入局的风向标。

环金鸡湖一带并非纯粹的"工业园区",仅仅服务于商业,而是在20多年的持续发展中,实现了从工业园区到综合旅游区再到产业旅游集聚群的蜕变。因而,在"园区即景区、商务即旅游"城市商务旅游功能布局引导下,金鸡湖周围有了文化会展区、时尚购物区、休闲美食区、城市观光区、中央水景区的不同功能区。多功能的目的地使得金鸡湖一带的旅客需求并不只是商业,同样包括了旅行、消费等多个维度。

此外,金鸡湖一带作为苏州的"新城"没有成为千城一面的"文化荒漠",在老城接续历史的同时,金鸡湖承担起了面向当代与未来的新使命。金鸡湖工业园区有着属于苏州气韵的当代文化,借助商旅文体展融合的现代商圈综合体,打造出了一系列特色旅游品牌,譬如诚品书店、半岛骑遇项目、音乐喷泉、空中观光项目、金鸡湖马拉松等,让游客以"轨交加步行"的方式,得以实现完整的旅行体验。

金鸡湖背后的城市灵魂是给消费者提供一条从历史到当下的时空走廊,给酒店带来一城两面的双重选择。

高端酒店密度标杆地段"争夺"的启示

有不少人将苏州金鸡湖与上海陆家嘴、香港维多利亚两岸、广州珠江新城并列为全国五星、顶级酒店最为密集的区域之一,这4个区域,可视作城市酒店密度的标杆,而如海南的亚龙湾、海棠湾,则可视作是度假酒店密度的典型,若放眼全球,纽约曼哈顿、东京银座等,也是高端酒店的聚集地所在。三者在目的地上虽有差别,但对于酒店的"争夺战"来说,其在深层逻辑上,却不乏相似之处,一观全貌,能知方寸。

(1) 区域的"自生力"。

高端酒店落地何处有着自己的一套标准与精准选择，以确保可持续的经营，区域是否具有"自生力"与长远的发展尤为重要。

譬如苏州持续的经济增长为酒店带来了足够的信心，便是其"自生力"的表现，而海南的亚龙湾、海棠湾有着深厚的旅游度假基础，并有持续的政策利好加码，值得尽早占据一席之地。

(2) 酒店的综合吸引力。

城市酒店密度标杆地段与度假酒店标杆地段，看似面对的是截然不同的两种人群，前者更商务，后者偏休闲，但事实上，对于当下的旅客而言，商务与休闲不再完全割裂，他们常常在工作中生活，也逃不开在生活中需要工作，而对于区域来说，亦是如此。城市酒店密度标杆地段中，囊括着城市旅游，在度假酒店标杆地段，同样不乏会展商务。因此，酒店无论处于哪个区域，都需要在有主有次的基础上，关注自身的综合吸引力。

金鸡湖、珠江新城、陆家嘴等都可被视作依托商务的综合性目的地，商务确实是主流，但到市中心来看展、消费的年轻人也不在少数，因此，这些区域的酒店，在品类布局上也隐约有了目标客群的区分，以万豪为例，其在金鸡湖畔已布局3家酒店——刚刚签约的高端酒店丽思·卡尔顿，更面向年轻群体的潮牌W，具备独一无二风格的万丽酒店。

(3) 与目的地的互补共生。

无论国内外、商务还是休闲，酒店在考虑落址地段的同时，目的地也在凝视着酒店。酒店从来不是孤立于目的地而存在的，而应与目的地互补共生，才拥有占据标杆地段的意义。

下一个"金鸡湖"在哪里？

高端酒店的密集区并非一成不变，与曼哈顿、陆家嘴一样，金鸡湖或许也只是高端酒店"远征"中的一程，但随着目的地的潜力增长、酒店的扩张需求，会不断涌现出新的区域，引领新时代酒店投资发展的新潮流！下一个"金鸡湖"应该有以下特点。

(1) 特色产业崭露头角：如今的酒店密度标杆地段，都有自己的特色产业，陆家嘴的金融、金鸡湖的商务旅游、海南的滨海度假，即使是被看作"待开业高端酒店密度最高"的西安，也有会展业作为支撑。高端酒店的入局，更在城市人文之美上下足功夫，成为体验目的地的重要一环。

(2) 城市新气质的转折点：譬如金鸡湖展现城市新气质，走出"旧日江南"后，重新打造现代化新城；同样的还有杭州"两面"，从环西湖的婉约慢生活，到钱江新城金光闪闪的 CBD，城市的气质也写在了酒店上。

（3）消费升级策源地：无论目的地还是酒店，都在竭力取悦崛起的新一代消费群体，两者协同成为消费升级策源地，为此，不断增加相关配套，为目的地始终"保鲜"提供基础，以实现延长消费者逗留的时间、激发消费的可能，也带来更多具备新活力的高端酒店。如海棠湾便可视作消费升级策源地的典范。

思考题

1. 结合案例Ⅰ，分析餐饮成本控制的意义。
2. 结合案例Ⅱ，说明投资选择中高档酒店的理由。
3. 结合案例Ⅲ，谈谈高端酒店投资"金鸡湖现象"的启示。

第十一章 酒店物资设备与安全环保管理

学习目标

学完本章，你应该能够：
(1) 认识现代酒店物资管理、设备管理、安全管理的特点；
(2) 理解酒店物资管理的职能；
(3) 理解酒店采供的含义；
(4) 了解酒店设备的种类；
(5) 理解酒店安全的含义与意义；
(6) 深刻认识推广绿色酒店的意义。

关键概念

酒店采供　酒店设备　酒店安全　绿色酒店

现代酒店业不断发展壮大，服务项目日益增多，对于酒店的后勤保障也不断提出新的要求，推进其规范运作和科学管理。酒店经营的后勤管理包括物资管理、设备管理、安全管理和环保管理。

第一节　酒店物资管理

物资是酒店为客人提供优质服务的物质基础。

酒店物资管理是指为最有效地发挥酒店物质资料的使用价值而进行的计划、采购、保管和使用等一系列活动过程的总称。

酒店日常经营所需的物资以消费品为主，价值量大、投资高，其费用一般占酒店流动资金的85％左右，它对于维持酒店的服务水平、提高酒店产品质量、加快资金周转、降低成本消耗、提高经济效益起着十分重要的作用。

一、酒店物资管理的复杂性

人们常说"大酒店小社会"，酒店经营所需物资涵盖的面非常广泛，大至陈列于酒店大厅、走廊的艺术品，或酒店使用的管理系统软件；小到铅笔、水笔、回形针之类的文具小百货。与其他行业相比，酒店所需的商品的绝对数量也是惊人的。所以，酒店业的密集型物质资料复杂性成为酒店物资管理最显著的特性。酒店物资管理的复杂性具体表现在以下四个方面。

（一）酒店物资管理的标准取决于宾客需求的多样性

酒店的宾客来自五湖四海的各个阶层，客人的生活习俗、兴趣爱好以及对酒店服务的期望都有所不同，对酒店各类物资的需求有着较大的差异。酒店的物资保障的标准就要取决于客人的类别和需求，从而保证酒店以优质服务满足客人的需要。

（二）酒店物资管理的计划受制于酒店营销的不稳定性

酒店的各项营销计划和措施的有力推动，势必影响酒店的物资管理，物资的消耗量、采购等都会受到营销手段、营销效果，尤其是各种促销活动带来的顾客多寡变化的直接影响。

（三）酒店物资管理技巧的多样性来自酒店物资的丰富性

酒店物资五花八门，从百货工业品到海鲜、水产、副食品，类别繁杂，促使酒店因物而异、因地制宜保管各类物品。

（四）物资管理的时效性来源于酒店部分物资的相对不可储存性

酒店物资中很多物资的可储存性差异很大，部分物资（如食品中的鲜活原料）要及时提取，随进随用，时效性极强；客房中针织品和一些低值设备等物资则是可适当储存的。

二、酒店物资管理的关键业务——采供

（一）酒店采供的含义

采供是一项关键的酒店经营活动。一方面，采供作为酒店的一项支柱性活动，要确保酒店平稳、有效地运作；另一方面，采供不仅仅只是定购产品，它与酒店质量控制及成本控制都有直接的关系。酒店采供远不是仅要求获得几种不同的报价，并从中获取最低的采购价格。采供的真正含义可以理解为在适当的时间，以适当的价格和适当的付款方式，采购到适当的产品，以及以适当的方法储运并及时供给至各服务部门。

（二）酒店采供的职能

酒店采供的职能表现在以下三个方面。

(1) 酒店采供维持着酒店内每个部门的运转，保障各部门直接为客人提供支持和服务，这是采供最基本的职能。在适当的时间，以适当的价格采购到适合的产品，以及用适当的方法储运并及时供给各服务部门。看似简单的"适当"二字，对采供部经理而言，要将其运用到某一酒店 1 000—2 000 个采购项目中，那是非常大的挑战。

(2) 酒店采供会影响到包括客人对餐旅经历的满意度和酒店装潢档次水平的体现，因为采供业务所涵盖的范围包括酒店经营效率到酒店所处竞争地位的各个方面。

(3) 酒店采供对于成本控制和盈利水平有着非常重要的影响。通过谨慎而又明智的采供所节约的费用，能直接把饭店的成本费用控制在最低盈亏底线上。对酒店资产的有效利用可以最终提高酒店的利润和投资回报率。

（三）酒店采供的改进

采供是酒店的一项非营利性技能，采供的理念是以更少的资源完成更多的事。酒店采供体系内最为有效的方式是确定酒店的费用主要发生在哪些方面，并且为采购高费用额的项目确立一个最有效的成本控制方式。

现代酒店正在逐步走向一种最为有效的方式来采供各种物资，试图和主要供应商建立起一种合作关系，可以借助很多信息来确定产品的生产商、加工商和制造商，还可以获得有关产品的技术数据。这样，供应商成为酒店最好的信息源。一个全国性的供应商有能力借助计算机与各酒店内部的电脑相连接，为它们提供订货服务。酒店可以通过网络系统直接给供应商下订单，并可立即收到供应商的确认。酒店与酒店的合作部门也能通过互联网增加对所需采购物品的价格、可获性及消费量的了解。

可以预见，随着高新科技的进一步应用和经营理念的创新，传统经营模式对酒店

采供的限制将会有大的改变。

第二节　酒店设备管理

"工欲善其事，必先利其器"。酒店要为宾客提供优质服务，设备设施是先决条件，是酒店经营的物质基础，是为客人提供食宿及相关各类服务的依托。酒店的设备种类多、分布广、投资高、功能齐全，不仅直接构成酒店的固定资产，而且其运行费用也是酒店经营费用的重要组成部分。

一、酒店设备的含义

设备是有形固定资产的总称。对于酒店来说，设备有下面三层含义。
(1) 设备是酒店各部门所使用的机器、机具、仪器、仪表等物质技术装备的总称。
(2) 设备具有长期、多次使用的特性，不是一次性消耗品。
(3) 设备的价值形态在会计科目中列为固定资产。

二、酒店设备的类型

酒店设备种类繁多，主要分为下面十类，也称为十项工程系统。

（一）电力系统

电力系统主要是为了保证供电的持续性以及系统运行的可靠性，包括各类型号的配电设备、电闸以及开关、插座等，以保证用电和用电安全。由于电的用处极其广泛，因此，酒店一般都有紧急供电设施，以防停电等紧急情况。

（二）供水系统

供水系统由各种管道设施组成，保证酒店内各处的用水供应，包括客房用水、制作食品饮料用水、洗衣用水和公共浴室用水。现代高级酒店工程面临的挑战是如何设计供水系统以满足以下两种需求。
(1) 如何确保水压以保证高峰期用水需求。如果无法做到这一点，高层的客人有时会无水使用或水压过低导致水量较小。

（2）如何确保冷、热水的供应，从而确保客人随时使用所需水的温度。如果不能保证这一点，则客人在淋浴时，水温突然变冷或变热，不仅会给客人带来不方便，甚至有时会发生烫伤等危险。

（三）运输系统

运输系统指的是酒店企业内运送顾客、员工、设备、物品的设施，通常为电梯（包括升降梯和滚动扶梯），还有一种小型的送菜升降梯，专门负责短距离内运送食品。

（四）废物处理系统

废物处理系统主要是处理酒店产生的固体和液体废物的。固体废物包括纸、玻璃、织物、塑料、金属、木质物等，液体废物指排入下水道里的废水。

液体废物的处理比较简单，有公共供水系统的地方，也有公共排水系统，只需将排水系统和公共排水系统连接起来即可，没有公共排水系统的地方，需建立废水处理厂和地下排水沟。

（五）消防系统

消防系统的主要任务是发现、控制和扑灭火源，并向顾客和员工发出火警警报。消防系统由以下三部分组成。

（1）探测装置，用于发现烟、热、火苗的装置。

（2）控制火势或灭火的装置，如自动防火门，起火时可自动关闭。

（3）泡沫或其他化学物质的便携式灭火器、报警装置，如火警号、警铃和火警信号灯等，提示客人和员工有火情。

酒店属于公共场所，应该按相关法规设置相应的消防设施。

（六）通信系统

酒店的通信系统是要保证顾客、酒店的管理人员、员工以及外界人员之间的沟通。如今，许多酒店的通信系统是将电话、电视、电脑和录放机等连接起来。比如客人通过房间的电话打到前台，要求前台通过卫星转播正在其他某两个或多个城市举行的电视会议；商务旅行者还可以使用房间内的电脑，通过宽带上网，与公司同事取得联系；客人们也可以通过房间里的电视来查看和核对自己的消费清单。

（七）供热系统

供热系统完成供水和供热两个任务，主要通过将能源转化为热量来完成，常见的能源有汽油、煤气、蒸汽、电、煤、天然气和太阳能。具体采用哪种能源为好，则根据具体的便利条件、成本和安全因素而定。

（八）空调系统

空调就是对建筑物内的空气进行调节，因此，空气的加热、冷却、加湿、干燥和过滤都属于空调。但通常意义上来讲，空调指的是将室内空气温度降低或升高，以调节到令人舒适的温度。酒店采用两种空调系统：中央空调系统和非中央空调系统。

（九）通风系统

通风系统用来保持室内空气清新或保持空气流通，以及控制空气流量，以便保证有足够的氧气供人呼吸。有的通风系统还可以过滤空气，排除室内的灰尘、粉尘、烟味和油烟等，处于城市中心地带的住宿企业通常装有空气过滤器，以减轻小汽车、卡车和公共汽车的尾气污染。

（十）能源控制系统

酒店中的能源控制系统主要用来有效地控制酒店内的能源使用，将能源的使用及其成本控制在最低限度。

此外，高档酒店还往往设有厨房设备、安保监控设备、娱乐健身设备等设备设施。

三、现代酒店设备管理的特点

现代酒店具有超前消费性质，在很多方面引领潮流，体现时尚，以为客人提供生活享受为主，所以，与一般工商企业设备管理比较，酒店设备管理具有以下明显特点。

(1) 资本投入大，资金回收期长。现代酒店用豪华、舒适的设施设备来创造优良的消费环境和享受体验。其设施设备投资巨大，大多要占酒店总投资的65%—70%以上。少则几千万元，多则上亿元甚至十几亿、几十亿元。为此，酒店必须加强设备管理，保证完好率，不断提升设施设备的利用率。

(2) 精神损耗为主，更新周期较短。酒店设施设备在业务经营过程中存在两种损耗：一是物质损耗，二是精神损耗，即因设备陈旧、新设备出现、消费时尚改变等引起的精神上的感觉，以精神磨损为主。酒店应该尽力做好各种设施设备的维护保养，力争延长精神损耗周期和改造周期，才能提高设备使用的经济效果。

(3) 社会消费性较强，设备质量要求高。设备不仅数量多、投资大、社会消费性强，而且质量要求高。

（4）涉及范围广泛，管理协作性较强。

四、酒店设备管理的意义

（一）加强设备管理是保证酒店正常运转的首要条件

酒店是以设备为依托，向客人提供各种服务而取得收入的经济组织。如果设备发生故障，又得不到及时抢修的话，就会影响酒店的正常营业，使服务成为无源之水、无本之木。因此，要努力完善酒店设备，加强维修管理，使之正常运行。

（二）加强设备管理是提高酒店服务质量的重要保证

加强设备管理，使其经常处于良好的技术状态，能够保证酒店的正常运营。在现代酒店中，设备的技术状况如何，直接影响到酒店的生产活动能否正常进行。设备的技术状况劣化，正常的生产服务秩序得不到保证，酒店经营服务活动就无法正常进行，提高服务质量就成了一句空话。

（三）加强设备管理是提高酒店星级的前提

从涉外酒店的星级标准来看，星级标准的六个项目中，有四个与设备管理有关，分别是设施设备完善程度、设备等级档次、设备完好程度和客人满意程度。

（四）加强设备管理是提高饭店经济效益的主要措施

酒店设备管理的目的在于，对设备进行科学管理、正确使用、合理润滑、精心维护、定期保养、计划检修、及时更新改造，提高设备的完好率和技术性能，使其经常处于良好的技术状态，并保持合理构成和先进的技术水平，以最少的投入换取最大的产出。

五、酒店设备的合理使用

设备管理的目标之一就是要保持良好的技术状态，以确保设备发挥正常的功能。设备的技术状态是指设备所具有的工作能力，包括性能、精度、效率、运行参数、安全性、环保和能源消耗等所处的状态及变化情况。

设备完好的标准为性能良好、运行正常、耗能正常。保证酒店设备正确使用的主要措施是明确使用部门和使用人员的职责，并按规范严格操作。其具体包括以下内容。

(1) 根据"谁使用、谁负责"的原则，各部门对设备都要做到"三好"，即管好设备、用好设备、保养好设备。

(2) 对设备操作人员来讲，应达到"四会"的要求，即会使用、会维护、会检查和会排除一般故障。

(3) 制定使用操作规程、保养规程和建立岗位责任制。规程要针对不同设备的用途、性能、操作要求和保养要求制定，要求详细具体，简单实用。

(4) 建立设备设施和作业的检查制度。一是对各类设备的使用保养情况进行考核检查，其主要指标有设备能力利用、设备生产产量、设备状况、运转正常速度、设备完好率和各设备专业指标。二是对设备作业情况进行考核检查，检查操作人员有无违反操作规程，考核检查主要由各级管理人员实施，要定期进行，认真记录考核检查结果。

六、酒店设备的保养和维修

设备维护保养分为两个层次：一是设备的日常维护保养；二是设备的定期维护保养。

（一）设备的日常维护保养

设备日常维护保养是设备的最基本保养，分为每班保养和周末保养。要求操作人员在每班工作中做到以下内容：班前检查、检点；按设备操作、维护规程使用设备；下班前认真清洁、擦拭设备，办好交接班手续。周末保养要求每周用1—2个小时对设备进行彻底清洁、擦拭和加油，并按照设备维护的四项要求（整洁、清洁、润滑、安全）对设备进行检查评定和考核。

（二）设备的定期维护保养

定期维护保养是由维修工进行的定期维护工作，主要是针对重要的机电设备和系统设备。

设备的技术状态劣化或发生故障后，为了恢复其功能和精度而采取的更换或修复磨损、失效的零部件，并对整机或局部进行拆装、调整的技术活动称为设备维修。酒店设备维修主要有三种方式：事后维修、预防维修、改善维修。

现代酒店设备维修要坚持"三优先"原则，即在日常设备维修的派工安排上要坚持：影响客人使用的设备优先；影响安全的设备优先；影响观瞻的设备优先。

现代酒店设备发生故障，特别是设备事故要坚持"三不放过"的原则：事故原因不清楚不放过；事故责任者和员工没有受到教育不放过；没有类似事故的预防措施不放过。

第三节　酒店安全管理

一、酒店安全管理概述

现代酒店是客人的食宿、会议、休闲娱乐、社会交际的场所，安全是前提，是酒店各项经营管理活动的基础。

酒店是为宾客提供各种服务的场所，是社会交际的结合点，来往人员复杂，流动性大，人身安全更关系到酒店的声誉和效益，这就决定了酒店安全的重要性和复杂性。因此，酒店加强安全管理是非常必要的。

（一）酒店安全的定义

酒店安全有以下三层含义。

(1) 酒店客人与酒店员工的人身安全以及酒店与客人的财产和财物安全。

(2) 酒店内部的服务及经营活动秩序、公共场所秩序以及工作生产秩序保持良好的安全状态。

(3) 消除酒店内部会对酒店客人及员工的人身和财产以及酒店财产造成侵害的各种潜在危险。

（二）酒店安全的特点

酒店是社会服务企业，它的安全管理有着自己的明显特点，主要表现为以下四个方面。

1. 服务性

酒店的安全工作是酒店服务的一部分，安全部门的员工在工作过程中既要面对宾客，又要与各部门员工有工作接触。因此，其工作既要保证酒店各方面的安全，又要提供服务。在处理与客人的关系时，既要按法规、原则认真执勤，又要文明服务、助人为乐。此外，仪表仪容要符合规定要求，服务态度应友善，语言谈吐需礼貌，行为举止要得体。

2. 广泛性

酒店安全管理涉及的范围很广，几乎包括酒店的各个部门和每项工作，所以，其管理内容极为广泛而复杂。具体体现为：

（1）既要保证宾客安全，又要保障员工及酒店的安全。

（2）重要、要害部位多，如前厅、餐厅、厨房、康乐场所、仓库、配电房、电梯、锅炉房、财务部等。近年来，酒店信息安全问题日趋突出，前厅、主机房等均要严防信息泄露。

（3）既有人身安全，又有财物安全，且管理要求各异。

（4）酒店是公共场所，接待的宾客构成复杂，且流动性较大，人员进出频繁。

3. 全员性

酒店安全管理不是仅仅靠职能部门就能做好，更需要酒店全体员工的积极参与，因为酒店的安全工作涉及酒店内的各个部门，涉及每个岗位的每个员工。因此，酒店安全工作具有明显的全员性，只有让每个员工时刻牢记"安全第一"，树立本职工作与酒店整体安全有关的观念，群防群治，才能把安全工作真正落实好、贯彻好。

4. 预防性

酒店安全管理工作应体现以预防为主的方针，防患于未然。酒店应建立健全各种有关酒店安全的制度，加强安全保卫部门的职能，装备各种安全设施，以预防和制止可能出现的各种不安全因素。例如，酒店的停车场安全就非常具有代表性。不但从场地的设计、建设和设施、配备、人员配置和管理上要进行安全布置，就算是场所的标牌告示也是酒店安全管理和安全方案的重要考虑因素。停车场标牌告示可以清楚地帮助顾客把车迅速停至目的地，这样就可以明显地减少不必要的交通阻塞和迷路，也可以避免因停车和离开场地的不便而触发犯罪活动。所以，酒店包括酒店停车场业主应尽可能提供字迹清楚、易于辨认的标牌告示，使客人一目了然、易懂易记，便于迅速地进出停车场。此外，告示写明停车场的安全措施，如设有全场保安巡查、电子监控等可以对犯罪分子起到威慑作用。

二、酒店安全管理的意义

酒店安全工作直接关系着酒店的正常经营活动和各项管理，也在很大程度上影响着酒店的社会效益和经济效益。如果把酒店安全视作依附于服务、不产生利润的非生产性"二线"部门，不给予足够的重视，是十分有害的。

（一）安全管理是提高服务质量的基本保证

安全是人类最基本的需求之一。宾客身处异地他乡，他们对自己的生命安全、心理安全和财产安全格外关注，更加敏感，免遭人身伤害和财产损失的期望比平时更甚。为此，从酒店经营管理的角度，为客人提供安全的食宿环境，满足客人希望受到保护和尊重的安全需求，应该成为酒店各项工作和提高服务质量的前提。

(二) 安全管理直接影响饭店的社会效益与经济效益

从法律角度讲，酒店必须牢固树立安全意识，确保酒店内所有人员及所有财产的安全。在经营管理工作中，酒店有义务和责任为来酒店消费的宾客制定出能保证消费者安全的服务标准，配备能够保证消费者安全服务的设施，否则，酒店经营者将面临因安全问题而引起的投诉、索赔，甚至承担法律责任，从而影响酒店的社会效益和经济效益。

(三) 安全管理有助于提高员工的积极性

酒店安全管理不仅是对客人安全、酒店财产安全的管理，也包括对员工安全的管理。如果酒店在生产过程中缺乏各种防范和保护措施，将不可避免地产生工伤事故，使员工的身心受到伤害，健康状况受到影响，员工积极而有效地工作也就无从说起。

三、酒店安全管理的工作方针

酒店安全管理涉及面广、情况复杂、影响因素重大、责任重大。为此，酒店安全管理必须执行以下三项工作方针，以确保客人和酒店的人身与财产安全，促进酒店各项经营接待业务活动的顺利开展。

(一) 安全第一、预防为主

安全工作是酒店其他一切工作的前提，没有安全作保障，酒店其他工作就无法进行，也就流失客人，所以，酒店的安全工作是酒店"第一位"的工作。

酒店安全工作要集中做好积极主动的防范工作，对困难的危险局势进行预测，并对酒店人员和经营情况进行控制，防止治安案件、刑事案件和治安灾害事故的发生。预防为主一是要加强防范，堵塞各种安全漏洞，不给任何违法犯罪分子以可乘之机，把违法犯罪活动制止在预谋阶段；二是要定期进行安全检查，及时发现并消除各种不安全因素和事故苗头，把各类事故消灭在萌芽状态。

(二) 宾客至上、外松内紧

酒店的一切工作都是为了客人，没有客人，酒店也就失去存在的意义。酒店负有满足客人合理的安全需要的责任,并采取相应的措施,保护客人免受伤害。

客人在酒店需要得到的是服务享受,酒店安全工作在形式上一定要适应酒店服务环境,气氛要和缓,即所谓外松。所谓内紧,是指从专职安全管理人员到全体员工都要保持高度警觉,严格把关,做好防范,随时注意不安全因素和各种违法犯罪的苗头。外松是形式,内紧是实质。外松和内紧是不可分离的统一体。一方面,要使客人在酒店感到舒适、方便、宁静、安逸,受到尊重;另一方面,要保持头脑中安全工作这根弦,防止受到不法人员和其他侵害因素的破坏。

(三) 确保重点、预防群治

酒店中仓库、压力容器、配电等要害部门比较多,前厅、餐厅、会场、康乐场所等集会人群的场所也很多,还有电梯等输送设备以及厨房等机械设施集中的部门都是安全管理的重点。安全工作首先要确保这些重点部位万无一失。

酒店内的广大员工是酒店的主人,他们最熟悉酒店的内部情况,最易发现酒店的不安全因素和安全工作的薄弱环节。只有紧紧依靠全店员工,全员关注,群策群力,才能落实各项切实措施,堵塞漏洞,消除各种不安全因素。

四、酒店安全管理的主要任务

(一) 安全管理的基础建设

首先,酒店安全必须要抓好基础建设,从组织上、思想上、制度上和设施上构筑好安全工作的基础,建立酒店安全组织,拟定并不断完善酒店各项安全规章制度。其次,要加强安全教育,组织有关酒店安全意识和安全工作的专业知识培训以及消防灭火等各种安全技能训练。最后,要在各部门配备齐全各种安全设施,主要包括消防设施、消防通道、隔火灭火装置、烟感装置、监控装置、报警系统等,并必须随时保持良好的状态,为酒店安全管理提供物质保证,切实防止事故发生。

(二) 切实抓紧酒店的日常安全工作

酒店日常安全工作是酒店安全管理的重要内容,它占用人力物力最多,工作面广量大,应对情况复杂多变,必须持续给予足够的重视。日常安全工作主要有两个方面。一是例行安全检查,应根据酒店的具体情况,在不同时期,针对不同场所或部位,有侧重地检查,特别要注意那些容易发生问题的场所或部位的安全情况。根据情况作出分析,制定加强管理防范各种安全事故的预防规章。二是加强安全保卫,特别是治安保卫工作,以内保、警卫、巡逻等管理为主,包括昼夜巡保、公共场所或部位的保安、客房区域的保安以及重要宾客的保卫工作，必要时积极配合公安警卫部门，做好接待重要宾客的相关接待服务人员审查、贵宾住房及行径线路安检巡查、保证行径线路安全畅通，各类设施设备安全完好。

(三) 着重做好防火、防爆、防盗、防破坏重大事故，确保安全

火灾、爆炸、盗窃以及重大事故等对酒店和客人的安全危害最大，影响也最坏。酒店对"四防"始终要放在首位，不仅要在设备物质上确保安全，更要随时把握酒店内部和宾客自身存在的各种不安全因素。此外，酒店要特别重视容易发生火灾或盗窃等事故、人员或物质财富集中、事故发生后危及全局的命脉性部位的不安全因素。对这些要害部位的不安全因素，一旦发现事故苗头或隐患，就应立即采取措施消除。

(四) 特别重视食品安全和客房卫生工作

酒店中食品安全和客房卫生直接关系到宾客的人身安全，工作非同小可，所以，酒店对食品安全和客房卫生特别关注，务必环环扣紧。高度重视，措施落实到位，养成员工良好的卫生习惯，做好厨房、餐厅等食品操作中的卫生。

俗话说："病从口入。"餐饮食品卫生是饮食安全的头等大事，酒店要严格执行《食品安全法》，制定各项食品卫生制度，执行详细的卫生检查标准。酒店的饮食卫生包括食品卫生、食具卫生、厨房卫生、餐厅卫生等。抓好饮食卫生管理，对提高酒店食品质量，防止食品污染，预防食品中有害因素引起食物中毒，防止肠道传染病和其他疾病的传染，增强宾客和员工的身体健康，具有重要的作用。因此，酒店必须适时进行定期和不定期的卫生检查，以科学的检查方法，针对重点，及时发现问题，奖罚有力，切实加强酒店的食品卫生管理，确保食品安全，杜绝食物中毒和食品污染以及消化道疾病等的发生。

对客房卫生，除了门窗安全、用电安全、预防烫伤、跌伤等外，要更新观念，深刻认识到客房是客人作为"家外之家"休息及沐浴的场所，客房盥洗室和卧床是客人身体、肌肤接触最多的地方，要保证卫生间浴盆、抽水便盆、洗脸盆的清洁和客床床单、枕头、被褥绝对的卫生，这是事关人身安全的因素之一。有些宾客自带毛巾、牙刷牙膏等洗刷用品就足以证明这一点。为此，就要从客房设计，装饰到设备安排、包括家具的环保、物料购买、洗涤流程、客房打扫，特别是卫生间清扫保洁方面，每一道环节确保安全卫生。酒店客房的有关操作程序标准和检查，一次性用品的设置安排，也不能停留在一尘不染、整齐的表面，在清洁、卫生安全方面都要给每一位客人提供既舒适方便又清洁安全的最佳居住环境。

(五) 酒店安全事故处理

1. 酒店的安全工作细致复杂，责任重大

由于影响安全的因素很多，更有不少不可预知的情况，安全工作不易被控制，因此，出现个别安全事故常常是难免的，包括食物中毒、易燃易爆品进店进房、客人行李物品被盗以及恶性案件，如抢劫、吸毒、诈骗等，事故的性质、内容、原因、大小等都不同，具体处理方法也不一样，但从整体的角度看，酒店安全事故的处理大致包括以下四个步骤。

（1）掌握事故情况。酒店保安部门接到客人或员工报案，要迅速赶到现场。凡是紧急事故，如火警、打架斗殴、食物中毒、破坏性事故等，要迅速采取应急措施，制止事态发展，及时报告相关机构。同时了解事故情况，并报告总经理或主管经理。

（2）调查事故原因。在组织抢救（如火灾、食物中毒事故）、制止事态扩大或发展（如打架斗殴、抢劫、破坏事故等）的基础上，要将当事人带到保安部或办公地点，调查了解事故发生的原因、情节、事故责任等，做好记录、取得证据。

（3）配合公安部门破案。凡是发生重大破坏事故，要及时报告当地公安部门，并配合公安、消防、食品卫生等相关专业主管部门做好侦查、破案工作，依法处理，严防坏人逃脱责任与处罚。

（4）针对不同事故性质处理。在公安部门或上级领导下，坚持以事实为根据，以法律为准绳，根据情节轻重、责任大小，及时、有效、妥善处理，防止类似事故再发生，提高酒店的安全管理水平。

2. 基本原则

酒店安全事故处理一般应遵循以下四项基本原则。

（1）"谁主管谁负责"的原则。全店安全事故处理工作，由总经理负责，各级、各部门发生安全事故，都要在总经理的领导下，有安全部经理和各部门承担必要的责任，及时处理。

（2）"三不放过"的原则。事故原因不清楚不放过；事故责任者和员工没有受到教育不放过；没有类似事故的预防措施不放过，以保证事故处理及时、得当，起到教育预防作用。

（3）依法办事的原则。酒店安全事故的性质不同，适用法律法规的范围和程度不同。凡是涉及法律问题的安全事故处理，都必须坚持以事实为根据，以法律为准则，依法办事，依法处理。同时，在具体认定时又要分清四个界限：一是责任事故与非责任事故的界限；二是破坏事故与责任事故的界限；三是重大责任事故和一般责任事故的界限；四是破坏国家安全事故和其他破坏事故的界限。在此基础上，妥善处理，依法办事。

（4）教育与处罚相结合的原则。在安全事故处理中，对那些损失较小、影响不大或难以预料的突发事故，应采取批评教育的办法，坚持教育和处罚相结合的原则。

第四节　推广绿色酒店

一、绿色酒店概述

（一）推广绿色酒店的历程

在国外，20世纪70年代至90年代初，主要推广星级标准。90年代后期，欧洲、北美兴起了绿色酒店标准。几乎同时，中国的一些酒店也加入到推广绿色酒店的行列，例如，无锡君来湖滨饭店在绿色环保方面起步早，从20世纪90年代开始，率先在国有星级饭店中开展绿色饭店创建活动，以安全、健康、环保、节能、节水、节电为核心，摒弃了传统的酒店行业拼硬件、高投入、低效率、低价格的竞争模式，倡导绿色消费，创造绿色效益，1999年通过了ISO14001国际环保管理体系认证，成为第一家通过国际环保标准认证的国有绿色饭店，发展循环经济在酒店业的具体体现和实践创新，取得了良好的社会口碑和经济效益，也推进酒店稳步发展，从三星、四星，到2003年晋升为五星级旅游饭店。

（二）绿色酒店的标准

在我国，绿色酒店的标准明确分为A级到5A级共5个等级，分别用具有中国特色的银杏叶作为标志。中华人民共和国文化和旅游部发布的旅游行业《绿色旅游饭店》标准（LB/T007—2015）明确规定，金树叶级是绿色旅游饭店的最高等级。

（三）绿色酒店主题活动

为发展绿色酒店，扩大绿色消费，我国每年开展一个绿色酒店主题活动。2005年的主题是资源节约，主要做好三方面的工作：

（1）加大力度宣传贯彻绿色酒店行业标准，宣传资源节约型先进企业，形成全行业节约资源的良好氛围。开展以资源节约为核心的审核员培训，继续推进绿色酒店的人才支持体系建设。

（2）召开以资源节约为主题的中国绿色酒店论坛，表彰绿色酒店先进单位和先进个人，颁发中国绿色酒店环境奖、中国绿色酒店创新奖、中国绿色餐饮奖和首批中国酒店业绿色供应商。

（3）召开中国首届绿色酒店管理者代表年会，为绿色酒店构建资源节约的有效机制，以推动绿色酒店的纵深化发展。

（四）推广绿色酒店的意义

推广绿色酒店，就是推进以安全、健康、环保、节能、节水、节电为核心的酒店发展，简而言之，就是提高能效和减少浪费。在提倡"大健康"的新形势下，健康的环境是酒店经营的基础，节能是酒店可持续发展的保障。在保障健康环境品质下的节能是广大酒店工作者和消费者的一致意愿，可以说推广绿色酒店，倡导绿色消费，提供绿色服务，从而创造绿色效益是酒店宾客和员工的共同心声。推广绿色酒店是循着国际酒店业的发展模式，引导正确的、良性的酒店业的竞争路径，是支持开发与节约并重，逐步构建节约型的我国餐饮住宿产业结构和消费结构的根本途径，更是贯彻"以人为本，全面发展"的科学发展观。更何况绿色环保是人类合作发展的不懈追求，"碳达峰、碳中和"规划已经成为国家的战略目标，酒店业所有从业人员又增添了一份义不容辞的光荣职责。

二、创建绿色酒店的实践

倡导酒店节能，推广绿色酒店是酒店业发展的方向。近年来，节能减排一直是酒店十分关注的一项重要工作。相关数据显示，酒店建筑平均单位面积的能耗每平方米达到120—180千瓦，是办公建筑的3倍，住宅建筑的5倍。

按照我国明确的未来碳减排目标，2020年比2005年要下降40%—45%，2030年比2005年下降60%—65%。作为"能耗大户"的酒店业近几年积极投入这场"绿色革命"中，以低能耗、低污染、低排放、高效率和高发展为变革目标，推动绿色酒店规模化发展。

酒店节能减污、降碳节能技术，特别是设计规范和设计理念非常重要，大多酒店的现实状况不容乐观，没有跟上时代进步和技术发展，原始设计是日后酒店运行的基础和前提，因此急需从酒店的节能设计这一源头抓起。要从设计层面改变不合理的浪费，改变传统能耗观念，形成节能减排的设计新意识，从而推进整个酒店绿色经营意识的培养。

> 广州白天鹅宾馆就从酒店中央空调控制节能技术方面取得了成果。中央空调要节能，就要将整个空调系统控制好，关键是需要了解到：中央空调机房设备70%以上的耗电是用来制造能源，末端如客房、会议厅等是能源真正的使用者。

白天鹅宾馆末端能源采取精准控制的技术，房间冷量按需供给，房间温度达到设定温度后，客房内声音低于30分贝。此外，与传统盘管控制相比，白天鹅宾馆空调末端控制盘管直接减少冷冻水超过70%，空调能耗直接降低超过20%，同时，创新技术还解决了中央空调水力平衡的问题。

小结

酒店物资、设备、安全与环保这四项管理都是酒店经营管理中的重要工作。酒店物资管理围绕酒店运营中的各种物资的供给开展各项工作，进而确保酒店各项接待经营服务需要，提供优质服务，并节约运营成本。酒店设备管理致力于酒店各项设备设施硬件的保养维护，保证设备的完好率，从而维持酒店的等级规格和客人的享受需要。酒店安全管理是为确保客人和酒店员工人身和财产安全而采取的一系列工作。至于酒店环保工作，通过节约能源、减少消耗，倡导绿色消费，提供绿色服务、创造绿色效益，将成为酒店业发展的重要战略。这四项后勤保障工作都是酒店运行的先决条件和基本保证。

问题

1. 联系实际，说说酒店采供的含义。
2. 简述酒店设备维修的"三优先"原则。
3. 酒店设备的特殊性有哪些？
4. 简述酒店安全管理的内涵和意义。
5. 酒店为什么要特别重视食品安全和客房卫生工作？
6. 举例说明酒店推广绿色酒店的内涵与意义。

案例

Ⅰ 食 品 安 全

食品安全是酒店安全工作中的一个重点，涉及客人的身体直至生命。各个酒店都特别重视食品安全工作，采取各项切实的措施，杜绝一切食物中毒事故的发生，确保食品安全。

在美国，许多设计食品安全的法律是由美国食品和药物管理局（FDA）制定的。美国食品和药物管理局控制有关食品的一切事务，从食品加工制作到食品标签，再到食品包装。食品和酒水的销售由统一商业条例（UCC）控制，该条例列出了所有管制食品销售的规章制度，尤其要求所有食品和酒水。美国酒店集团在内部都制定了切实有效的食品安全制度。如万豪集团食品制作卫生规则就成为所有厨房工作人员的第一法典。

中国长期在酒店中执行食品卫生"五四制"，近年来，国家专门制定《食品卫生法》，采取了一些比较严厉的管制手段，在保证食品卫生，防止食品污染和有害因素对人体的危害方面发挥了明显作用，有力地保障了人民群众的饮食卫生和身体健康。

Ⅱ 工程设备

以前，酒店工程部的地位就像它所处的位置总是在大楼地下室那样，不为人们注目，只有当设备设施发生故障时才会想起它们。

这几十年，酒店设备管理得到重视，主要有以下四个原因。

（1）竞争。竞争体现在酒店设计、酒店景观布置、电梯、室内设备和设施、管道、厨房设备、供热系统、空调系统、通风系统等方面。另外，还有一些设施、设备构成了工程部的主要工作领域。

（2）复杂性。当今饭店的许多设备系统都是相互影响的。工程部和其他部门一起对这些系统进行管理，并由计算机进行监控，设备管理工作比较复杂。

（3）投资回报率。客满率和争取相当多的回头客给酒店工程部带来新的挑战。这种激烈的竞争和工作的复杂性使工程部不再是"修修补补"的部门，员工们必须为酒店的成功经营发挥更多、更大的作用。

（4）节能。大多数现代酒店已经意识到能源成本是酒店的一项重大的成本，既要节约成本，考虑节省能源，但又不是通过降低对客人的服务水平来达到此目的。

因此，要让员工尽力去做，增强自己的知识，克服浪费能源的不良工作习惯，跟上技术的飞速发展，做好设备管理工作。

Ⅲ 酒店信息安全

2018年8月28日，华住酒店被曝1.3亿客户信息泄露，华住随即股价大跌。时隔20天，2018年9月17日，华住集团在美国证券市场发布消息称：华住酒店集团数据信息泄露案件已告破，在暗网上试图兜售数据的犯罪嫌疑人已经被缉拿归案，其企图之交易未果。

业内人士指出，近年来，酒店信息泄露成为顽疾，未来酒店应该在后台数据控制方面加强管理，酒店信息安全已经成为酒店安全工作的重要组成部分。

Ⅳ 无锡君来湖滨饭店创建绿色酒店

无锡君来湖滨饭店创建绿色酒店起步早，行动扎实，特色鲜明，成果显著。

一、绿色酒店行动起步早

湖滨饭店从20世纪90年代开始，率先在国有星级饭店中开展绿色饭店创建活动，1999年通过了ISO14001国际环保管理体系认证，成为第一家通过国际环保标准认证的国有绿色饭店，树立尊重自然、顺应自然、保护自然的生态文明理念，把绿色饭店建设放在突出地位，融入酒店日常管理之中，将做好环保工作作为企业履行社会责任和可持续发展的重要一环，为建设美丽中国，实现持续发展作出湖滨人的积极贡献。

二、绿色酒店行动扎实推进

开展了以4D管理（整理到位、责任到位、培训到位和执行到位）和垃圾分类为重点的绿色酒店行动，进一步强化员工在工作中的条理性和计划性，注意细节，追求卓越，有效地找到节能降耗和优质服务的关键点，使全体管理人员和员工养成良好的习惯，提升了宾客满意度，为酒店连续多年创造良好效益打下了坚实基础。

酒店每天产出的垃圾很多，酒店汇总后列出可回收垃圾7大类共计35种，各部门、各班组将垃圾分类的要求作为岗位培训和操作的重要内容之一，并在实施中不断完善，通过垃圾分类回收，节约了资源。注重节能降耗工作，每年能耗营收占比控制在6%以内。其次是从技术上进行完善，逐步进行节能新技术的改造，持续完善后勤保障设施。例如，改造洗衣房蒸汽发生器，平均每天节省天然气成本1000元；改造空调循环泵节能，减少水泵用电30%以上；改造节能光源，LED灯等绿色新型灯具采用率70%以上；改造热水管道、中央空调冷却塔温度自动控制及蒸汽冷凝水回收利用等，减少能耗的浪费。作为一家开业40多年的老饭店，通过有计划的技术更新改造，在为企业赢得利润的同时，也为社会的环保事业作出了积极的贡献。

三、将环保酵素应用作为绿色酒店行动的重要抓手

自2015年起，酒店将环保酵素制作应用作为绿色饭店行动创新的重要抓手，倾力倡导、积极推广使用环保酵素，树立绿色酒店行业标杆。酵素的应用对宾客、员工、企业及社会贡献方面都呈现极大好处：

(1) 给宾客带来绿色健康新体验，深受宾客欢迎。

(2) 酵素对员工皮肤有保护作用，受到员工欢迎。

(3) 企业降低清洁成本，每间客房的清洁剂使用成本从原来0.14元下降到1分钱。

(4) 能减少垃圾的排量，在改善环境、改善水质等方面显示出独特的作用，对社会有利。

2016年12月1日和2017年6月29日，无锡君来湖滨饭店两次协助中国旅游饭店业协会成功举办"环保酵素学习会"，来自全国各地100多家酒店集团和酒店的近200人次参加学习会。培训会通过培养环保意识，推广环保实践，以别开生面的现场教学形式，将转变观念、普及理论、实际应用相结合，对旅游饭店行业起到了显著的示范作用，得到主办方和参与者的一致好评。

四、君来湖滨获首批绿色旅游饭店金叶级奖牌

多年来，君来湖滨饭店坚持以"创建绿色饭店，倡导绿色消费"为导向，将绿色环保贯穿于经营理念之中，在绿色发展、降本增效方面取得了显著成效，对酒店业的转型发展起到了良好的示范作用。酒店的环保理念和绿色经营更是得到社会各界的高度肯定，发挥了良好的社会效应，成为新标实施后江苏省首家金叶级绿色饭店。

图11-1　君来湖滨获首批绿色旅游饭店金叶级奖牌

思考题

1. 结合案例Ⅰ，说明酒店食品卫生工作的重要性。
2. 结合案例Ⅱ，分析酒店对设备工程重视的原因？
3. 结合案例Ⅲ，谈谈酒店信息安全的重要性。
4. 结合案例Ⅳ，谈谈无锡君来湖滨饭店创建绿色酒店对你的启示。

第十二章
酒店危机管理

 学习目标

学完本章，你应该能够：
(1) 理解危机的概念；
(2) 认识现代酒店与危机；
(3) 了解酒店危机的类型及其特点；
(4) 认识酒店危机应急管理的原则。

 关键概念

危机　危机特点　危机类型　危机应急管理

危机管理对于酒店并不是一个新问题。进入新世纪，酒店对于危机并不陌生，中国酒店业重视危机并普遍认真地加强酒店危机管理，是酒店业长久重视的一项重要管理工作。

第一节　现代酒店与危机

一、危机的概念

有人认为危机是组织明显难以维持现状的一种状态；也有人认为危机是一种形势，一种企业的利益受到威胁，任何拖延可能会导致巨大的损失的形势；还有人认为危机是指由于主观或客观因素，或不可抗拒的因素所产生的意外事件，对某个国家、地区或企业组织的人员和资源造成威胁，使之处于危险的状态，并影响其正常运转甚至生存。对于酒店来说，危机是指能够对酒店及其产品或工作造成潜在破坏的事件。

二、现代酒店与危机

"现代的酒店经营环境远比过去的经营环境险恶得多"，这话出自美国著名的酒店管理专家——丹尼·拉瑟福德教授的《饭店管理与经营》。"远比""险恶"再加"得多"，教授的反复加重的语气是有道理的，可以从两个方面来理解。一方面，现代酒店主流已经远离了旧日的小旅馆、小食摊、小酒店，现代酒店业与从前的饮食服务行业不可同日而语了。高资本投入，高科技运用，酒店是人流、物流、资金流、信息流的聚集地，是重要会议和活动的接待地，往往成为一城一地的标志和社交中心。然而，高端高价的设备需要高技能的操作，高稳定运营，事故的概率自然比人工操作要高，一旦发生事故，损失就更大，影响也更大。另一方面，现代酒店的国际化程度很高，基本上融入了当今国际政治经济社会。虽然和平、合作、发展是当今世界的主流，但地球并不安宁，地区冲突、政局不稳、恐怖活动、金融危机加上地震、洪水、疫情等自然灾害，每件都在危及酒店，今日，现代酒店的环境确实险恶。

中国的酒店业环境在全球酒店中可以说是相对安定平稳的，然而，社会转型期和酒店超常发展带来了一系列新的情况。例如酒店改制会涉及员工的利益变动，就有激化矛盾的可能；大量国际连锁酒店集团进入中国，文化差异也容易发生；中国不少高档酒店隐藏着各类高新科技设备的事故隐患和服务质量事故；住店期间可能产生一些经济纠纷，以及多发的自然灾害和仍有发生的环境污染等。国际国内形势风云变幻，突发事件偶有发生，酒店在正常提供服务的情况下，积极防范和应对危机已经成为酒店业的急迫任务和共同面对的课题。

第二节　酒店危机的特点与类型

从上述情况可见，在市场经济条件下，处于动态环境中的社会单位，危机是不可避免的，任何一个企事业单位都存在爆发危机的可能。酒店也不例外，而且，现代酒店属于人员密集场所，危机发生可能性和危害较大。

一、危机的特点

（一）威胁性

危机一般会威胁现存的秩序，包括政治秩序、社会秩序、经济秩序；危机还有可能导致现存的秩序因没有采取有效的对策而无法恢复，或者无法承受打击而崩溃；危机可能导致社会的混乱，使人的心理产生恐惧；危机可能造成巨大的经济损失。

（二）突发性

当危机爆发时，给决策者留出选择的时间少，要求在很短的时间里对危机状态作出判断，制定出正确的应对策略并立即执行。

（三）不确定性

事件如何产生、将会怎样发展、波及范围多大、危害程度多深等都很难判断。

二、危机的类型

现代酒店危机的类型至少有以下几种。

（一）形象危机

错误的经营思想、不正当的经营方式、忽视产品质量、忽视经营道德、服务态度恶劣、企业领导或职工的不妥当或错误的言行，都会造成企业形象危机。形象危机使企业遭受的损失特别是无形资产的损失巨大，"不动大手术"是难以挽回的。例如，某食品公司产品使用陈年月饼馅事件致使这一老牌企业倒闭；又如，"沸腾鱼"使用泔脚汤，在火锅业的负面影响也是严重的。

（二）经营决策危机

这是企业决策者在生产经营方面的战略、策略的失误及管理不善造成的危机。经营决策危机往往给企业带来直接的利益损失，但外部影响较小。例如，在一个较偏僻的乡镇投资建造一高档酒店，由于选址错误，没有足够的客源，无法维持营业，很快关门，损失惨重。

（三）信誉危机

在市场经济中，履行合同及其对消费者的承诺是企业生产经营的基本准则，失去公众的信任和支持,就意味着彻底的失败。信誉危机是指企业的信誉下降,失去公众的信任和支持而造成的危机。近年来,有些星级饭店就因此被撤牌,并随之停业。

(四) 媒介危机

由于媒介对企业的负面报道,引发的企业危机称为媒介危机。虽然真实性是新闻报道的基本原则,但是由于客观事物和环境的复杂性和多变性,以及报道人员观察问题的立场角度有所不同,媒介的报道有时会出现不同的声音或偏差。南京某大酒店分店选在9月18日开店,而当天南京正进行国难纪念,有媒体进行了报道,酒店与媒体各有说法,都不愉快,酒店开张极不顺利。

(五) 突发性危机

突发性危机是指人们无法预测和人力不可抗拒的强制力量,如地震、台风、洪水等自然灾害、战争、重大事故、经济危机、交通事故等造成巨大损失的危机。这类危机不以人的意志为转移,严重影响企业的经营活动和业务的开展。2003年暴发的"非典"疫情,对中国酒店业造成了严重的危机。酒店业的出租率下降到10%左右,餐饮下降70%—80%。外国旅行团队和国际商务客人纷纷取消订房或取消行程,使得酒店业一片萧条。很多酒店一落千丈,酒店业难以维持,行业裁员减薪,甚至出售酒店物业。

第三节 酒店危机预防管理

酒店危机管理属于新型管理范畴,是酒店依据国家有关法规,如《中华人民共和国突发事件应对法》和国家旅游局《旅游突发公共事件应急预案》以及中国旅游饭店业协会《中国饭店业突发事件应急规范》,在探讨危机发生规律、总结处理危机经验的基础上逐步形成的,是对企业处理危机的深化和对危机的超前反映。危机管理是只针对可能发生的危机和正在发生的危机,进行事先预测防范、事后妥善解决的一种战略管理手段。危机管理的任务是尽可能地控制事态,在危机事件中把损失控制在一定的范围内,在事态失控后要争取重新控制住。史蒂文·芬克(Steven Fink)认为,危机管理是指组织对所有危机发生因素的预测、分析、化解、防范等而采取的行动。其包括组织面临的政治的、经济的、法律的、技术的、自然的、人为的、管理的、文化的、环境的和不可确定的等相关因素的管理。危机一般可划分为潜伏期、爆发期、恢复重建期三个时期。危机管理具有不确定性、应急性和预防性三大特性。按照处理危机的顺序和危机管理的特征，管理学家将危机管理分为四个阶段，即缩减（reduction）、准备（readiness）、反应（response）、恢复（recovery）四阶段。因为这四个词的英文首字母均为R，故又称为"4R"。

一、酒店危机的四个阶段

（一）缩减阶段

缩减阶段也称为缩减预防阶段，其主要任务就是预防危机的发生和减少影响的程度。这一阶段对于内在危机和一些环境危机相当重要：在此阶段，危机最易控制，花费也最小，企业只要防微杜渐，对各种细小的变化多加注意，就可以防止一些危机的发生。

（二）准备阶段

对于酒店危机，管理者应未雨绸缪，在危机发生之前就作出响应和应对计划，对员工进行危机意识教育并训练危机反应能力。酒店要让每位员工都知道危机来临时，他们该做什么，不该做什么；该说什么，不该说什么。酒店还要做好其他各项相关的行动计划，切不能"临时抱佛脚"，危机来临了手忙脚乱，十分被动。2003年"非典"期间，吉野家日式外食由于可口、清洁、安全，再加上洁净的用餐环境，使顾客吃得放心、舒心，实现了3 000万元的销售额。这就是早做准备，认真应对、食品质量过硬的必然结果。

（三）反应阶段

危机出现后，管理者应立即反应，在尽可能短的时限内遏制危机苗头。既要面面俱到，不小视任何一方面；又要根据不同的情况确定工作的先后顺序，尽力运用各种资源、人力和管理方法解决危机，以防止大量损失和事态的进一步恶化。反应一定要及时，要恰当。

（四）恢复阶段

危机结束以后，危机管理的任务并没有完成，管理者还需对恢复和重建进行管理。就危机处理过程中反映出来的问题，对企业的危机管理工作进行改进，对危机管理计划进行修订。在抗击新冠肺炎疫情中,国内中餐业得到了一次洗礼,食品卫生普遍上了一个台阶,餐具消毒卫生明显加强,关于分餐的习惯也进一步深入人心。

二、酒店危机预警处理

酒店的人流量大,是相对复杂的场所,面对危机,更加敏感,更显脆弱,比一般企业的压力更大,任务更艰巨。最重要的是预防危机的发生并预见可能蔓延的危机。企业越早认识到存在的威胁,越早采取适当的行动,就越有可能控制危机的走势。因此,危机管理的重点应放在危机发生前的预防,而不是危机发生后的处理。为此,防患于未然,酒店建立一套规范、全面的危机管理预警系统,制定危机应对预案是十分必要的。

(一)树立正确的危机意识

危机意识是危机预警的起点。"生于忧患,死于安乐",酒店全体员工都应居安思危,将危机的预防作为日常工作的组成部分。危机的预防有赖于全体员工的共同努力,要教育员工认清每个部门、每个环节和每个人的行为都与企业形象密切相关,全员的危机意识能提高企业抵御危机的能力,有效地防止危机产生。即使产生危机,也会把损失降到最低程度。危机意识要从酒店创办之日起就着手准备,伴随着酒店的经营和发展长期坚持不懈。把危机管理当作一种临时性措施和权宜之计的做法是不可取的。在酒店经营过程中,要时刻把与公众沟通放在首位,与社会各界经常联系,保持良好关系,酒店内部也要双向沟通顺畅,消除危机隐患。

(二)完善酒店危机管理机制

1. 建立危机管理组织

内部危机管理小组应由酒店的高层管理者、公关、安全、生产、后勤、人事、财务、销售等部门人员组成,另可外聘专业公关人士,组成一个智囊团,研究面临危机时的组织应变能力,分析和预测最有可能发生的危机,对预测的危机提出应对措施,明确危机降临时应该说什么、怎么说、谁来说、向谁说等内容。

2. 健全信息监测、诊断机制

酒店是一个与外界环境有密切联系的开放系统,不是孤立的封闭体,其兴衰存亡取决于其在市场中的地位和形象。预防危机必须建立高度灵敏、准确的信息检测系统。出现某一方面的问题,应立即跟踪调查并加以解决。此外,企业还要掌握政策信息，如有关法规、条令的颁布，研究和调整酒店的发展战略和经营方针，了解酒店产品和服务在顾客心目中的形象信息，包括质量、价格、服务、建议改进等。同时研究竞争对手的现状、实力、潜力及策略发展趋势，经常进行优劣对比，做到知己知彼。还要收集和分析本饭店内部的信息，进行自我诊断和评价，找出酒店生产和服务流程中的薄弱环节，采取措施予以纠正，从根本上减少乃至消除危机发生的诱因。一般而言，引发饭店危机的诱因主要来自政治、经济、技术、组织等四个方面，重大事件又往往是多种诱因的结合，2003年的"非典"就暴露了很多酒店的内在不足。酒店应该结合相关信息的收集、分析、研究，从中捕捉危机征兆。

3. 观察发现危机前兆，分析预见危机情境

酒店管理者要深入观察，及时发现危机的一些征兆。在管理行为方面的主要表现为不信任部下，猜疑心很强，固执己见，使员工无法发挥能力，对部下的建议听不进去，一意孤行；在经营策略方面的表现为计划不周，在市场变化或政策调整等发生变化时，无应变能力等；在经营环境方面的表现为市场发生巨变、市场价格的下降等；在内部管理方面的表现为员工的情绪紧张、情绪低落、不遵守规章制度等；在经营财务方面的表现为亏损增加、过度负债、技术设备更新缓慢等。酒店要从危机征兆中透视酒店存在的危机，并引起高度重视，预先制订科学而周密的危机应变计划和危机处置预案。

(三) 危机管理培训与演习，提高危机应对能力

开展全员危机管理培训，提高应对危机的技能。内容包括：出现危机时酒店的内部沟通系统和应急反应计划；出现危机时，谁是酒店的发言人；出现危机时，员工怎样从饭店内先于媒体和顾客获得正确信息，如何与顾客、合作伙伴、投资者、行业协会和政府等群体沟通；告诉员工其他企业在危机处理时的成功经验和失败教训。酒店每年应针对当年的可能情况进行至少一次的仿真训练和演习。

同时，企业还要做好危机传播方案。公关专家帕金森认为，危急中传播失误所造成的真空，会很快被颠倒黑白、胡说八道的流言所占据，"无可奉告"的答复尤其会产生此类问题。这时的消息会引起人们猜疑，并导致不正确的报道。危机传播方案包括：时刻准备在危机发生时，将公众利益置于首位；掌握对外报道的主动权；确定信息传播所需要的媒介；确定信息传播所需针对的其他重要的外部公众；准备好组织的背景材料，并不断地根据最新情况予以充实；确保危机期间酒店的电话总机人员能知道谁可能会打来电话；准备一份应急新闻稿，留出空白，以便发生危机时可直接充实并发出等。

第四节　酒店危机应急管理

危机应急管理是指危机事件发生后,在危机调查的基础上,制定一系列应急措施,化解矛盾,协调公众关系,做好善后工作,重塑企业声誉和形象的危机管理过程,是危机管理的根本任务之一。

一、应急管理的原则

一般来说,危机事件时间急,出乎意料,影响面大,处理起来有一定的难度。处理过程中要掌握以下原则。

(一) 积极主动原则

积极主动原则应用于直面危机,把握舆论主动权,有效地控制局势,不可急于推卸责任和听任事态蔓延。即使受害者在事故发生中有一定的责任,酒店也不应首先追究其责任;当公众反应强烈时,酒店可采取高姿态,宣布如果责任在己,一定负责赔偿,以尽快消除影响。

(二) 快速反应原则

危机具有突发性特点,人员、资源越早到位,处理就越容易,代价就越小,可能产生的不良后果就越小,危机转化为商机的可能性就越大。

(三) 专业指导原则

酒店的设施设备类别庞杂,具有很强的专业性,需要从专业的角度为制定预案提供依据。要注重加强专业措施来控制、减轻和消除危机引发的社会危害。

(四) 人文和谐原则

危机往往具有社会危害性,极易损害客人的生命和财产,而人的生命是最宝贵的。因此,在危机发生后,酒店在第一时间需要抢救的是酒店客人,将客人放在至高无上的位置,既体现了酒店行业的人文精神,也体现了对人的生命价值的敬仰。

酒店发生事故给公众和社会造成损失,是十分不幸的事情,危机处理人员在同公众接触中，要有诚意，站在受害者的立场上表示同情和安慰，避免出现为企业辩解的言辞。由于事故和社会带来损失和影响，酒店应通过新闻媒介向社会发表"谢罪"公告，表示愿意承担责任，知错改错。在听取意见时，让公众倾吐不满，宣泄情绪。在与公众接触中，应当表示自己很能理解公众的心情，尤其是公众生气、发怒时，更应当为公众着想。

（五）公众利益至上原则

危机处理中酒店应首先考虑公众利益，酒店要以公众利益为重，实事求是，不推诿塞责，主动将危机真相和纠正措施公布于众，使传媒获得主渠道新闻来源，避免传言上升为谣言，以获取公众的信任、支持和理解，对经济和精神的损失主动给予补偿，树立酒店有同情心、对公众负责、有社会责任感的良好形象。

二、危机的应急处理

危机一旦爆发，酒店就要迅速启动应急反应机制，制定危机处理方案。具体包括以下六个方面。

（1）启动酒店内部危机管理小组。

（2）在第一时间、第一现场实施应对措施，如大型会议或活动的疏散，恐吓电话及可疑爆炸物的报告处置，火灾的报警及处置，公共卫生事件的报告及处置等。

（3）对事件进行调查。

（4）对危机进行分析，确定处理对策。

（5）分工协作，实施方案。

（6）评估总结，改进工作。

要特别注意的是，在危机发生后，酒店管理者应在稳定情绪、稳定秩序的基础上向员工告知事故真相和酒店采取的措施，使员工了解实情。酒店管理者应收集和了解员工的建议和意见，做好说明解释工作。如员工有伤亡，应做好抢救治疗和抚恤工作，通知其家属或亲属，做好慰问及善后处理工作。只有全体员工同心协力，精诚合作，酒店才能渡过难关。

三、化"危"为"机"

没有绝对糟糕的危机，只有绝对糟糕的危机管理。对于酒店来说，并不是每一场危机都意味着"浩劫"。危险永远与机遇并存。每一次危机既包含着导致失败的根源，也孕育着成功的种子。危机管理的最高境界就在于发现、培育并收获这个潜在的成功机会，让企业在混乱平息后重获新生。

> 受"非典"影响，山东潍坊国际金融（嘉柏）大酒店在 2003 年 4 月"国际风筝节"期间的收入较往年有较大下降，酒店黄鉴中总经理立即召开了营业部门的专题会议，探讨"非典"期间淡季促销方案。首先，酒店进一步加强了对大客户、老客户和商务客户的重点拜访，拜访时还把酒店在预防"非典"方面采取的消毒措施做了详细的介绍。其次，酒店又以卫生、安全、健康、快捷等特点作为餐饮的新卖点，推出针对写字间客人的工作套餐和针对商务客人的商务套餐，并率先在潍坊地区用一次性密封的消毒毛巾取代高温消毒的小毛巾，因而赢得了广大顾客的信任并取得了良好的经济效益。在 2003 年 4 月份实现营业收入与经营毛利双双超过 2002 年同期，也为今后的发展创造了更好的有利条件。

从上面的案例可见，酒店在面对危机时，不要一味地把危机视为灾难，要努力将视野放长远一些，辩证地看问题。酒店要从危机中总结经验教训，改善酒店的工作，提高酒店员工的素质，化危为机。

小结

> 由于现代酒店的高度社会性、依赖性和敏感性等特性，酒店极易受到各类危机的影响，危机对酒店的威胁性也就显得更为突出。本章通过较全面地认识现代酒店与危机的关系，较系统地介绍了酒店危机的特点和类型，进而讲述了酒店危机预防管理和应急管理的相关内容，以及如何辩证地认识危机，正确积极地应对危机。

问题

1. 谈谈你对现代酒店危机管理的认识。
2. 危机的特点是什么？

案例

Ⅰ 有关酒店危机案例

1. 香港海景嘉韵饭店塌棚

2002 年 12 月 9 日下午，香港海景嘉韵饭店发生塌棚，造成 1 死 17 伤。事故发生时，许多正在饭店外墙施工的工人，连同棚架从高处坠下。据现场目击者反映棚架是突然倒塌的，有些工人从10层楼高的地方直接坠落到地面，造成重大伤亡事故。

2. 印尼万豪大饭店被炸

2003年8月5日，位于印度尼西亚首都雅加达中区南部的五星级万豪大饭店遭炸弹袭击。印度尼西亚红十字会官员透露，爆炸造成至少14人死亡，149人受伤。警方发言人说，遇难者中有1名美国人、1名澳大利亚人和1名马来西亚人。印度尼西亚国防部部长当天表示："这是一次大爆炸，很可能是一起自杀式袭击事件。"自从2002年印度尼西亚旅游胜地巴厘岛发生爆炸事件并造成202人死亡后，印度尼西亚以及其他国家情报部门曾警告说，恐怖分子将对印度尼西亚境内目标发动更多袭击，这次雅加达万豪大饭店爆炸事件恰好发生在巴厘岛法庭两天后将宣布对巴厘岛爆炸案嫌疑犯之一的判决结果之际。

3. 巴格达一饭店遭袭

2004年3月17日晚，伊拉克首都巴格达市中心的"黎巴嫩山"饭店遭到汽车炸弹袭击，造成至少28人死亡，50人受伤。"黎巴嫩山"饭店共有五层，客人中有包括美国人、英国人、埃及人在内的许多外国人。伤员中有一些美国人和两名英国人。

4. 菲律宾一饭店大火

2001年8月18日，菲律宾首都马尼拉郊区的一家饭店发生大火，导致被困在里面的75人丧生，最终消防人员用了两个小时才将大火扑灭。马尼拉当地官员表示，如果该饭店按照最基本的消防规定行事，包括安装消防报警装置等，大多数遇难者是可以生还的。当天，马尼拉警方全力搜捕饭店的老板，菲律宾政府也针对这场火灾专门组建调查小组进行调查。

Ⅱ 酒店部分应急预案和应急措施

1. 停水（水质污染）应急预案

1.1 停水原因

1.1.1 供水部门因维修等，书面或电话通知的停水。

1.1.2 酒店计划维修造成的停水。

1.1.3 水质污染（浑浊、异味）造成的停水。

1.2 处理程序

1.2.1 无论任何人，接到供水部门电话或书面停水通知，第一时间通知总经理办公室，并确定通知人（部门）电话，停水原因及恢复供水时间。

1.2.2 酒店维修停水或发现水质污染情况需停水,应先通知总经理办公室,说明停水原因及恢复供水时间。维修停水提前两天通知。

1.2.3 总办接到上述通知后立即下发书面通知到各部门并在员工宣传栏明显位置张贴,并联系就近单位做备用水源。

1.2.4 各部门接到通知后,应备足日常用水、饮用水,并检查所有供水设备断电,关闭阀门。

1.2.5 恢复供水前,工程部应提前告知各部门做好供水准备,以免造成水压过大,导致水管崩裂等事故。

1.2.6 各部门接到供水通知后,要先打开阀门放水30—60秒钟,确定水压、水质无问题后方可饮用。

1.2.7 恢复供水后,工程部安排专人对全酒店用水情况进行检查并做好书面记录。

1.2.8 总经理办公室在恢复供水后,将停水过程,处理结果及出现的问题或损失,以书面形式上报总经理。

1.2.9 发生水质污染状况,原因不能查明的应先切断供水,并向总经理汇报,必要时应通知相关部门确定安全后再恢复供水。

1.3 奖惩办法

1.3.1 停水过程中对事故处理及时,避免重大损失者根据酒店的相关规定予以表彰、奖励。

1.3.2 通知下发不到位,未在明显位置张贴,责任由总办负责人承担。

下发到各部门的通知要有部门负责人签字确认,并迅速做出反应,否则按酒店相关规定予以处罚。

1.3.3 停水过程中未按规定处理程序进行处理,造成设施、设备损坏、浪费等问题,按酒店相关规定对责任人予以处罚,损失照价赔偿。

1.3.4 发现问题不及时上报,事后未按要求及时进行总结上报的按酒店相关规定予以处罚。

1.3.5 夜间发生上述情况,应及时向总值班经理汇报,值班经理按以上程序进行处理同时报告总经理,隐瞒不报按酒店相关规定予以处罚。

2. 恶劣天气(空气污染)应急预案

2.1 各部门负责人应坚守岗位,未经允许或接替,不可离岗并对本部门员工做相应安排。

2.2 工程部应对天棚、外墙装饰、招牌、霓虹灯等进行检查并予以加固。

2.3 查修用电线路，防止因水而引起的线路故障或电击伤亡。

2.4 检查下水道是否通畅，排查道路、地下室等场所积水隐患，避免引发水浸。

2.5 安保部指导停放车辆，避免被散落物砸坏，同时加强警戒，防止坏人乘机作案。

2.6 大雾、沙尘暴天气驾驶员要安全出行，各部门应紧闭门窗以免造成室内空气污染。

2.7 因大厅或室内装修维修，造成室内空气污染，有异味甚至有毒气体时，应先疏散人员到安全区域，并对本区域进行通风或排毒处理。

2.8 大雪天气安保、工程部负责保证酒店内部及周边的主要通道畅通无积雪，并随时检查天棚等部位因积雪过多可能会发生的塌陷事故，雪停后组织人员扫雪。

3. 食物中毒事件应急措施

3.1 发现任何人在酒店有中毒情形，无论是误服或故意服毒应立即报警（110）并及时报告总经理办公室。

3.2 拨打急救中心电话（120），如中毒者有生命危险且医务人员不能及时赶到，要将中毒者送附近医院并通知中毒者的单位及亲友。

3.3 保护中毒者所在现场，不要让任何人触摸有毒或可疑有毒的物品（如药物、容器、饮品及食物、呕吐物等）。

3.4 安排好车位，保证警车和救护车进出通道畅通。

3.5 将中毒者私人物品登记交警方。

3.6 防止闲杂人员围观，发现投毒者或可疑人员，立即扣留，交警方处理。

3.7 有关资料（包括警车、救护车到达及离开时间，警方负责人姓名等资料，现场拍照和录像等资料）登记备案并及时上报总经理办公室。

3.8 此类事件由安保部经理总负责，总经理办公室协助工作。

3.9 此类事件应尽量减少影响的范围，知情者限制在最小范围，违反者按泄密处理。

思考题：

结合案例，谈谈现代酒店在面临危机时，如何化危为机?

第五篇

中国酒店业的前景

中国酒店业历经四十多年巨变，为全世界所瞩目。目前，中国酒店业正进入关键的转折时期，面临着发展中的一系列问题。中国酒店业的发展现况如何？酒店业发展的焦点、难点何在？如何应对国际化、现代化的挑战？进一步发展又有哪些机遇？一个个关系着中国酒店业命运和前途的历史性命题等待着中国酒店产业去破解，去作出新时代的答卷。

本篇旨在与酒店业同仁一起分析中国酒店业的现状与问题，展望中国酒店业的前景，把握酒店业发展的机遇，以强烈的历史使命感和社会责任感去迎接新的挑战，肩负起历史的责任、不辜负民族的嘱托，去开创中国酒店业的新纪元。祖国人民期待着我们为中华复兴和世界发展作出更大的贡献。

第十三章 中国酒店业的发展前景

学习目标

学完本章,你应该能够:
(1) 了解我国酒店业发展中的现状及出现的问题;
(2) 认识中国酒店业发展的趋势;
(3) 理解中国饮食文化的世界意义;
(4) 了解中国餐饮业走向世界的动态;
(5) 知晓当今酒店业振兴的历史机遇和使命。

第一节 中国酒店发展状况与问题

一、酒店产业迅速崛起 结构性过剩促进调整

(一)星级酒店的崛起调整

改革开放40多年来,中国酒店业的发展成果是巨大的,发展速度是惊人的。酒店业的变化与代表性的旅游酒店数量剧增和转型升级就很能说明问题。

中国的现代酒店主要分为三种:一为旧饭店改造而来,如上海锦江饭店、和平饭店;二为中华人民共和国成立后建造的宾馆、饭店和招待所,如北京的民族饭店、京西宾馆;三是20世纪90年代以后兴建的现代化新型酒店,这种占绝大多数。

中国酒店产业迅速崛起是以星级酒店为标志的,星级酒店历经最初十多年迅速兴起、2010—2015年结构调整和2016年至今逐渐细分与科技赋能,多样化经营发展三个阶段(见图13-1)。

改革开放促进了中国旅游业与住宿业,星级酒店崛起。中国星级酒店发展的总态

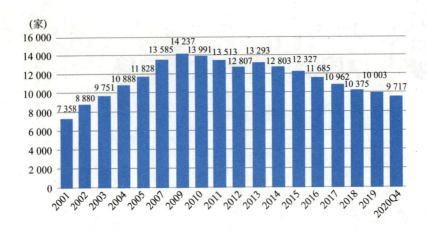

图 13-1　2001—2020 年中国星级饭店数量

势在酒店业内以最快的增长幅度发展，甚至超过旅游市场的增长速度。旅游业和酒店业可以称得上一个大的产业，在高耸的大楼中，一座座现代酒店成为城市现代化的标志性建筑，而且酒店越造越大、越盖越高、越建越高档。

　　经过 20 余年的持续高速发展，中国星级酒店出现了结构性过剩的现象。不少城市的酒店建设存在较大的盲目性，有些二线城市的星级酒店已近百家，尤其是在建高星级酒店居多，由于酒店投资额和建设规模、速度都大大超过 GDP 的增速和旅游的增长，客房出租率下滑的速度加快，大多数星级酒店已下降至 50% 以下，已在盈亏平衡线以下经营。部分地区酒店客房的增长率已大大超过客房需求增长率，前景堪忧。星级酒店开始进入五年左右的结构调整。2010 年，星级酒店数量开始下降。随着互联网时代来临，OTA 得到快速发展，在线预订市场逐步扩大，星级酒店面临较为严峻的市场形势，集中表现在经营成本上升、市场竞争激烈以及对星级酒店的质量监管的要求趋严等方面，促进结构调整升级，导致一部分低星级饭店被淘汰，总数继续呈现下降趋势。相关星级酒店积极探索转型发展的新路子，逐渐调整产品，不断细分目标市场，在我国星级饭店占比情况中，一星、二星级饭店占比持续下降，经济型酒店发展，中高端连锁酒店崛起，四星、五星级酒店占比上升，进行产业结构调整和资产转换。

　　2016 年以来，酒店继续加快住宿类型的细分与科技赋能，主推酒店经营模式的多样化发展。酒店行业经营效益有所下降，近几年我国星级酒店因受新冠肺炎疫情的影响，营收规模继续下降。

（二）国际酒店的扩展与本土化

　　改革开放将酒店业推到了国际化的前沿，当时国内酒店的经营管理模式正在努力走出"招待所模式"，尚不具备针对标准化涉外酒店管理经验，而境外酒店管理公司经过几十年的运作，已经有了较为成熟的管理模式，占据了垄断性优势，且正处在酒店集团进行全球扩张的阶段，纷纷进入中国市场。在政策放开的情况下，半岛、假日、喜来登等依托于国际著名酒店管理公司率先进入中国发展，占领了酒店管理尤其是高端酒店管理市场。

20 世纪 90 年代，既是我国旅游业蓬勃发展的阶段，也是国际酒店集团积极扩大市场份额的时期，中国逐渐成为了著名国际酒店集团的集聚地。进入 21 世纪初期，国际酒店集团在中国的发展呈现网络化、两极化、本土化的特征，不仅酒店数量大幅增长，而且以全球化战略为前提，追求地区分布、经营格局更加合理化。在中国市场形成规模和特色的国际酒店集团越来越多，这既是国际酒店业发展的必然趋势，也是全球经济一体化的必然结果。

国际饭店集团实施多品牌两极化策略，依靠其成功的品牌经营，建立为客人所熟悉与信任的品牌，保持客人对品牌的忠诚，以期获得更高的价格和更稳定的客源。品牌优势在构成强大进入壁垒的同时，也有利于形成产品差异，满足不同消费群体的需要。

酒店市场中的超豪华品牌酒店与经济性酒店是国际酒店集团在我国重点发展的两大市场。过去相当长一段时间超豪华品牌酒店在中国是空白，随着我国旅游业的发展以及国际性商务活动的增多，知名国际酒店集团对我国市场表示出极大的信心，纷纷推出超豪华品牌酒店，在中国打造自己的旗舰。现在全球最知名的十大高端豪华酒店集团（洲际、圣达特、万豪、希尔顿、凯宾斯基、香格里拉、雅高、海逸、丽思·卡尔顿、凯悦）均已进入中国，并快速发展。

除此之外，国际酒店集团也以经济型酒店品牌进入中国市场。例如，法国雅高集团与北京首旅集团将雅高三星级美居品牌引入我国三星级酒店市场，同时将宜必思经济型品牌引入中国。

国际酒店集团通过资本市场的并购获取部分财产权，通过非产权交易获取其他酒店的管理权、营销权和无形资产运作权是国际酒店集团在华扩展的主要手段。他们较少全资兴建或购买酒店，而通过参股、并购等方式达到逐步占领我国市场的目的。另外，以品牌和规制为先导，对集团内的酒店进行高水平的管理，使其具有竞争力，资本经营与产品经营相辅相成。

目前，国际酒店集团在我国呈逐步由点、线、面至网络化的发展格局，往往先选择经济发达的中心城市或旅游资源丰富的城市立足，正在逐步加大网络的密度，由一线城市二线城市向三线城市和四线城市扩展。2021 年希尔顿在中国的酒店已达到 400 家，万豪酒店集团更超过了 400 家。

国际酒店集团都拥有一套成熟、合理、有效、系统的管理模式，规范成员酒店的行为。国际酒店集团的进入带来了最新的酒店管理理念,树立了酒店文化建设的典范,启发我国酒店集团的深层思考。国际酒店集团通过导入先进的管理观念与管理模式,加快了我国酒店经营管理水平的提高,缩短了我国酒店业与国际水平的差距,对中国整个酒店产业的形成与发展起到了促进和借鉴的作用,使我酒店业成为开放较早、市场化程度较高、最先与国际接轨的行业之一。许多有过在国际酒店集团任职经历的人员成为了国内酒店和外企争夺的对象,国际酒店集团管理的酒店成为我国酒店管理人才的"提高班",对我国酒店人力资源整体素质的提高功不可没。

二、投资结构渐趋合理,低成本扩展举步维艰

(一) 酒店资本多元化发展

在中国星级酒店的发展中,本土酒店迅速兴起,与国际酒店品牌形成差异化竞争。此时,星级酒店的资本结构也随着改制发生了明显变化,经过2005年起最初5年的改制,国有性质的酒店从近60%下降至45.74%,并呈继续下降的势态。

同时,中国酒店业的资本结构已经发生了根本性变化,民营企业和房地产业都在以产权扩张的形式进入酒店这一新领域,从而形成酒店的新一轮投资热潮。私营性质的星级宾馆从2006年的1 871家增加到2010年的4 083家,增长118.23%,占星级酒店总数的比例从14.67%上升到34.67%,增幅更达136.33%。

国际酒店集团在我国的发展,也对我国酒店集团发展形成了巨大的压力,加剧行业竞争,国有酒店受到的威胁与日俱增,激发行业活力,在市场竞争和压力下,接受集团化战略。

这一轮投资热潮具有一些明显特点:如投资更为多元化,包括了私募基金,风险基金等形式;中小型酒店尤其是民营酒店,投资决策大多建立在业主(投资者)自身经验与惯用路径的基础上,投资分析与市场分析粗放型与简单化,缺乏应有的投资可行性分析。

(二) 本土酒店低成本扩展

旅游业的良好发展能够促进酒店行业的发展。随着国内旅游业的迅速发展,游客成为酒店不可忽视的客源。旅游业的迅猛发展为本土酒店管理公司的产生和发展提供了市场空间。我国人均旅游消费不断增加,但是大多数人消费不起高档酒店,而低档酒店的设施卫生、服务条件太差。因此,装修朴素、干净卫生、设施便利、价位适中的经济型酒店,成为游客看重的酒店类型。同时,旅游消费升级,又促进中、高端连锁酒店发展,为其提供了较大的发展空间。

一些本土酒店管理公司在吸收国外先进管理产品的基础上融合中国实践经验，逐步建立起了自己的管理模式。经济型酒店在项目选择、人力资源和业务投资等方面已经形成竞争态势，少数几家经济型连锁已构建覆盖全国的酒店网络，连锁公司间的直面竞争拉开序幕，而尚未形成规模、范围和品牌优势的公司将面临倒闭、被收购和被整合的命运，如莫泰168就早已属如家旗下。

高端酒店市场大部分为国际酒店管理集团，但是本土化酒店管理公司逐渐在中低端酒店市场开辟出了自己的天地，例如锦江之星、尚客优、如家、汉庭、7天等，以国内旅游者为主要目标客户的经济型酒店市场，由于市场规模大、需求稳定，呈现了迅猛的发展态势。

近十多年发展最快的国内酒店集团无疑是华住集团。2005年，季琦创办了汉庭。2010年，汉庭顺利在美国上市。2020年9月22日，15岁的华住集团在港交所上市，市值达1 000多亿港元，成为目前国内市值最高的酒店集团，是其劲敌首旅酒店的4.6倍、锦江酒店的2.5倍。华住的愿景是"华人住宿"，方向是多品牌布局，分别为高端禧玥酒店、中端全季酒店和星程酒店、经济型汉庭酒店和百元定位海友酒店。

经过一系列并购，国内酒店集团排位已基本成型，第一梯队为锦江、首旅、华住三大集团，旗下分别有成熟的经济型酒店和中端酒店品牌矩阵。第二梯队的排位时有变动。分别从经济型品牌和中端品牌来看，经济型连锁酒店品牌中，前三名分属于三大酒店集团，并且近两年前三名的排序保持不变。扩大至前十位来看，前十名经济型酒店品牌只是有位次的微调，没有新品牌入围。

经过十多年的发展，国内的经济型酒店行业已十分成熟且饱和，现有的一系列品牌通过物业、管理、会员体系等优势，已经构筑起足够强大的进入壁垒。

随着经济结构的调整和国内酒店市场的日益成熟，以及"90"后和"00"后逐步成为消费主力，个性化、多元化消费趋势越来越明显，无论是老牌经济型酒店还是高端酒店，都纷纷向中端市场渗透，连锁酒店作为近几年来酒店业快速发展的代表之一，总量迅速增长。

目前，国内酒店业排名靠前的酒店集团主要从事经济型酒店和中端酒店的经营管理，即以有限服务酒店为主营业务。中端酒店布局决定酒店集团中长期发展，与经济型酒店的红海相比，中端酒店仍有较大的扩张空间。优先布局供给端，占据规模优势和品牌效应，有望通过中端酒店品牌的扩张加快集团整体的发展。

伴随着中国经济、酒店业发展和消费者愈加理性成熟，国内酒店品牌也逐步从经济、中端演进至高端市场。另外，在酒店投资回报的约束下，国内酒店集团管理理念和经营模式更加可控，优势进一步凸显，国际酒店摘牌事件频发，国内外酒店集团市场份额正在发生明显转化。

三、酒店市场日趋理性，新业态发展尚欠后劲

（一）经济型酒店和民宿

酒店市场作为中国服务业市场的标志之一，正经历着趋向理性、逐步成熟的市场化进程。随着国民收入的不断提高、休闲时间的增多、消费观念和生活方式的变化，使越来越多的居民走出家门，在外就餐，出门旅游，创造着住宿和餐饮市场的繁荣，推进酒店业的持续发展。

随着对消费群体细分程度的加强和消费者对服务质量要求提高，包括经济型酒店及有限服务商务酒店的有限服务型酒店行业成为过去10年国内酒店经营者关注及争夺的领域。但经济型酒店的快速发展也导致了该行业竞争的白热化，引起了利润的下降。

国内本土酒店通常在原经济型酒店品牌成熟后，通过多品牌的战略，向有限服务商务酒店延伸，从而提高其利润空间。在中国旅游消费逐渐大众化和消费升级的驱动下，酒店供给侧结构性改革，从低端经济型酒店逐步往中端酒店发展，带动中国酒店市场规模稳步增长，年复合增长率为6.2%。在以商务及家庭出游者为主要目标客户的中端酒店市场，以星程、和颐、维也纳、亚朵为代表的后起之秀也迅速发展，开始在竞争愈加激烈的酒店管理市场分一杯羹（见表13-1）。

表13-1　2020年中国中端连锁酒店品牌规模十强

排名	品牌名称	所属集团	客房数（间）	门店数（家）
1	维也纳酒店	锦江国际酒店集团	263 511	1 739
2	全季酒店	华住酒店集团	104 521	831
3	麗枫酒店	锦江国际酒店集团	52 896	570
4	如家商旅	首旅如家酒店集团	35 520	388
5	宜尚酒店	东呈国际	32 412	292
6	星程酒店	华住酒店集团	30 363	350
7	桔子精选	华住酒店集团	28 821	248
8	雅斯特酒店	雅斯特酒店集团	25 300	230
9	如家精选酒店	首旅如家酒店集团	22 494	220
10	喆啡酒店	锦江国际酒店集团	20 996	238

近十多年来，民宿在全国城乡兴起，2015年11月19日国务院办公厅发布《关于加快发展生活性服务业促进消费结构升级的指导意见》（国办发〔2015〕85号），首次

点名"积极发展客栈民宿、短租公寓、长租公寓等细分业态",并将其定性为生活性服务业,积极发展绿色饭店、主题饭店、客栈民宿、短租公寓、长租公寓、有机餐饮、快餐团餐、特色餐饮、农家乐等满足广大人民群众消费需求的细分业态。大力推进住宿餐饮业连锁化、品牌化发展,提高住宿餐饮服务的文化品位和绿色安全保障水平。国家在法规政策层面上确定了保障和促进民宿持续健康发展。

民宿业成了酒店向文旅融合休闲旅游发展中一股浩浩汤汤的潮流。如今人们外出旅行,不少人来到一个陌生的地方,不太希望住在一个标准化的酒店里,更愿意入住当地的民宿。大家越来越追求比较个性化的独特体验,而民宿通过特殊的空间和服务,满足了大家的这种需求。面对一些与新农村、新农民、新农业交叉的农家乐民宿,顿觉一股清新之风,遍地开花的农家乐、牧家乐、渔家乐民宿,成为当今农村一道特别绚丽的风景线,民宿本身已经成为旅游的目的地。

(二) 中西快餐与休闲中餐

餐饮业伴随着社会经济发展,已经成为人民生活水平和消费能力提升的见证,也逐步成为扩内需、促销费、稳增长、惠民生的支柱产业。我国餐饮业逐渐由单一走向多元化,同时为了更好地适应广大消费者的消费需求,餐饮业的业态细分更加精细,各类新的餐饮业态层出不穷尤其活跃,茶饮、地方小吃、非遗美食,各地老字号美食产品乃至烤鱼、小龙虾等,为广大人民群众提供了丰富多样的市场选择。

如今,各类正餐、团餐、快餐、便餐、外卖、小吃等竞相涌现,中西食品在中国市场同台献技。外出就餐已成为居民亲朋好友聚会的一种休闲娱乐方式,咖啡店和茶室也将成为人们在工作和家庭外的第三生活空间。2019年,中国人均餐饮消费已达3 300元。

在各类餐饮新业态中,快餐业作为餐饮业中重要组成部分,其发展速度非常惊人,已成为人们的一种生活方式。

快餐门店数量在餐饮行业中的占比由2015年的33.6%增长到2019年的49.2%,呈现出蓬勃的发展态势,几乎占整个餐饮行业的半壁江山。

快餐行业按照品类分布总体上可分为中式和西式两大类。虽然以肯德基和麦当劳为代表的西式快餐把快餐概念带入了中国,但依靠着中国庞大的市场和中华文明中对于饮食的重视程度,后起的中式快餐迅速发展起来,门店的数量很快就超过了西式快餐。西式快餐把标准化运作的经营模式带了进来,从食物内容到店面装修无不体现出这一特点,这为后发的中式快餐连锁业提供了参考和借鉴。中式快餐由于种类品种繁多,相互竞争也更为激烈,在经营状况方面呈现出一定的差异。中国快餐行业重点企业与品牌初步形成(见表13-2)。

表 13-2　中国快餐行业重点企业与品牌

西式快餐		中式快餐	
品牌	所属企业	品牌	所属企业
肯德基	百胜（中国）投资有限公司	乡村基	乡村基（重庆）投资有限公司
麦当劳	金拱门（中国）有限公司	老乡鸡	安徽老乡鸡餐饮有限公司
德克士	顶新国际集团	真功夫	真功夫餐饮管理有限公司
汉堡王	汉堡王（上海）餐饮有限公司	喜家德	喜鼎餐饮管理有限公司
必胜客	百胜（中国）投资有限公司	李先生	北京李先生加州牛肉面大王有限公司
赛百味	赛百味品牌管理顾问（上海）有限公司	和府捞面	江苏和府餐饮管理有限公司
达美乐	上海达美乐比萨有限公司	庆丰包子铺	北京华天饮食集团公司
棒约翰	上海棒约翰餐饮管理有限公司	吉祥馄饨	上海世好食品有限公司
乐凯撒	深圳市乐凯撒比萨餐饮管理有限公司	阿香米线	上海何勇企业管理集团有限公司
比格	北京比格餐饮管理有限责任公司	大娘水饺	大娘水饺餐饮集团有限公司

　　绿茶餐厅创建于 2008 年，源自于王勤松路妍夫妇在 2004 年创立的绿茶国际青年旅舍，坐落于杭州西子湖畔一个环境优美的茶园地，因被漫山的西湖龙井茶园围绕而得名，从起源开始，就注定了其休闲餐厅的文艺气质。

　　绿茶餐厅致力于传承中国本土文化及民间饮食智慧，提供中国经典传统美食，传承中国文化。因就餐环境幽雅，菜品味美精致，人均消费 60 元，性价比极高而受到人们的追捧，等位区排队 1—2 个小时才能吃上一顿的情况几乎每天都有。来绿茶的客人们通常都会被古朴自然的店内装饰所打动，就餐的同时仿佛闲游于某个中国的古镇中。更被大家津津乐道的是绿茶的菜品，而且每年都不断有新菜上市，美景和美食完美结合，再加上经营者别具用心营造的纯朴、舒适、舒心的氛围，让绿茶的知名度日益提升，获得各大知名网络媒体的一致推荐与好评。

　　在菜式上，绿茶餐厅主打中式融合模式，即在进驻新地区时灵活设计迎合当地文化的菜单，以此获得地理拓展方面的竞争优势。一般每家餐厅提供 80—100 种菜品，涵盖招牌菜、前菜、汤羹、主菜、素菜、甜品和饮品。除菜品的迭代外,绿茶餐厅的装饰中亦融入中国传统艺术的经典元素和自然景观,以创造更好的用餐体验。

按2020年收入和餐厅数目而言,绿茶餐厅是中国第四大休闲中式餐厅运营商;而在提供融合菜的休闲中式餐厅品牌中,按收入而言,绿茶餐厅是最大的餐厅品牌。

同在杭州的外婆家创建于1998年,经营中式餐厅要比绿茶餐厅早整整十年,资历老得多,荣获"浙江省著名商标""浙江省著名商号""全国餐饮业优秀企业"等,连续多年被评为中国餐饮百强企业。

创始人吴国平曾表示,餐厅通过降价把一部分利益让出来,而顾客也通过花时间排队让出利益,本质是用接近成本的价格换来高客流量,实现利益均衡,翻台率必须高才能保本。

外婆家近几年注重的是迭代变革。2018年底,在时尚餐厅普遍业绩下滑的现状下,外婆家率先完成变革,对品牌定位进行了重新梳理,从原本的时尚性价比变成了"好吃家常菜"。

2020年外婆家再次迭代,不仅做到了模式创新,还完成了组织升级变革,门店变小变轻,从以500—600平方米为主改为300—400平方米的小面积门店;开店策略也从原来的全国布局,调整为按区域推进,也就是先把一个区域市场做透,再推进到另一个区域。2020年,外婆家关掉了一些跨区域太远的门店,还有一些面积过大、合约到期的门店共28个,同时也新开了33家门店。门店优化的同时,还在菜单上做了优化精简,外婆家在2020年取得了不错的业绩。

随着互联网的深入发展,各餐饮企业亦如火如荼地开展外卖业务,寻求新的机会,餐饮行业竞争越发激烈。自动化生产和控制技术的发展推动了餐饮中央厨房的发展,变革了传统的餐饮供应链管理模式和门店生产模式,促进中国餐饮品牌连锁模式的快速发展。中国餐饮业的信息化水平、数字化能力随着信息技术应用成本、学习成本下降而不断提高,特别是基于云计算的SaaS软件的广泛应用和互联网餐饮平台的快速发展加快了从传统服务业向数字化服务业转型的速度。互联网与餐饮的融合发展推动了餐饮外卖平台的出现,更是餐饮外卖市场的重要商业模式创新,极大地推动了外卖市场的发展,对餐饮门店、传统外卖企业乃至餐饮企业的经营模式发展带来了巨大影响。2018年,中国在线外卖市场规模已经超过了2 500亿元,发展势头强劲。在线外卖用户超过4亿人,渗透率达到49%。

疫情加速了餐饮业数字化转型,线上业务大幅增长。疫情严防严控时期,线下门店关闭，餐饮企业向线上转型，通过搭建数字化平台、开辟外卖业务、直播带货、社群营销等一系列举措，短短几个月打开了餐饮行业的一片新天地，线上业务营收实现大幅增长，成为疫情期间企业的重要收入来源。

四、产业队伍初步形成，人才荒难题亟待破解

（一）酒店行业的特殊产业队伍

经过40多年的改革开放，全国酒店的从业人员约四千多万，在996万多个大小不等的餐饮和住宿企业中工作，承担着全国一年60.1亿人次（2019年）国内旅游和1亿多人次海外入境旅游的接待服务工作，同时承担着13.5亿中国人除旅游外的外出餐饮和住宿的接待服务，还承担着全国人民的日常休闲与交际、社会节庆、企事业单位商务公务、相关的国家外事任务、各级政务等接待服务。

酒店中的从业人员的构成呈多样性：除小部分老资格的行业骨干，还有其他企业转来的，包括相当一部分的工商企业下岗人员；有每年毕业生就业的，其中有相当数量的餐旅职业院校毕业生和初高中毕业生经过职业资格培训进酒店就业的；也有农村进城务工人员；还有各类专业技术人员和高中级管理人员，包括部分外籍、侨民及海归人员；以及招聘的其他几类人员，如转业军人等。

（二）积极应对破解人才紧缺难题

酒店产业队伍在当今产业超常规发展的情况下，人才的供需矛盾十分激烈，一线的接待人员和基层的管理人员都比较紧缺。新的市场竞争格局对酒店管理人员的知识结构和技能水平提出了更高要求，连锁化、集团化、互联网化的模式变革要求管理人员技能更加多元化、复合化，传统的单店运营管理人员在网络营销、会员体系建设、收益管理、新生代消费者消费方式转变等方面存在知识和技能上的不足。同时非标准住宿如公寓、客栈民宿等新型业态管理人员以及连锁品牌、集团总部人才严重不足，制约了行业的转型创新。

为此，各大国际酒店管理集团也纷纷推出在华人才储备的各式计划。喜达屋率先开始在国内招收管理培训生，希望将有潜质的应届大学毕业生培养为中层管理人才。洲际酒店管理集团则与各地的旅游专科学校合作，成立"洲际酒店管理集团英才培养学院"，以保证中短期内稳定的人力资源库。而高层管理人员的任用则出现更多本土化的趋势。定位于中档酒店与经济型酒店之间的快捷假日酒店的总经理们基本上都出自本土。喜达屋旗下酒店高级职位本土化的程度越来越高，高级经理以上的职位中超过80%都是中国人，对国内的会计制度、税务政策等更为熟悉，更有利于酒店的财务管

理和风险控制。

各级各类餐旅职业院校作为新世纪酒店人才供给的专业主渠道，各酒店企业也需要更加积极思考和行动，主动应对。餐旅职业院校的人才培养模式和中国酒店企业员工培训模式相互结合，必将有助于酒店人才的培养和成长，校企合作、工学结合又成为中国酒店业很多有识之士和众多餐旅教育工作者共同的不懈探索，无锡城市职业技术学院、蓝海餐旅学校、无锡艾迪花园酒店可谓杰出代表。

第二节　中国酒店业发展趋势与机遇

现代酒店住宿业发展已逾百年，新冠肺炎疫情似乎成了显著的分水岭。从暴发到全球大流行，再到疫情防控常态化，酒店业在疫情冲击下积极应变自救，全力恢复与拓展，凸显出极强的产业韧性。20家代表性国内外上市酒店集团企业的市值见表13-3。

表13-3　国内外上市酒店集团企业市值一览

序号	证券名称	股票类别	市值
1	万豪国际	美股	455.05亿美元
2	希尔顿酒店	美股	336.4亿美元
3	华住	美股	178.15亿美元
4	洲际酒店	美股	126亿美元
5	凯悦酒店	美股	78.4亿美元
6	温德姆酒店及度假村	美股	70.08亿美元
7	格林酒店	美股	13.56亿美元
8	华住集团-S	港股	1 430亿港元
9	香格里拉（亚洲）	港股	248.12亿港元
10	开元酒店	港股	37.91亿港元
11	朗廷-SS	港股	34.26亿港元
12	万达酒店发展	港股	20.67亿港元
13	泛海酒店	港股	4.72亿港元
14	远东酒店实业	港股	1.07亿港元
15	锦江酒店	主板	635.5亿元
16	首旅酒店	主板	244.5亿元

（续表）

序号	证券名称	股票类别	市值
17	华天酒店	主板	30.57 亿元
18	金陵饭店	主板	25.11 亿元
19	布丁股份	新三板	4.95 亿元
20	山水酒店	新三板	1.8 亿元

国内酒店集团数量规模发展迅速，但在品牌质量和盈利能力方面，市值方面仍然需要不断赶超。中国酒店业的首要任务是从酒店投资思维和酒店管理思维转变，关键要抓住发展具有独立知识产权的品牌，落实国家关于发展文化软实力的要求，向现代服务业和高质量产业发展。目前外资酒店管理集团进入中国通常都是签署管理合约，很少对酒店本身投资。收取固定的基本管理费用和基于营业收入及利润的提成不会给它们带来过多的资金风险，故在盈利指标上，国内酒店集团与国际酒店集团仍有差距。

疫情深刻地影响了酒店和旅游业的运营发展，相比全球疫情防控，中国的疫情防控相当有力，国内酒店集团在此特殊时期不断调整对疫情的应变能力。

表 13-4 2020 中国酒店集团规模 TOP50 排行榜

排名	集团名称	总部所在地	客房数（间）	门店数（家）
1	锦江国际酒店集团	上海	760 000	7 537
2	华住酒店集团	上海	422 747	4 230
3	首旅如家酒店集团	北京	387 251	3 858
4	格林酒店集团	上海	221 529	2 757
5	尚美生活集团	青岛	125 383	2 467
6	都市酒店集团	青岛	113 035	1 807
7	东呈国际集团	广州	108 973	1 238
8	住友酒店集团	杭州	37 704	588
9	上海恭胜酒店管理有限公司	温州	36 574	773
10	开元酒店集团	杭州	34 286	150
11	亚朵生活	上海	31 569	275
12	逸柏酒店集团	上海	26 870	510
13	富力集团	广州	26 865	89

（续表）

排名	集团名称	总部所在地	客房数（间）	门店数（家）
14	万达集团	北京	25 178	86
15	银座旅游集团	济南	24 912	257
16	碧桂园酒店集团	佛山	24 329	73
17	中国中旅酒店集团	香港	22 232	111
18	雅斯特酒店集团	深圳	17 160	156
19	南京金陵酒店管理公司	南京	16 972	65
20	石家庄国大酒店	石家庄	14 148	228
21	途窝酒店集团	深圳	13 850	293
22	凯莱酒店集团	北京	12 450	54
23	岷山集团	成都	11 967	95
24	青藤酒店集团	宁波	11 947	157
25	瑞景商旅集团	合肥	11 464	152
26	君澜酒店集团	杭州	11 118	48
27	美豪酒店集团	上海	10 804	83
28	华天酒店集团	长沙	10 348	57
29	中青旅山水酒店集团	深圳	10 148	76
30	蓝海酒店集团	东营	10 001	45
31	世纪金源酒店	北京	9 823	25
32	绿地国际酒店集团	上海	9 761	33
33	粤海（国际）酒店管理集团	香港	9 126	34
34	尊茂酒店集团	上海	8 555	53
35	天铂酒店管理	武汉	8 071	140
36	格兰云天酒店管理	深圳	7 593	29
37	天沐温泉旅游投资集团	珠海	7 515	28
38	清沐酒店集团	南京	7 183	133
39	世茂酒店与度假村	上海	7 129	23
40	中州国际集团	郑州	7 109	52
41	八方连锁酒店	东莞	6 165	83

(续表)

排名	集团名称	总部所在地	客房数（间）	门店数（家）
42	陕旅饭店集团	西安	6 062	37
43	中维酒店集团	昆明	5 950	24
44	汉爵集团	上海	5 520	10
45	禧龙宾馆	哈尔滨	5 301	73
46	珀林酒店集团	长沙	5 111	59
47	阳光酒店集团	北京	4 966	18
48	浙江君亭酒店管理股份有限公司	杭州	4 942	33
49	雷迪森旅业集团	杭州	4 824	31
50	纽宾凯酒店集团	武汉	4 456	37

酒店走上资本化道路，背后常常有着强大的推动力，有投资人的回报需求，更有规模化的需求。华住在港上市，就意在向下沉市场的扩张，以实现其"未来几年内，华住将开店数量提升至 10 000 家，真正实现'万家灯火'"的规划。

最近几年，国内几家中档酒店集团也集体谋求上市（见表 13-5）。

表 13-5　2020 中国中端连锁酒店品牌规模 TOP10 排行榜

品牌排名	品牌名称	所属集团	客房数	门店数
1	亚朵酒店	亚朵酒店集团	48 439	418
2	和颐酒店	首旅如家酒店集团	21 369	183
3	锦江都城	锦江国际集团	14 231	107
4	美居酒店	华住酒店集团	12 502	68
5	华天大酒店	华天实业控股	11 395	47
6	桔子水晶	华住酒店集团	11 182	85
7	开元大酒店	开元酒店集团	7 324	29
8	君亭酒店	浙江君亭酒店管理股份有限公司	7 007	46
9	美豪丽致	美豪酒店集团	6 472	46
10	白金汉爵	汉爵酒店集团	6 137	12

资本市场从来都是冷峻的，它们愿意听酒店发展前景的"故事"，更要考察故事背

后的现实，资本市场为挑战者设下一道道门槛。

崛起的中端酒店市场有着更激烈的竞争，规模与品牌两手抓，成为一种必然。加之当下受到疫情影响，国际市场迟迟难以打开，酒店的未来发展仍让资本市场充满犹疑，望而却步。当然也有表现出色的新秀，去年上市的君亭酒店就引人注目。

> 2021年9月30日，君亭酒店正式登陆A股创业板。开盘首日，君亭酒店股价上涨134%至每股28.64元，总市值达到23.07亿元。年营收破3亿元的君亭酒店在中高端连锁酒店中突围，成为2021年首家在国内资本市场上市的酒店企业，更是A股从2007年金陵饭店上市后，时隔14年才又出现的酒店股。
>
> 当前，国内酒店市场占主体地位的依然是低端经济型酒店，这与欧美等发达国家成熟的酒店市场通常呈现中高端酒店为主体的特征还存在较大差距。即便此前业内对君亭酒店财务表现褒贬不一，但君亭酒店的成功上市，一定程度上为推动国内酒店行业转型起到了促进作用。同时，君亭酒店作为疫情期间上市的首家旅游企业，或能一定程度上对振兴旅游行业起到示范作用。
>
> 君亭酒店（301073.SZ）上市仅4个月，股价涨幅已达360%，上市数月又在酒店业内掀起了一阵收购"波澜"。此番被收购的君澜酒管与景澜投资位居中国酒店集团第14位，运营管理的酒店客房数是君亭酒店管理经营酒店数、房间数的5倍多，这是典型的"小吞大"。收购到这两家公司后，君亭酒店规模进入300家以上的水平，也完善了君亭酒店的品牌矩阵。

上市可以看作酒店集团走向"大而全"的必经之路，但绝非终点。酒店上市意图获得资本，得以解决未来发展可能出现的，如扩张、新市场挖掘、资金链等问题。然而，并非上市了，所有问题便能迎刃而解。上市后，因经营问题而营收持续下滑乃至退市的酒店，也不乏案例。

所以上市并非酒店发展的必经之路，事实上，也并非所有酒店集团都致力于上市寻求规模的突破与资本的青睐，而是专注于品牌打造，在小而精的赛道上，实现自己的目标。比如安缦酒店，走的便是低调奢华的气质路线，热衷于打造小规模、精致、私密和低调的空间，并致力于向拥有相同价值观的人们提供无拘无束的生活体验，被创始人视作"一生的事业"。其41家分号也暗示着自1988年创立以来，34年缓慢而小心的扩张路径。

于酒店而言，上市是一种活法，而私有化是另一种活法。与当下很多酒店争相上市相对，私有化则是在一段路走到尽头后的另一种活法，第一梯队的酒店以及部分先行者，则都已经历过"私有化浪潮"。近年来，从美股回归本土，在港股或A股二次上市的新生力量不在少数，华住便是其中之一，二次上市与第一次上市类似，往往是未来获得更多的资本，以实现更大的目标。

市场下沉和消费升级使得国内旅游消费基本面更加稳固。旅游消费人群的文化参与度稳步提升，赋能文化和旅游消费升级。古街与古镇成为全国热门文化和旅游景区品类，文化和旅游消费增长强劲。

中国酒店业在新世纪的世界酒店产业格局中也将担当起历史责任，站到主导的地位，立于世界民族之林，这应该是当代中国和平崛起伟大进程中一项具有特殊意义的重要时代使命，在当今世界和平、发展、合作的主旋律中是一道扣动人们心弦的和弦。改革开放后，中国酒店业为全国人民生活创造着适宜快乐，为社会经济发展增光添彩，认真学习世界酒店服务与先进管理思想，不断创新，创造着服务、食品、经营管理的当代中国酒店文化，带给世界以美味和微笑，促进人类和谐进步。可以预见在不久的将来中国酒店将以中华文化的传播者、世界酒店文化的创造者出现在世界酒店舞台上，共同演绎新世纪中国酒店的振兴。在中华民族实现伟大复兴的历史进程中，中国酒店业也定会实现其自身的全面复兴。

小结

历经40多年改革开放，酒店业已经成为中国服务业的标志性行业，成为中国国民经济的重要支持产业之一。中国酒店业也面临着发展中的问题和成长中的烦恼，将在新的历史机遇面前迎接挑战，有所作为，实现其现代化、国际化的战略发展。在人类历史进程中，实现文化复兴，为世界餐饮业、酒店业的发展担负起传承、创新、领航的光荣使命，为人类社会的和谐繁荣作出应有贡献。

案例

疫情之下跑出的一只大牛股——君亭

君亭的体量远小于东呈和亚朵,为什么能抢先一步上市?

从2007年8月成立至今,君亭酒店已走过十多个年头。作为国内中高端连锁酒店的典型代表,君亭酒店主要从事于中高端精选服务连锁酒店的运营及管理,以长三角城市群为核心发展区域。君亭酒店创立的君亭酒店、寓君亭、夜泊君亭以及Pagoda君亭品牌已经成为国内中高端酒店领域不可或缺的一部分。

君亭全部品牌共拥有已开业酒店47家、已签约待开业酒店19家;已开业酒店中,直营酒店15家、合资酒店1家、受托管理酒店31家。作为一个连锁酒店品牌,君亭的体量并不算大。君亭酒店虽然规模较小,但在疫情冲击下,运营支出也较为可控。尽管同比2019年下滑52.98%,君亭全年仍然实现净利润3 035.75万元。

君亭开发酒店的模式以租赁为主,瞄准经济较发达的一、二线城市商务中心、经济中心和旅游目的地中心,开发现有传统酒店存量物业、城市商业综合体及社区商业配套酒店增量物业、文化街区及特色小镇配套酒店创新物业。

君亭酒店的未来发展目标是成为中国中高端酒店行业的领军者,远期战略目标是成为全球领先的酒店管理集团。君亭酒店计划做精做深长三角区域核心城市,进一步巩固君亭酒店在长三角区域的地位优势,逐步扩张至全国范围内经济发达城市,做强做大直营酒店项目,积极发展受托管理项目。

君亭酒店有别于其他中高端连锁酒店的地方,同时也被业界所津津乐道的是其在文化方面所下的功夫。在文化方面,君亭酒店给不同的品牌系列注入不同的文化元素,旗下"君亭酒店"(东方艺术特色精选酒店)、"夜泊君亭"(高档历史文化旅游目的地酒店)及"寓君亭"(中档公寓酒店)等品牌产品在整体设计上融入了中国书画、佛禅石像、巴厘岛雕塑等主题鲜明的东方文化元素,并结合酒店所在地的历史人文背景和风俗习惯进行差异化设计,既强调了"大东方"文化氛围,又突出了地方文化特色;而"Pagoda君亭"(高档艺术设计酒店)品牌则注重"东西方美学的融合",灵动的功能空间、年轻的色彩美学,体现了其设计上的国际品质基因与中国城市文化结合的特点。

很多人没想到,疫情之下的旅游酒店板块竟跑出一只大牛股。上市仅4个月的君亭酒店(301073.SZ)股价涨幅已达360%。但与亮眼股价表现不相称的是,在规模、品牌力方面,君亭酒店可谓名不见经传。

君亭酒店上市数月又在酒店业内掀起了一阵收购"波澜"。此番被君亭酒店收购的君澜酒管与景澜投资位居中国酒店集团第 14 位，合计运营管理遍布全国 23 个省，超过 255 家酒店，33 415 间客房，是君亭酒店管理经营酒店数、房间数的 5 倍多。而且，君亭酒店旗下的酒店分布主要集中在长三角以及广西、山东等省份，覆盖范围明显小于君澜酒店集团。可见，这次收购是典型的"小吞大"。君亭酒店用 1.4 亿元"低卖"收购资不抵债的君澜和连续亏损的景澜案对于君亭来说无论如何是一笔划算的买卖，君亭与君澜同根同源，规模扩张提速，更大的意义在于，从君澜酒店集团收购到这两家公司的控股权后，其酒店规模将一跃进入 300 家以上的水平。

君亭酒店意识到规模扩张的重要性，规模竞争将是中国酒店集团必经的发展之路。君亭酒店收购的君澜等酒店品牌，在拓展方式上主要采取了委托管理模式，接下来君亭酒店将很有可能沿用君澜酒管及景澜投资之前的拓展模式，依托于君澜等酒店品牌已在市场上建立的知名度，在规模上的拓展速度或将加快。

与此同时，此次收购也完善了君亭酒店的品牌矩阵。目前，君亭酒店主要从事中高端精选服务连锁酒店的运营及管理，而此次被收购纳入君亭体系的君澜度假酒店、君澜大饭店、景澜酒店分别定位于度假酒店领域、商务休闲酒店、社区生活模式酒店。

唯有那些真正具备勇气与实力、且经过深思熟虑的酒店集团，才能实现突破。"君亭与君澜的合并对于中国酒店业来说是一件好事。越整合，竞争力越强，行业发展越好。"

思考题

结合案例，分析酒店集团的品牌发展。

主要参考文献

1. [澳] 贾依·坎达姆普利:《服务管理——酒店管理的新模式》,程尽能、韩鸽等译,旅游教育出版社,2006年版。
2. [俄] H. A. 库恩:《古希腊的传说和神话》,秋枫、佩芳译,生活·读书·新知三联书店,2002年版。
3. [美] 保尔·R. 迪特默:《酒店业经营全书》(第三版),吴卫、王小兰译,大连理工大学出版社,2002年版。
4. [美] 丹尼·G. 拉瑟福德:《饭店管理与经营》(第三版),苏宝仁、张延、张迅译,东北财经大学出版社,2006年版。
5. [美] 罗科·M. 安吉洛、安德鲁·N. 弗拉迪米尔:《当今饭店业》,李昕主译,中国旅游出版社,2011年版。
6. [美] 汤普逊:《中世纪经济社会史》(下),耿淡如译,商务印书馆,1963年版。
7. [英] 史蒂芬·佩吉、保罗·布伦特等:《现代旅游管理导论》,刘劼莉等译,电子工业出版社,2004年版。
8. [英] 阿诺德·汤因比:《历史研究》(修订插图本),刘北成、郭小凌译,上海人民出版社,2000年版。
9. 陈福义、生延超:《饭店管理学》,中国旅游出版社,2006年版。
10. 程旭东:《现代饭店管理》,人民邮电出版社,2006年版。
11. 邓峻枫:《国际饭店集团管理》,广东旅游出版社,2006年版。
12. 董观志:《现代饭店经营管理》,中山大学出版社,2004年版。
13. 都大明、金守郡:《中国旅游文化》,上海交通大学出版社,2008年版。
14. 谷慧敏:《世界著名饭店集团管理精要》,辽宁科技出版社,2001年版。
15. 陆慧:《现代饭店管理概论》,科学出版社,2005年版。
16. 罗通嵘:《旅馆业经营实务》,经济管理出版社,2005年版。
17. 马勇:《饭店管理概论》,清华大学出版社,2006年版。
18. 彭顺生:《世界旅游发展史》,中国旅游出版社,2006年版。

19. 任宽：《运作中国餐饮产业》，经济管理出版社，2006 年版。
20. 汪纯孝、蔡浩然：《服务营销与服务质量管理》，中山大学出版社，1996 年版。
21. 王大悟：《21 世纪饭店发展趋势：设计·营销·管理·服务》，华夏出版社，1999 年版。
22. 张天来、王淑良：《中国旅游史》，旅游教育出版社，1998 年版。
23. 吴慧、黄勋敬：《现代酒店人力资源管理与开发》，广东旅游出版社，2004 年版。
24. 吴业山：《饭店工程技术与管理实务》，清华大学出版社，2007 年版。
25. 奚晏平：《世界著名酒店集团比较研究》，中国旅游出版社，2004 年版。
26. 谢明成、吴健祥：《旅馆管理学》，大亚美术出版有限公司，1999 年版。
27. 熊四智、唐文：《中国烹饪概论》，中国商业出版社，2006 年版。
28. 徐文苑、王珑、窦慧筠：《酒店经营管理》，广东经济出版社，2006 年版。
29. 杨维湘：《饮食业企业管理》，饮食天地出版社，2004 年版。
30. 余炳炎、朱承强：《饭店前厅与客房管理》，南开大学出版社，2001 年版。
31. 张润钢：《饭店业前沿问题》，中国旅游出版社，2003 年版。
32. 赵鑫珊：《人类文明之旅》，上海辞书出版社，2001 年版。
33. 郑向敏：《酒店服务与管理》，机械工业出版社，2005 年版。
34. 中共中央宣传部：《习近平新时代中国特色社会主义思想学习纲要》，学习出版社，人民出版社，2019 年版。
35. 中共中央宣传部：《习近平新时代中国特色社会主义思想学习问答》，学习出版社，人民出版社，2021 年版。
36. 中国烹饪协会：《中国餐饮年鉴 2020》，中国餐饮年鉴社，2020 年版。
37. 中国烹饪协会：《中国烹饪走向新世纪》，经济日报出版社，1995 年版。
38. 中华人民共和国国家旅游局：《中国旅游年鉴》，中国旅游出版社，2015 年版。
39. 周晓芳、傅云新：《酒店管理实例与问答》，广东经济出版社，2005 年版。
40. 邹益民：《现代饭店管理》，浙江大学出版社，2006 年版。

图书在版编目(CIP)数据

现代酒店管理/都大明主编. —3 版. —上海：复旦大学出版社，2023.4
(复旦卓越. 酒店管理系列)
ISBN 978-7-309-16437-4

Ⅰ.①现… Ⅱ.①都… Ⅲ.①饭店-企业管理 Ⅳ.①F719.2

中国版本图书馆 CIP 数据核字(2022)第 186551 号

现代酒店管理(第三版)
XIANDAI JIUDIAN GUANLI DI SAN BAN
都大明　主编
责任编辑/戚雅斯

复旦大学出版社有限公司出版发行
上海市国权路 579 号　邮编：200433
网址：fupnet@fudanpress.com　http://www.fudanpress.com
门市零售：86-21-65102580　团体订购：86-21-65104505
出版部电话：86-21-65642845
上海华业装潢印刷厂有限公司

开本 787×1092　1/16　印张 18.5　字数 361 千
2023 年 4 月第 3 版
2023 年 4 月第 3 版第 1 次印刷
印数 1—3 100

ISBN 978-7-309-16437-4/F·2917
定价：48.00 元

如有印装质量问题，请向复旦大学出版社有限公司出版部调换。
版权所有　侵权必究